Grenzüberschreitende Patientenmigration
im zahnmedizinischen Bereich

Forschungsergebnisse der WU Wirtschaftsuniversität Wien

Band 62

JOSE GABRIEL DELGADO JIMENEZ

Grenzüberschreitende Patientenmigration im zahnmedizinischen Bereich

Eine ökonomische Analyse am Beispiel Österreich und Ungarn

Bibliografische Information der Deutschen Nationalbibliothek
Die Deutsche Nationalbibliothek verzeichnet diese Publikation
in der DeutschenNationalbibliografie; detaillierte bibliografische
Daten sind im Internet über http://dnb.d-nb.de abrufbar.

Gefördert durch die WU Wirtschaftsuniversität Wien.

Umschlaggestaltung:
Atelier Platen, nach einem Entwurf
von Werner Weißhappl.

Universitätslogo der WU Wirtschaftsuniversität Wien:
Abdruck mit freundlicher Genehmigung
der WU Wirtschaftsuniversität Wien.

Gedruckt auf alterungsbeständigem,
säurefreiem Papier.

ISSN 1613-3056
ISBN 978-3-631-61211-8 (Print)
E-ISBN 978-3-653-03342-7 (E-Book)
DOI 10.3726/ 978-3-653-03342-7

© Peter Lang GmbH
Internationaler Verlag der Wissenschaften
Frankfurt am Main 2013
Alle Rechte vorbehalten.
PL Academic Research ist ein Imprint der Peter Lang GmbH.

Peter Lang – Frankfurt am Main · Bern · Bruxelles · New York ·
Oxford · Warszawa · Wien

Das Werk einschließlich aller seiner Teile ist urheberrechtlich
geschützt. Jede Verwertung außerhalb der engen Grenzen des
Urheberrechtsgesetzes ist ohne Zustimmung des Verlages
unzulässig und strafbar. Das gilt insbesondere für
Vervielfältigungen, Übersetzungen, Mikroverfilmungen und die
Einspeicherung und Verarbeitung in elektronischen Systemen.

Dieses Buch erscheint in einer Herausgeberreihe bei
PL Academic Research und wurde vor Erscheinen peer reviewed.

www.peterlang.com

Inhaltsverzeichnis

Abbildungsverzeichnis 7
Tabellenverzeichnis 8
1. Einleitung 9
   1.1 Allgemeine Problemstellung 10
   1.2 Zielsetzung und Forschungsfrage 11
   1.3 Gliederung der Arbeit 13
2. Allgemeine Grundlagen der grenzüberschreitenden Patientenmobilität 15
   2.2. Definitorische Abgrenzungen 16
      2.2.1 Allgemeine Definition der Mobilität von Patienten 16
      2.2.2 Typisierung der Patientenmigration 21
      2.2.3 Zusammenfassung 27
   2.3. Patientenmigration in der Fachliteratur 28
      2.3.1. Bekannte Zielgebiete zahnmedizinischer Patientenströme 29
      2.3.2. Identifizierte Determinanten 30
   2.4. Rechtliche Rahmenbedingungen im EWR 34
      2.4.1. Allgemeine rechtliche Bestimmungen 35
      2.4.2 Rechtssprechung des EuGH 39
   2.5. Zusammenfassung 40
3. Ökonomische Betrachtung zahnmedizinischer Dienstleistungen 41
   3.1. Einleitung 41
   3.2. Die allgemeine Natur medizinischer Behandlungen 42
      3.2.1. Medizinische Leistungen – mehr als die Summe ihrer Charakteristika? 43
      3.2.2. Definitorische Abgrenzung medizinischer Behandlungen 46
      3.2.3. Typologische Klassifikationsmerkmale medizinischer Güter 48
      3.2.4. Marktspezifische Konsequenzen medizinischer Güter 51
      3.2.5. Zusammenfassung 54
   3.3. Die spezielle Rolle zahnmedizinischer Behandlungen 55
      3.3.1. Zahnmedizinische Klassifikationsmerkmale 57
      3.3.2. Zahnmedizinische Behandlungen als Dienstleistungen 62
      3.3.3. Zusammenfassung 67
   3.4. Zusammenfassung 67
4. Entscheidungsverhalten zahnmedizinischer Patienten 69
   4.1. Einleitung 69
   4.2. Das Entscheidungsumfeld des Patienten 71
      4.2.1 Der Raum der Alternativen 72
      4.2.2 Die Zustände des Entscheidungsumfelds 78
      4.2.3 Die Ergebnisse des Entscheidungsprozesses 83
      4.2.4 Informationsbedingte Subjektivität der Alternativenbetrachtung 85
      4.2.5 Zusammenfassung 86
   4.3. Der Patient als Entscheidungsträger 87
      4.3.1. Vom Bedürfnis zum Alternativenraum 87
      4.3.2. Die Präferenzordnung zwischen dentalen Alternativen 90
      4.3.3. Grenzüberschreitende Wanderung als diskrete Entscheidung 93
      4.3.4. Der Einfluss von Reputation 95
      4.3.5 Zusammenfassung 99
   4.4. Die Position des Forschers 100
      4.4.1. Allgemeine Aspekte 100
      4.4.2. Random Utility Theory (Zufallsnutzentheorie) 103
      4.4.3. Hypothetische versus offen gelegte Präferenzen 108

4.5. Zusammenfassung ... 114
5. Empirische Betrachtung dentaler Patientenströme von Österreich nach Ungarn ... 115
   5.1. Einleitung ... 115
   5.2. Erfassungspunkte des grenzüberschreitenden Patientenstroms ... 116
   5.3. Analyse zahnmedizinischer Systeme in Österreich und Ungarn ... 120
      5.3.1. Zahnmedizinische Kennzahlen in Österreich ... 120
      5.3.2. Zahnmedizinische Kennzahlen in Ungarn ... 129
      5.3.3. Zusammenfassende Kommentare ... 133
   5.4. Explorative Phase ... 134
      5.4.1. Befragung migrierender Patienten ... 134
      5.4.2. Expertenbefragung ... 136
      5.4.3. Kommentare ... 138
   5.5. Befragung ungarischer Leistungserbringer ... 140
      5.5.1. Konzeptionelle Aspekte ... 140
      5.5.2. Unmittelbare Ergebnisse ... 141
      5.5.3. Hochrechnung der bereinigten Daten ... 144
   5.6. Zusammenfassung ... 146
6. Hypothetische Präferenzen potentiell migrierender Patienten ... 147
   6.1. Einleitung ... 147
   6.2. Ausgangsbasis des diskreten Entscheidungsexperiments ... 147
   6.3. Forschungsdesign und Datenerhebung ... 149
   6.4. Modellierung ... 153
   6.5. Ergebnisse ... 156
      6.5.1. Effekt der Attribute ... 157
      6.5.2. Fitness des Modells ... 158
      6.5.3. Zahlungsbereitschaft für Attribute ... 158
   6.6. Analyse ... 160
   6.7. Zusammenfassung ... 162
7. Conclusio ... 163
Anhang ... 165
Literaturverzeichnis ... 169

Abbildungsverzeichnis

Abbildung 1: Gliederung der Arbeit. ... 13
Abbildung 2: Eindirektionale, transregionale Patientenmobilität. ... 18
Abbildung 3: Definitorische Klassifizierung der Patientenmobilität ... 21
Abbildung 4: ICHA-HF Klassifikation der Finanzierungsquellen im Gesundheitswesen ... 24
Abbildung 5: Kategorien medizinischer Leistungen und deren Finanzierung. ... 26
Abbildung 6: Typen grenzüberschreitender Patientenmobilität. ... 27
Abbildung 7: Identifizierte Herkunfts- und Zielgebiete ... 30
Abbildung 8: Geplante und ungeplante Versorgung im EWR. ... 37
Abbildung 9: Systematik der med. Behandlungssituation des migrierenden Patienten ... 42
Abbildung 10: Merkmalskategorien medizinischer Leistungen. ... 45
Abbildung 11: Typologien medizinischer Güter. ... 48
Abbildung 12: Minderschätzung zukünftiger Bedürfnisse. ... 54
Abbildung 13: Dringlichkeit dentaler Eingriffe ... 61
Abbildung 14: Liste zahnmedizinischer Leistungen. ... 63
Abbildung 15: Die Phasen der Entstehung einer dentalen Dienstleistung. ... 67
Abbildung 16: Teilgebiete der Erforschung individueller Patientenentscheidungen ... 70
Abbildung 17: Die Betrachtung der Alternativencharakteristika ex ante/intermediär/ex post. 78
Abbildung 18: Erfass- und Beurteilbarkeit med. Alternativen und ihrer Charakteristika. ... 85
Abbildung 19: Vom Gesundheitszustand des Patienten zum Alternativenraum. ... 89
Abbildung 20: Wahl zwischen dentalen Behandlungsoptionen (A, U und Opt-out). ... 94
Abbildung 21: Subjektive Signalpräzision und erwarteter alternativenspezifischer Nutzen. ... 98
Abbildung 22: Überblick über die Erfassbarkeit patientenseitiger Entscheidungen. ... 109
Abbildung 23: Erfassungs(zeit)punkte des grenzüberschreitenden Patientenstroms. ... 116
Abbildung 24: Überblick über den empirischen Forschungsprozess. ... 119
Abbildung 25: Anzahl registrierter Zahnärzte in Österreich (1960-2009). ... 123
Abbildung 26: Einwohner je Zahnarzt in Österreich (nach Bundesländer), 2006. ... 125
Abbildung 27: Einwohner je Zahnarzt in Ungarn (nach Komitaten), 2006. ... 131
Abbildung 28: Befragungsindikatoren für migrierende zahnmed. Patienten in Österreich... 135
Abbildung 29: Genannte Migrationsziele in den westungarischen Komitaten. ... 139
Abbildung 30: Attribute und Ausprägungen der unterst. Charakteristika (Beispiel: Krone). 149
Abbildung 31: Bestimmung der optimalen Designgröße mittels SAS. ... 150
Abbildung 32: Abbildung der Design-Effizienz mittels SAS. ... 151
Abbildung 33: Kanonische Korrelationen zwischen den Attributen. ... 151
Abbildung 34: Screenshot der Online-Befragung. Choice Block:3, Choice Set: 7. ... 152

Tabellenverzeichnis

Tabelle 1: Erfasste Zahnärzte nach Bundesland, 2006. 124
Tabelle 2: Ambulante Behandlung durch Zahnärzte nach Alter und Geschlecht, ... 126
Tabelle 3: Ambulante Behandlung durch Zahnärzte nach Bundesland, 2006/2007. 126
Tabelle 4: Zahnmedizinische Gesamtausgaben in Zahnarztpraxen (HP. 3.2) 127
Tabelle 5: Preisniveau für zahnmed. Privatleistungen in Österreich (EURO). 128
Tabelle 6: Preisniveau für ausgewählte zahnmedizinische Privatleistungen in Ungarn, ... 132
Tabelle 7: Bereinigter Rücklauf und Aussendung im Vergleich, nach Komitate. 141
Tabelle 8: Herkunft der in den Referenzkomitaten behandelten ausländischen Patienten 142
Tabelle 9: Von ausländ. Patienten beanspruchte dentale Dienstleistungen, 2006. 143
Tabelle 10: Primäre Migrationsauslöser aus der Sicht ungarischer Leistungserbringer. 144
Tabelle 11: Gewichtungsfaktoren zwischen bereinigtem Rücklauf und Aussendung. 145
Tabelle 12: Schätzwerte für ausgew. Patientenströme (nach Herkunftsgebiet, 2006). 145
Tabelle 13: Ergebnisse der MNL-Modellierung mit STATA/IC 10.0. 157
Tabelle 14: Zahlungsbereitschaft (ZB) für die im DCE-Test inkludierten Attribute. 159

„Ich werde jetzt anfangen, mit dem Anfang und mit dem Ende zugleich.
Denn ich habe mit dem Ende angefangen, als ob es der Anfang wäre ".

Die unbedingte Universität
Jacques Derrida (1930-2004)

1. Einleitung

Die grenzüberschreitende Migration von Patienten ist zu Beginn des 21. Jahrhunderts sowohl für die europäische Gesundheitspolitik als auch für die einzelnen Mitgliedstaaten der europäischen Union zu einem bedeutenden, aber schwer erfassbaren Phänomen geworden. Eine Entwicklung, die als solche Ende der 90er Jahre in ihrer ganzen Tragweite nicht wirklich absehbar war: Der Vertrag von Amsterdam hatte klargestellt, dass betreffend der europäischen Gesundheitspolitik der strikte Grundsatz der Subsidiarität galt und die nationalen Gesundheitssysteme Sache der Mitgliedsstaaten seien. Eine grenzüberschreitende Inanspruchnahme von Gesundheitsdienstleistungen wurde entweder im Rahmen des E111- bzw. E112-Systems geregelt oder war Gegenstand von bilateralen Verträgen. Generell konnte das Ausmaß zwischenstaatlicher Patientenströme als gering bezeichnet werden [Rosenmöller et al. (2006), 1-2].

Knapp 10 Jahre später hat sich die Situation merklich verändert. Hierfür gibt es zahlreiche Gründe: Die verstärkte Bereitschaft zur Mobilität seitens der europäischen Bevölkerung verlangte bald nach einem flexibleren Umgang mit der Bereitstellung von Gesundheitsdienstleistungen – auch über die Grenzen des eigenen Gesundheitssystems hinweg. Insbesondere die Rechtssprechung des Europäischen Gerichtshofes (EuGH)1 sollte die rechtlichen Rahmenbedingungen für innereuropäische Patientenmobilität entscheidend mitgestalten. Zusätzlich entstand durch die Aufnahme von zentral- und osteuropäischen Gesundheitsmärkten in die europäische Union ein neuartiges und umfangreiches Angebot an alternativen medizinischen Dienstleistungen. Das Thema grenzüberschreitende Patientenmobilität gewinnt aber auch im Hinblick auf die zum Teil sehr heterogenen ökonomischen bzw. strukturellen Rahmenbedingungen der europäischen Gesundheitssysteme an Wichtigkeit. Der in diesem Zusammenhang

---

1 Siehe insbesondere das Urteil im Fall Kohll/Decker, Rechtssache C-158/96 vom 28.4.1998; das Urteil im Fall Smits und Peerbooms, Rechtssache C-157-99 vom 12.7.2001; der Fall Vanbraekel, Rechtssache C-368/98 vom 12.7.2001.

vorhandene Bedarf an empirischen und/oder theoretischen Studien ist deutlich sichtbar: Wissenschaftliche Daten und Kenntnisse zum Phänomen *grenzüberschreitende Patientenmigration* sind auf europäischer Ebene noch immer in zu geringem Ausmaße vorhanden2. Dennoch ist ein wachsendes Bewusstsein um die gesundheitspolitische Dimension desselben erkennbar3.

1.1 Allgemeine Problemstellung

Bei erstmaliger Betrachtung des Phänomens *grenzüberschreitende Patientenmobilität* vermag sich die in der Thematik enthaltene Komplexität dem erfassenden Betrachter eventuell noch zu entziehen4. Doch bereits ein zweiter Blick genügt um zu erkennen, dass eine umfassendere wissenschaftliche Analyse die Berücksichtigung zahlreicher *Subphänomene* mit sich bringt.

Was zunächst die *geopolitische Konzentration* von grenzüberschreitenden Wanderungsbewegungen betrifft, so scheinen einige Regionen Europas – bedingt durch kulturelle, sprachliche und/oder geschichtliche Zusammengehörigkeit bzw. Nähe – prädestiniert für grenzüberschreitende Patientenwanderungen zu sein. In diesem Zusammenhang sind beispielsweise Belgien [Glinos et al. (2006)], das Grenzgebiet zwischen Österreich, Slowenien und Italien [Albreht et al. (2006)] oder Irland [Jamilson et al. (2006)] zu nennen. Solcherart identifizierte Ziel- bzw. Herkunftsgebiete eignen sich gleichsam optimal für eine *wissenschaftliche Erfassung* grenzüberschreitender Patientenbewegungen.

Besonders interessant ist der zu beobachtende Patientenstrom zwischen den europäischen Mitgliedstaaten *Österreich und Ungarn*. Dies bezieht sich sowohl auf die spezielle Natur der nachgefragten medizinischen Leistungen als auch auf das vermutete Ausmaß des grenzüberschreitenden Patientenflusses. So nehmen speziell im Bereich des zahnmedizinischen Sektors österreichische Staatsbürger verstärkt die Dienste ungarischer Anbieter in Anspruch [Österle und Delgado (2006)]. Als diesbezügliche Hinweise für einen signifikanten Zustrom österreichischer Patienten nach Ungarn liefern vor allem (i) die Existenz deutschsprachiger, zahnmedizinischer Cluster in den ungarischen Grenzkomitaten Györ-Moson-Sopron, Vas und Zala5, (ii) die andauernde mediale Präsenz ungarischer Anbieter in Österreich sowie (iii) Berichte

---

2 Als wichtige Ausnahmen sollen z.B. die analytischen Arbeiten von Crivelli (1998) bzw. Crivelli und Zweifel (1998), wie auch das auf Länderstudien beruhende Konzept des Projektes *Europe for Patients* (2004) genannt sein.
3 Siehe hierzu auch den Bericht zu "*High Level Reflection Process on Patient Mobility*" [HLRP (2003)] bzw. das dazugehörende Follow-Up der Europäischen Kommission [Europäische Kommission (2004)] .
4 Welche anderen Gründe als monetäre und/oder qualitative sollten – so eine mögliche erste Reaktion – auch zu transnationalen Wanderungsbewegungen führen?
5 Siehe hierfür auch Kapitel 5.

österreichischer Konsumentenschutz-Organisationen über zahnmedizinische Behandlungen im angrenzenden Nachbarstaat [Österle und Delgado (2006)]. Trotz des damit verbundenen gesellschaftspolitischen Echos liegt bis dato aber keine fundierte wissenschaftliche Analyse des zahnmedizinischen Migrationsphänomens zwischen beiden Nachbarländern vor. Speziell im Hinblick auf die Erfassung des aktuellen Volumens, der Entscheidungsumgebung der wandernden Bevölkerung und der Auslöser bzw. Determinanten des Patientenstroms besteht wissenschaftlicher Nachholbedarf.

Erschwert wird eine empirische Analyse des für die vorliegende Arbeit zentralen Untersuchungsfeldes „zahnmedizinische Patientenwanderungen nach Ungarn" allerdings durch (i) die unterschiedlichen Typen der Patientenmobilität (z.b.: langfristig vs. kurzfristig) die in diesem Zusammenhang zu beobachten sind6 und durch (ii) die Natur der gesuchten medizinischen Dienstleistungen. Zusätzlich stellt der Umstand, dass die erfragten zahnmedizinischen Leistungen in hohem Maße im privat bezahlten Sektor anzusiedeln sind (Out-of-Pocket-Payments) und daher u.a. nicht von öffentlich-rechtlichen Trägern erfasst werden können, eine bedeutende Herausforderung an die empirische Forschungsarbeit dar [Österle (2006) und Österle und Delgado (2006)]. Ähnliche Probleme bestehen allerdings auch für österreichische Kassenleistungen7 da diese nicht nach dem Leistungsort, sondern lediglich nach der Leistung selbst (leistungsorientiert) aufgezeichnet werden. Zusammenfassend lässt sich anhand der soeben angeführten Argumente sagen, dass eine ökonomisch fundierte theoretische Analyse der Auslöser und Motive und eine tiefer gehende empirische Untersuchung der Natur und des Ausmaßes der zahnmedizinischen Patientenmigration von Österreich nach Ungarn bislang ausstehen.

1.2 Zielsetzung und Forschungsfrage

Die folgende Arbeit8 verfolgt zunächst das Ziel – unter expliziter Berücksichtigung der Besonderheiten medizinischer Leistung im Allgemeinen und zahnmedizinischer Dienstleistungen im Speziellen – das Entscheidungsproblem bzw. das Entscheidungsverhalten potentiell migrierender Patienten darzustellen und für eine ökonomische Besprechung der zahnmedizinischen Patientenströme zwischen Österreich und Ungarn vorzubereiten. Hierfür werden verschiedene Ansatzpunkte gewählt. So kommt es nach einer Bestimmung der wichtigsten ar-

---

6 Für eine Definition der unterschiedlichen Formen der Patientenmigration siehe Abschnitt 2.2.
7 Für eine Definition siehe auch Kapitel 2.
8 Der Autor dankt an dieser Stelle Hr. Univ.-Prof. Dr. August Österle für die Möglichkeit der Teilnahme am Projekt „Grenzüberschreitende Mobilität im Gesundheitswesen", welches mit Mitteln des Jubiläumsfonds der Oesterreichischen Nationalbank gefördert wurde. Die Projekttätigkeit diente als wesentliche Inspiration zur Vollendung der vorliegenden Arbeit.

beitsspezifischen Termini zu einer genaueren Darstellung der ökonomisch und entscheidungstheoretisch relevanten Charakteristika (zahn)medizinischer Dienstleistungen. In diesem Sinne befasst sich die Arbeit mit informationsspezifischen Phänomenen im medizinischen Sektor und des patientenseitigen Umgangs mit selbigen Strukturen. Der divergierende Informationsgrad behandlungsspezifischer Eigenschaften wird hierbei ebenso berücksichtigt, wie die stochastische Wirkung medizinischer Leistungen auf Patienten. Um in Folge die Entscheidungssituation des potentiell grenzüberschreitenden Patienten plausibel darstellen zu können, werden die im Zuge der Arbeit getroffenen Annahmen in ein mikroökonomisches entscheidungstheoretisches Rahmenkonstrukt eingebettet. Die dabei entstehende abstrakte Abbildung jener Entscheidungssituation, der sich ein (zahnmedizinischer) Patient generell gegenübersieht, ermöglicht einen Blick über die relevanten funktionalen Zusammenhänge.

In einem zweiten Schritt gilt es – unter Miteinbeziehung des soeben angedeuteten abstrakten Modells – empirische Daten über den zahnmedizinischen Patientenfluss von Österreich nach Ungarn zu ermitteln. Dabei wird zunächst auf der Basis einer angebotsseitigen Befragung ein empirisches Abbild wichtiger Komponenten der Wanderungsbewegung gezeichnet. Diese Vorgangsweise ermöglicht nicht nur eine mögliche Bestätigung Ungarns als zahnmedizinisches Zielgebiet, sondern auch eine Erfassung der Größe des Patientenstroms und der Natur der von österreichischen Patienten nachgefragten Dienstleistungen. Letzteres ermöglicht es dem Forscher auch – stets im Rahmen des abstrakten entscheidungstheoretischen Modells – typische migrationsspezifische Behandlungsfälle zu unterstellen. Dies ist besonders dann relevant, wenn es gilt – mittels diskreter Entscheidungsexperimente – hypothetische zahnmedizinische Präferenzen österreichischer Staatsbürger herauszuarbeiten.

Basierend auf diesen Vorüberlegungen lässt sich die leitende *Forschungsfrage* nun in zweifacher Weise gliedern:

1. Wie lässt sich die *Entscheidungssituation* potentiell migrierender zahnmedizinischer Patienten abstrakt abbilden?
2. Welche *Motive und Parameter* veranlassen letztendlich einen österreichischen Patienten zwecks zahnmedizinischer Behandlung nach Ungarn zu migrieren?

1.3 Gliederung der Arbeit

Die vorliegende Arbeit gliedert sich in 3 Hauptabschnitte (*Konzeptionelle Grundlagen, methodischer Forschungsprozess* und *Empirische Evidenz*) mit insgesamt 7 Kapiteln. Nach den einführenden Anmerkungen dieses ersten Abschnittes befasst sich **Kapitel 2** zunächst mit einer Beschreibung der relevanten Begriffe gesundheitsspezifischer transnationaler Migrationsbewegungen. Diese geht nahtlos in eine Aufzählung der in der Literatur erfassten Faktoren bzw. Variablen der Migration im Gesundheitswesen über. In diesem Zusammenhang erfolgt auch eine Einteilung der bisher publizierten Beiträge zur Erforschung der Patientenmigration in konzeptionelle Analysen und länderspezifische Fallstudien (siehe Abbildung 1).

Abbildung 1: Gliederung der Arbeit.

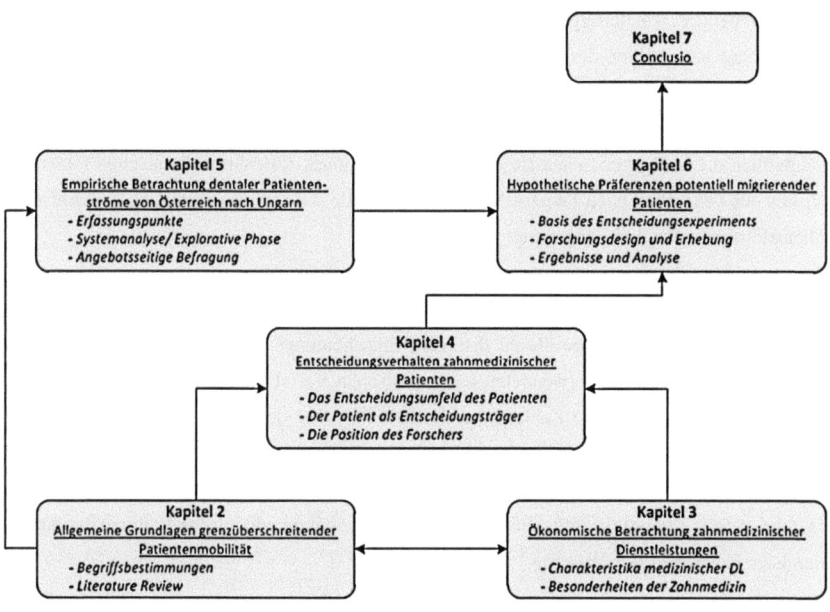

Quelle: Eigene Darstellung

Kapitel 3 wendet sich dann den Besonderheiten des (zahn-)medizinischen Sektors und deren Güter zu und liefert ökonomische Grundlagen hinsichtlich der Annahmen über das Verhalten des Patienten und der betroffenen Ärzte. Dabei steht nicht nur die Analyse angebots- bzw. nachfrageseitiger Marktstrukturen im Vordergrund; auch die Konsequenzen von Marktversagen – vor allem im Hinblick auf die Annahme der Existenz von asymmetrischer Information – wird in diesem Abschnitt eingehend besprochen.

Kapitel 4 stellt – darauf aufbauend – das theoretisch-konzeptionelle Instrumentarium der vorliegenden Arbeit zur Verfügung. Neben einer Verknüpfung der diskreten Entscheidungen von Patienten mit dem Begriff des Zufallsnutzens werden auch die wesentlichen Grundannahmen von (i) *Lancasters Theorie der Charakteristika* und (ii) der diskreten Entscheidungstheorie (vor allem hinsichtlich deterministischer und stochastischer Elemente) angeführt und analysiert. Auch die spezielle Rolle des Forschers wird hierbei explizit berücksichtigt. Ziel dieses Kapitels ist es, die relevanten theoretischen Bestandteile für ein mikroökonomisches Entscheidungsmodell der zahnmedizinischen Migration bereitzustellen.

Das **fünfte Kapitel** befasst sich mit der empirischen Betrachtung zahnmedizinischer Patientenströme aus Österreich nach Ungarn. Diese gestaltet sich in vier thematischen Blöcken. Abschnitt 5.2 skizziert zunächst abstrakt die wesentlichen empirischen Erfassungspunkte grenzüberschreitender Wanderungsbewegungen. Im Teilkapitel 5.3 werden die primären systemspezifischen Kennzahlen des zahnmedizinischen Marktes in Österreich und Ungarn erläutert. Abschnitt 5.4 widmet sich der Erläuterung der *explorativen Phase*, die ihrerseits als Vorstufe zur Erfassung patientenstromspezifischer Daten in Ungarn dient. Teilabschnitt 5.5 präsentiert schließlich die hochgerechneten Ergebnisse zum Volumen des zahnmedizinischen Patientenstroms aus Österreich nach Ungarn, wobei auch auf die Art der erfragten zahnmedizinischen Dienstleistungen explizit eingegangen wird.

Der letzte Hauptabschnitt dieser Studie befasst sich mit der Konzeption, der Modellierung und den Ergebnissen des durchgeführten diskreten Entscheidungsexperimentes (**Kapitel 6**). Die Effekte der in der Studie verwendeten Lancaster'schen Variablen werden hierbei ebenso besprochen, wie die marginale Zahlungsbereitschaft für Veränderungen in den Charakteristika der zahnmedizinischen Dienstleistungen. Der Behandlungsoption „zahnmedizinische Behandlung in Ungarn" kann dabei unmittelbar ein monetärer Wert zugewiesen werden. Zusammenfassend enthält Kapitel 6 somit zentrale Aussagen über zahnmedizinische Präferenzstrukturen der österreichischen Bevölkerung.

Kapitel 7 schließt mit einigen Anmerkungen zu den wichtigsten theoretischen und empirischen Erkenntnissen der vorgelegten Studie ab.

In der ersten Hälfte unseres Lebens opfern wir unsere Gesundheit um Geld zu erwerben, in der zweiten opfern wir unser Geld, um die Gesundheit wiederzuerlangen.

Voltaire (1694-1778)

Panta rhei (πάντα ῥεῖ)

Heraklit (~540-475)

2. Allgemeine Grundlagen der grenzüberschreitenden Patientenmobilität

2.1. Einleitung

Im Laufe ihres Lebens treffen Individuen zwangsläufig laufend Entscheidungen, die maßgeblich ihren weiteren Gesundheitszustand beeinflussen. Hierzu zählt auch die Wahl des *untersuchenden* und/oder *behandelnden* Arztes (bzw. der Praxis) im Krankheitsfall9. Doch gerade bei der Selektion von Untersuchungs- bzw. Behandlungsalternativen stehen Patienten zum Teil schwierigen Entscheidungen gegenüber: Welcher Arzt garantiert *die vom jeweiligen Individuum gesuchte* Qualität?10 Welche medizinische Behandlung wird vom individuellen Standpunkt aus gesehen überhaupt benötigt? Und welche Kosten entstehen dem Einzelnen durch die *ausgewählte* Dienstleistung?

Die Zahl der vorhandenen, alternativen Versorgungsszenarien – und der damit verbundenen wählbaren Optionen – ist denkbar groß. Auf der Suche nach einer geeigneten Behandlungsalternative überschreiten manche Individuen sogar die Grenzen des eigenen Landes oder jenes medizinischen Gesundheitssystems, zu dem sie *a priori* zugehörig sind. Kurz: dem modernen Patienten liegt (zumindest vom theoretischen Standpunkt aus gesehen) eine nicht *„begrenzte"* Menge an alternativen Versorgungsmöglichkeiten vor – vorausgesetzt das jeweilige Individu-

---

9 Soweit aus der Sicht des Patienten überhaupt eine Wahlmöglichkeit und/oder Wahlfähigkeit besteht (z.B. bei Unfähigkeit zu rationaler Entscheidung). Wir gehen in weiterer Folge von beiden Annahmen aus. Kapitel 3 setzt sich in diesem Zusammenhang gesondert mit der diskreten Entscheidung des Patienten auseinander.
10 Hierbei ist klar, dass die gestellten Fragen ausnahmslos aus der Sicht des jeweiligen Individuums zu betrachten sind. Gerade die subjektive Natur solcher Termini wie „bestmöglichste Qualität" oder „optimale Behandlung" unterstreicht die Wichtigkeit einer heterogenen Betrachtung des Entscheidungsverhaltens von Patienten.

um wäre bereit und vor allem aber auch imstande, den verbundenen Aufwand auf sich zu nehmen und gegebenenfalls die heimische Region zu verlassen. Ob und warum ein Patient aber dann tatsächlich Grenzen überschreitet, wird in der vorliegenden Arbeit am Beispiel zahnmedizinischer Migrationsströme zwischen Österreich und Ungarn erörtert werden. Die nun folgenden theoretischen Kapitel 2, 3 und 4 befassen sich daher mit der abstrakten Abbildung des genannten Untersuchungsfeldes.

Bevor wir aber die Grundlagen des individuellen Entscheidungsverhaltens von Patienten näher betrachten – dies ist Gegenstand des vierten Kapitels – gilt es festzulegen, ab wann eigentlich von grenzüberschreitender Patientenmobilität zu sprechen ist. Dieses Kapitel zu den allgemeinen Grundlagen der grenzüberschreitenden Patientenmigration hat in diesem Sinne zwei Aufgaben: (i) die primären themenspezifischen Begrifflichkeiten im Zusammenhang mit der Migration von Patienten zu definieren (Abschnitt 2.2), (ii) eine Übersicht bisher bekannter Zielgebiete für zahnmedizinische Wanderungsströme zu liefern und (iii) die Literatur auf bis dato identifizierte Determinanten bzw. Variablen der Patientenmobilität zu durchforsten (Abschnitt 2.3). Teilkapitel 2.4. befasst sich gesondert mit den rechtlichen Rahmenbedingungen der Patientenmobilität innerhalb des Europäischen Wirtschaftsraumes (EWR).

2.2. Definitorische Abgrenzungen

Eine fundierte Auseinandersetzung mit der Thematik der *grenzüberschreitenden Patientenmobilität im zahnmedizinischen Bereich* setzt zunächst eine definitorische Festlegung der wichtigsten in dieser Studie benutzten Termini voraus. Zentrale Bedeutung für die vorliegende Arbeit hat dabei in erster Linie die Klärung der Begriffe *grenzüberschreitend*, *Patientenmobilität* und *Patientenmigration* (Abschnitt 2.2.1). Hierbei wird nicht der Anspruch erhoben, eine „absolute" Definition genannter Begrifflichkeiten zu finden. Ziel ist es dabei vielmehr, eine problemorientierte Arbeitsbasis zur empirischen Untersuchung der grenzüberschreitenden Mobilität von Patienten zu schaffen. Aufbauend auf diesen grundlegenden Überlegungen beschäftigt sich Abschnitt 2.2.2 mit der Erstellung einer allgemeinen Typologie der unterschiedlichen Migrationsformen.

2.2.1 Allgemeine Definition der Mobilität von Patienten

Der Begriff *Patientenmobilität* wird generell als *physische (Fort-)Bewegung von Patienten im geographischen Raum zum Zwecke oder mit dem Endergebnis einer medizinischen Behand-*

lung definiert [siehe hierzu z.B. Rosenmöller et al. (2006); Glinos und Baeten (2006)]11. Diese Fortbewegung12 des wandernden Patienten kann (i) innerhalb einer Region (*regionale Mobilität*), (ii) zwischen verschiedenen Regionen eines Landes (*transregionale Mobilität*) oder aber (iii) zwischen mehreren Staaten (*transnationale Mobilität*) stattfinden13. Bei Patientenströmen transnationaler Natur differenzieren wir noch ob die betroffenen Länder gemeinsame Landesgrenzen haben oder aber keine Nachbarstaaten sind. Glinos und Baeten (2006, 18) führen in diesem Zusammenhang auch den Fall der (inter)*regionalen grenzüberschreitenden Patientenmobilität* an, der sich auf den Patientenfluss zwischen angrenzenden Regionen unterschiedlicher staatlicher Zugehörigkeit bezieht.

Der Terminus *grenzüberschreitend* spezifiziert im Sinne der soeben genannten Mobilitätsarten das Überqueren zumindest einer geopolitischen Trennlinie zum Erlangen medizinischer Dienstleistungen. Dabei kann diese Grenze (i) durch einen geopolitischen Raum verlaufen, der kulturell bzw. sprachlich relativ homogen gestaltet ist, oder aber (ii) zwei vollkommen unterschiedliche Kulturkreise separieren. In ersterem Fall überqueren Patienten eine *fließende Grenze* (fluid border), in letzterem Fall lässt sich von einer *trennscharfen Grenze* (rigid border) sprechen [Bassi et al. (2001), 30-31; Denert (2004), 5]14. Allgemein sind fließende Grenzen (i) *geographisch und physisch leicht zu überwinden,* (ii) *unterliegen keinen administrativen Barrieren* und werden (iii) von Patienten *nicht als trennendes Element wahrgenommen* [Glinos und Baeten (2006), 7]. Starre oder trennscharfe Grenzen hingegen begründen sich durch geographische, administrative und/oder kulturelle Hürden. Als Hybrid beider geographisch begründeter Grenzdefinitionen sei der Fall von Patientenwanderungen zwischen Staaten ohne gemeinsame Landesgrenzen genannt, die in einem (gesundheits-) politischen, wirtschaftlichen oder kulturellem Naheverhältnis stehen15.

Zu beschreiben seien in diesem Zusammenhang auch die Wegabschnitte, die ein Patient im Zuge der Fortbewegung durchschreitet: Grundsätzlich unterscheiden wir hier zwischen *Ausgangspunkten* (z.B. Herkunftsregionen oder *Herkunftsländer*) und *Endpunkten* grenzüberschreitender Patientenströme (z.B. Zielregionen oder *Zielländer*) bzw. der Verbindung zwischen beiden Punkten. Ein Ausgangspunkt liegt in jenem geographischen Raum (Ort, Region, Staat), in dem der Patient seinen Wohnsitz hat - ein Endpunkt hingegen in jenem geographi-

---

11 Der Bedarf an medizinischer Behandlung kann für das Individuum auch erst nach dem physischen Ortwechsel entstehen. Die medizinische Dimension muss demnach a priori nicht gegeben sein. Siehe hierfür auch Abschnitt 2.2.2 unter „geplante und ungeplante Patientenmigration".
12 lat. *mobilitas*, Bewegung
13 Diese Definition klammert (bewusst) die rein lokale Patientenmobilität (z.B. innerhalb eines Ortes bzw. eines politischen Bezirks) aus.
14 Es erscheint in diesem Zusammenhang logisch, dass die Art der Grenze einen Einfluss auf die Wahrscheinlichkeit einer Grenzüberquerung seitens des Patienten hat (siehe auch Abschnitt 5.2)
15 z.B. zwischen Mitgliedsstaaten in Binnenmärkten (Europäische Union, NAFTA).

schen Territorium, in dem die medizinische Behandlung durchgeführt wird (siehe z.B. Abbildung 2).

Abbildung 2: Eindirektionale, transregionale Patientenmobilität.

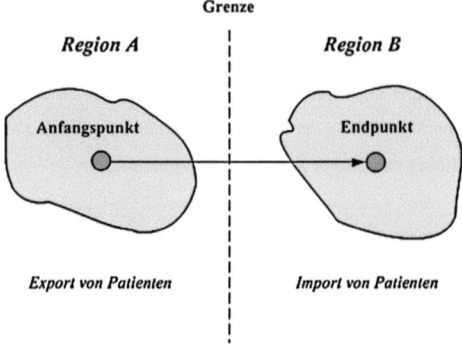

Quelle: Eigene Darstellung

Eine *eindirektionale Patientenmobilität* ist definitorisch dann gegeben, wenn ein Land/ eine Region entweder nur als Ausgangs- (*Export von Patienten*) oder nur als Endpunkt (*Import von Patienten*) innerhalb eines bestimmten medizinischen Leistungssektors (z.B. für zahnmedizinische Behandlungen) fungiert. Dies wäre z.B. auch dann der Fall, wenn eine Region (nur) Zielgebiet für schönheitschirurgische Eingriffe ist, zugleich aber auch Patienten mit Bedarf an chemotherapeutischen Interventionen exportiert[16] - wenn also im Zuge der Patientenmobilität medizinische Eingriffe ausschließlich *unterschiedlicher* Leistungsart involviert sind. Konsequenterweise sprechen wir hingegen von einer *multidirektionalen Aktivität*, wenn für die gleiche medizinische Leistungskategorie zumindest ein Ausgangs- und ein Endpunkt[17] innerhalb desselben geographisch umrissenen Territoriums liegen.

Wichtig ist in diesem Sinne die Frage, ab wann tatsächlich von einem *Patientenstrom* zwischen beiden Extrempunkten[18] gesprochen werden kann. Elementar für eine dahingehende Begriffsfestsetzung erscheint die Berücksichtigung der *Intensität grenzüberschreitender Patientenbewegungen*[19]. Analog zum Gedankengang von Geigant et al. (2000, 923) für Stromgrößen, definieren wir den Umfang des Patientenstroms **I** *als periodenbezogene Anzahl der grenzüberschreitenden Patienten pro Zeitraum, die sich behandlungsbedingt vom Ausgangs-*

---

[16] Wir stellen folglich die Art der medizinischen Intervention in den Mittelpunkt unserer Definition.
[17] Für nicht unmittelbar miteinander verbundene Extrempunkte.
[18] Hiermit definieren wir Ausgangs- und Endpunkte als Extrempunkte grenzüberschreitender Mobilität.
[19] Logisch mutet zunächst nur an, dass der einmalige Grenzübertritt eines einzelnen Patienten per se keinen Patientenstrom ausmacht.

zum Endpunkt bewegen. Zwischen den Zeitpunkt t_0 und t_1 ist die Anzahl der Individuen, die eine beliebige medizinische Leistung *H* in Anspruch nehmen, somit folgendermaßen gegeben:

(2.1) $$I_T^H = \int_{t_0}^{t_1} n^H(t)\, dt$$

Der Patientenstrom selbst ist dann gleich bleibend stabil, wenn, unabhängig vom Zeitpunkt der Betrachtung, eine konstante Anzahl an Patienten die Verbindung zwischen Anfangs- und Endpunkt durchlaufen20. Dabei können Patienten die Grenze (i) einzeln (*Individualwanderung*), (ii) in Gruppen (*Kollektivwanderung*) oder (iii) in Form einer *Kettenwanderung* überqueren. Von *Pionierwanderung* ist in Folge dann die Rede, wenn individuelle, behandlungsbedingte Grenzüberschreitungen z.b. mittels Schneeballeffekt (Mund-zu-Mund Propaganda) Kollektiv- bzw. Kettenwanderungen auslösen. Generell sei eine Verbindung zwischen Heimat- und Behandlungsraum dann *Patientenstrom gleicher Art* genannt, wenn mindestens zwei Patienten pro Periode jeweils zumindest eine Behandlung der gleichen medizinischen Leistungskategorie in Anspruch nehmen.

Der Ausdruck *Patientenmigration*21 dient uns als alternative Bezeichnung für die allgemeine grenzüberschreitende Patientenmobilität zwischen unterschiedlichen geographischen (geopolitischen) Räumen. Hierbei impliziert unsere Verwendung des Terminus weder (i) einen (semi-) permanenten Wechsel des Wohnsitzes noch (ii) einen dauerhaften oder längerfristigen Aufenthalt außerhalb der Herkunftsregion (des Herkunftslandes)22. Im Mittelpunkt der Definition steht also ausnahmslos die im Zuge der medizinischen Behandlung getätigte geographische Fortbewegung, und nicht etwa eine Versetzung des Lebensmittelpunktes [zur diesbezüglichen Abgrenzung gegenüber soziologischen Argumentationssträngen siehe z.B. Oswald (2007), 13-19]23. Da sich die vorliegende Arbeit primär mit transnationalen Wanderungsbewegungen befasst, werden die Begriffe *Patientenmigration* und *grenzüberschreitende Patientenmobilität* synonym verwendet und weisen in weiterer Folge – falls nicht anders angegeben – auf die Überquerung zumindest einer Staatsgrenze hin.

Der Terminus (*grenzüberschreitender*) *Patiententourismus* ist in der vorliegenden Arbeit ebenfalls an Grenzen überquerende Patientenströme geknüpft. Der *Patiententourismus im*

---

20 Wir lehnen uns an dieser Stelle an der physikalischen Definition stationärer Ströme in der Hydrodynamik an und ersetzen die Strömungsgeschwindigkeit *u* durch die Anzahl von Patienten *n* pro Periode (siehe z.B. Demtröder 2006, 226-227). Analog sprechen wir von einem abnehmenden (zunehmenden) Patientenstrom wenn $\partial n/\partial t < 0$ (> 0).
21 lat. *migratio*, Wanderung
22 Diese Definition steht im Gegensatz zu den unterschiedlichen Begriffsfindungen in der Soziologie. Für eine dahingehende kurze Übersicht siehe Treibel (1999, 17-20).
23 Patienten können dennoch auch langfristig außerhalb der eigenen Wohnregion behandelt werden (siehe Abschnitt 2.2.2).

engeren Sinne umfasst dabei die Fortbewegung von Patienten, die aus gesundheitlich-medizinischen Motiven *intentional*24 ihren Wohnsitz – ohne Aufgabe der hierbei existierenden, wirtschaftlich-rechtlichen Beziehungen – verlassen um kurz- bzw. mittelfristig außerhalb des lokalen Raumes (bzw. der Region) behandelt zu werden25. Während „Patientenmobilität" gleichsam sämtliche Bewegungen von Individuen inkludiert, die als Resultat letztlich eine medizinische Behandlung der betreffenden Person außerhalb des lokalen Raumes zur Folge hat, ist hier für das Vorliegen von Patiententourismus die Intention einer gesundheitlich-medizinischen Behandlung Voraussetzung. *Patiententourismus im engeren Sinne* stellt daher eine Untergruppe der Patientenmobilität dar. Diese Definition lässt sich selbstverständlich auch dahingehend erweitern, dass Patientenmobilität und Patiententourismus quasi deckungsgleiche Bereiche erfassen (*Patiententourismus im weiteren Sinne*). Falls nicht gesondert gekennzeichnet verweist diese Studie auf erstgenannte Definition des Patiententourismus.

Neben einer geographisch orientierten Bestimmung des Begriffs Patientenmobilität lässt sich aber auch eine *systemorientierte Definition* selbiger durchführen. Crivelli (1998, 17) nennt in diesem Zusammenhang die Möglichkeit, die Grenzen des sozialen Sicherungssystems als Trennlinie zu definieren (systemspezifische Patientenmobilität). So können Patienten sowohl (i) zwischen verschiedenen Systemen als auch (ii) zwischen verschiedenen Sektoren des medizinischen Marktes (z.B. privat versus öffentlich) wandern, um die gewünschte Dienstleistung zu erhalten [Glinos und Baeten (2006), 18]26. Abbildung 3 ordnet die soeben genannten Mobilitätsbegriffe und teilt sie nach ihrer jeweiligen Zugehörigkeit ein.

---

24 Für eine Unterscheidung zwischen geplant (intentional) und ungeplant siehe weiter unten Abschnitt 2.2.2.
25 Dabei muss der Umfang der ursprünglich gewünschten medizinischen Behandlungen nicht mit den tatsächlich in Anspruch genommenen Dienstleistungen übereinstimmen. Patienten können z.B. einen Kur-Aufenthalt mit ursprünglich nicht beabsichtigten schönheitschirurgischen Eingriffen kombinieren. Das Motiv der Grenzüberschreitung bleibt jedoch in jedem Fall medizinischer Natur.
26 An dieser Stelle ist zu hinterfragen, ob Patienten im Falle einer Ablehnung des „öffentlichen Angebots" eher auf den privaten Markt ausweichen oder aber ins Ausland migrieren.

Abbildung 3: Definitorische Klassifizierung der Patientenmobilität

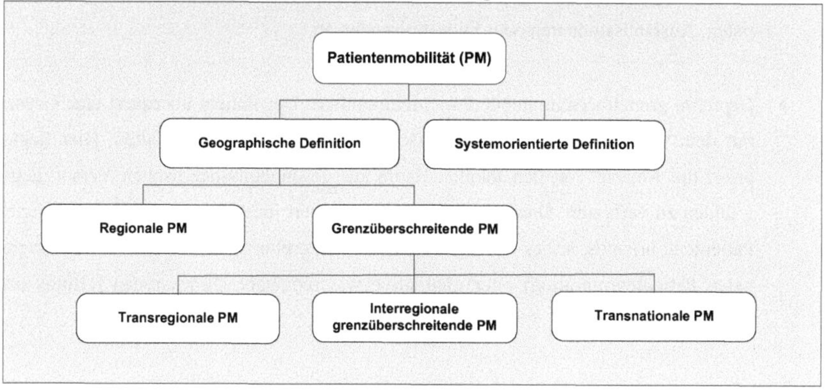

```
                    Patientenmobilität (PM)
                    /                    \
        Geographische Definition    Systemorientierte Definition
         /            \
   Regionale PM    Grenzüberschreitende PM
    /                    |                      \
Transregionale PM   Interregionale         Transnationale PM
                    grenzüberschreitende PM
```

Quelle: Eigene Darstellung

2.2.2 Typisierung der Patientenmigration

Basierend auf der allgemeinen Definition von Abschnitt 2.2.1 soll nun die grenzüberschreitende Mobilität von Patienten anhand verschiedener Charakteristika typisiert werden. Hierbei differenziert diese Arbeit zunächst anhand dreier Kriterien: der *Ursache der Grenzüberschreitung*, der *Natur der Behandlung* und der *Finanzierung der nachgefragten Leistung* (bzw. *des nachgefragten Gutes*)27.

Ungeplante versus geplante Patientenmigration

Abhängig von dem Umstand ob die Nachfrage nach medizinischen Dienstleistungen die *Ursache der Grenzüberschreitung* ist, lassen sich zwei grundlegende Fälle migrierender Patientenströme identifizieren [Calcoen (2007), 4] 28:

- *Ungeplante* grenzüberschreitende Patientenmobilität: Die Notwendigkeit und/oder der Wunsch nach einer medizinischen Dienstleistung tritt erst nach dem Überqueren der geopolitischen Trennlinie auf. Es besteht hierbei kein ursprünglicher, kausaler Zusammenhang zwischen dem Bedürfnis nach medizinischer Versorgung und dem Migrieren des betreffenden Individuums. Rosenmöller et al. (2006, 6) geben als innereu-

---

27 Zur Unterscheidung zwischen Dienstleistung und Gut siehe Kapitel 3.
28 Dabei werden Mischformen zwischen beiden Mobilitätskategorien nicht ausgeschlossen (z.B. Wellness-Urlaub mit zeitgleicher medizinischer Behandlung); siehe hierfür z.B. Connell (2006, 1094).

ropäisches Beispiel für ungeplante (transnationale) Mobilität die Versorgung von Touristen, Auslandsstudenten oder Dienstreisenden an.

- *Geplante* grenzüberschreitende Patientenmobilität: Der Patient überquert eine Grenze mit dem vorsätzlichen Ziel, medizinische Dienstleistungen zu erhalten. Hier liegt a priori die Absicht vor, den lokalen Raum aus gesundheitsspezifischen Versorgungsgründen zu verlassen. Diese Teilkategorie inkludiert jede Form des zuvor definierten Patiententourismus, sei es bedingt durch z.b. kulturelle Nähe (im Fall der interregionalen Patientenmigration) oder qualitative wie monetäre Dimensionen [Glinos und Baeten (2006)]29.

Ambulante und stationäre Patientenmigration

Ein weiteres Klassifikationskriterium für die Ausprägungen grenzüberschreitender Patientenmobilität ist die *Unterteilung in ambulante und stationäre Behandlung*30:

- *Ambulante* Patientenmigration: Als ambulante Versorgung grenzüberschreitender Patienten definieren wir die ärztliche Behandlung ebendieser durch einen (approbierten) (Zahn-)Arzt in dessen Praxis oder in der Ambulanz eines Krankenhauses31.
- *Stationäre* Patientenmigration: Die Aufnahme und Behandlung der migrierenden Patienten in einem außerregionalen Krankenhaus ist dem bisherigen Argumentationsstrang folgend als stationäre Behandlung zu klassifizieren32.

Eng mit der ambulanten bzw. stationären Natur der erfragten Leistung ist die *Dauer des Aufenthalts bzw. der medizinischen Versorgung* verknüpft:

- *Temporäre* Patientenmigration: Das Individuum konsumiert vorübergehend medizinische Dienstleistungen. Dies inkludiert die kurzfristige und einmalige Inanspruchnahme außerregionaler Infrastruktur.
- *Permanente* Patientenmigration: Der Patient wird langfristig außerhalb seiner Herkunftsregion bzw. seines Landes medizinisch versorgt. Auch die periodische, wieder-

---

29 Für eine Übersicht über die in der Literatur identifizierten Determinanten der Patientenmigration siehe weiter unten Abschnitt 2.3
30 Derzeit existiert keine europaweit geltende Definition für stationäre bzw. ambulante Versorgung [Europäische Gemeinschaften (2008a)].
31 Ärztliche Hausbesuche werden hierbei nicht in die Definition eingeschlossen, da die Fortbewegung des Patienten und nicht jene des Anbieters/Arztes Gegenstand der Untersuchung ist.
32 Zu untersuchen ist hierbei auch die Rolle ambulanter und stationärer Dienstleistungen als Proxy für die Schwere des Eingriffs.

kehrende Behandlung in einem anderen Staat zählen wir definitorisch zur permanenten Patientenmigration. Hier sind z.b. europäische Bürger zu nennen, die sich – aufgrund einer aufgebauten Arzt-Patienten-Beziehung – ausnahmslos im Ausland zahnmedizinisch behandeln lassen.

Finanzierungsquellen medizinischer Dienstleistungen

Eine dritte Möglichkeit der Kategorisierung besteht nach *Art der Finanzierung* der nachgefragten Dienstleistungen. So unterscheiden wir zwischen grenzüberschreitenden Patientenströmen (i) die primär privat finanzierter Natur sind oder (ii) durch Versicherung oder Vorauszahlung gedeckt sind. Zur Definition: Übernimmt ein Versicherungsträger (z.B. Krankenkasse) – zumindest zu einem gewissen Prozentsatz – die Versorgungskosten einer medizinischen Behandlung im Ausland33, so sprechen wir von einer *grenzüberschreitenden Kassenleistung*34. Kommt der Patient alleine oder mittels einer privaten Zusatzversicherung für die betreffende Dienstleistung auf, so handelt es sich um eine *grenzüberschreitende Privatleistung*. Eine spezifischere Definition beider Begrifflichkeiten kann mittels Adaption an die ICHA-HF35 Klassifikation der OECD erfolgen. ICHA-HF unterteilt die Finanzierungsstränge von Leistungen im Gesundheitswesen allgemein in 3 Ebenen: (i) den öffentlichen Sektor (HF.1), (ii) den privaten Sektor (HF.2) und Sonstige (HF.3) [OECD (2000), 153]. Abbildung 4 liefert einen Überblick der Finanzierungsquellen nach der ICHA-HF Richtlinie36.

---

33 Spätestens durch Refundierung der entstandenen Kosten für den Patienten.
34 Für eine Darstellung der rechtlichen Rahmenbedingungen im EWR siehe Abschnitt 2.4.
35 International Classification of Health Accounts – functional classification of health care.
36 Für einen genauen Überblick siehe OECD (2000, 150-156).

Abbildung 4: ICHA-HF Klassifikation der Finanzierungsquellen im Gesundheitswesen

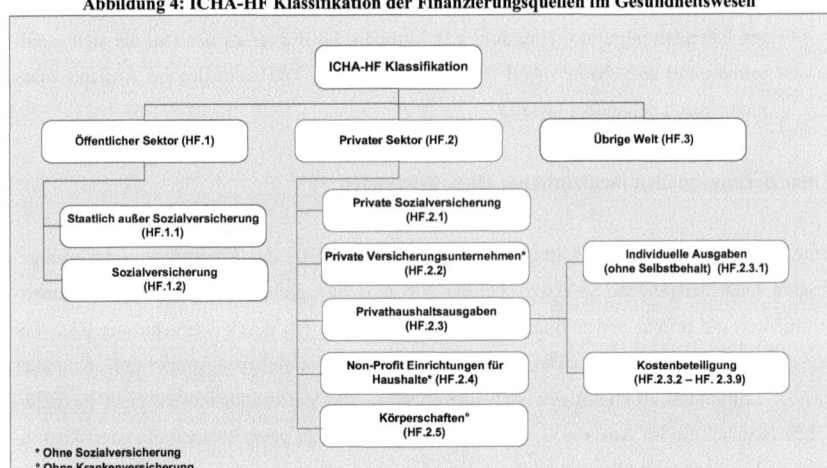

Quelle: Eigene Darstellung nach OECD (2000, 153)

Relevant für unsere Untersuchung der zahnmedizinischen Patientenmigration sind die migrationsspezifischen Volumina der Unterkategorien HF.1.1 (Staatlich außer Sozialversicherung), HF.1.2 (staatliche Sozialversicherung), HF.2.1 (private Sozialversicherung), HF.2.2 (private Versicherungsunternehmen) und HF.2.3 (Privathaushaltsausgaben)37. Für die Darstellung migrierender Patientenströme besonders interessant ist die Zusammensetzung des letztgenannten Postens *Privathaushaltsausgaben*38 [OECD (2000), 151-155]. Dieser umfasst, wie in Abbildung 4 ersichtlich, neben individuellen Ausgaben (HF.2.3.1) auch Kostenbeteiligungen (HF. 2.3.2-2.3.9). Laut WHO-Definition sind individuelle bzw. direkte Ausgaben „monetäre Transaktionen *für* (medizinische) *Güter oder Dienstleistungen des privaten Sektors, die durch keine Form von Vorauszahlung oder Versicherung gedeckt sind*" [WHO-HEN (2004), 18]. Diese inkludieren folglich auch so genannte informelle Zahlungen an Leistungserbringer [OECD (2000), 155; WHO-HEN (2004), 19]. Die Kategorie *Kostenbeteiligung* wiederum beinhaltet die Untergruppen *Zuzahlungen* und *Selbstbehalte* [OECD (2000), 155].

Verknüpfen wir nun unsere einleitende Definition transnationaler Kassen- und Privatleistungen mit obiger OECD-Klassifikation, so gilt

- für grenzüberschreitende Kassenleistungen:

(2.2) $$X_{KL} = F_{KB} + F_K$$

---

37 Die Kategorien HF.2.4, HF.2.5 und HF.3 werden hierbei nicht berücksichtigt, da ihre Relevanz für grenzüberschreitende Migrationsbewegungen im zahnmedizinischen Bereich relativ gering ist.
38 Engl: *Out-of-Pocket-Payments*.

- für grenzüberschreitende Privatleistungen:

(2.3) $$X_{PL} = F_{ZV} + F_{IA},$$

wobei

X_{PL} ... Ausgaben für transnationale Privatleistungen
X_{KL} ... Ausgaben für transnationale Kassenleistungen
F_{IA} ... Finanzierung durch individuelle Ausgaben (gemäß HF 2.3.1)
F_{ZV} ... Finanzierung durch Zusatzversicherungen (gemäß HF 2.2)
F_K ... Finanzierung durch Krankenanstalten/Versicherungsträger (gemäß HF.1, HF.2.1)
F_{KB} ... Finanzierung durch Kostenbeteiligung (gemäß HF 2.3.2 - HF 2.3.9).

Fassen wir die Formeln 2.2 und 2.3 zusammen, so erhalten wir die primären, migrationsspezifischen Gesamtausgaben der vom Patienten erhaltenen (zahn-)medizinischen Leistungen (G_{MS}) bzw. deren Finanzierungsquellen:

(2.4) $$G_{MS} = X_{PL} + X_{KL} = F_{IA} + F_{ZV} + F_{KB} + F_K.$$

In diesem Zusammenhang ist zu bemerken, dass Kassenleistungen über Teilbereiche der Gesundheitskonten der HF.1.-Gruppe (staatlich) und der Untergruppe HF.2.1 (private Sozialversicherung) mitfinanziert werden können. Die entstehenden Kosten (abzüglich der Beteiligung des Patienten) werden dementsprechend nicht nur vom öffentlichen Sektor (laut ICHA-HF Klassifikation) getragen. Abbildung 5 stellt zur Verdeutlichung dieses Umstandes nochmals die verschiedenen Leistungskategorien, ihre Finanzierungsquellen und die Ausgaben des Privathaushaltes gegenüber.

Je nach Leistungskategorie werden dabei die anfallenden Behandlungskosten (i) vollständig vom Patienten gedeckt, (ii) zur Gänze/ partiell von privaten Zusatzversicherungen bezahlt oder (iii) zur Gänze/ partiell von Versicherungsträgern übernommen bzw. refundiert. Gerade aber die vom Patienten zu tragenden Kosten bestimmen im höchsten Maße das Ausmaß transnationaler Patientenströme [Calnan et al. (1997)][39]. Eine Unterscheidung grenzüberschreitender Patientenmobilität nach Kassenleistung und Privatleistungen erscheint dementsprechend sinnvoll.

---

39 Siehe hierzu Abschnitt 2.3.1.

Abbildung 5: Kategorien medizinischer Leistungen und deren Finanzierung.

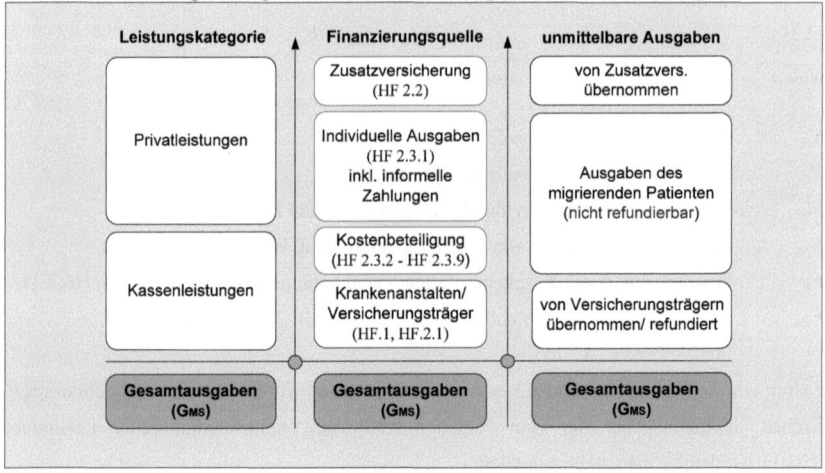

Quelle: Eigene Darstellung.

Migrationstypen

Zusammengefasst bieten die durchgeführten Klassifikationen nach Ursache, medizinischer Natur und Finanzierung der Grenzüberschreitung, die Möglichkeit der Typologisierung migrierender Patienten. Basierend auf unsere zuvor getroffenen Überlegungen, unterscheidet diese Studie nun vier Hauptgruppen grenzüberschreitender Patientenmobilität:

- Geplante Kassenleistung   (Gruppe A)
- Geplante Privatleistung   (Gruppe B)
- Ungeplante Kassenleistung   (Gruppe C)
- Ungeplante Privatleistung   (Gruppe D)

Zusätzlich fügen wir Unterklassen nach der Natur der nachgefragten Leistung hinzu:

- Temporär-ambulante Behandlung   (Klasse 1)
- Temporär-stationäre Behandlung (Klasse 2)
- Permanent-ambulante Behandlung (Klasse 3)
- Permanent-stationäre Behandlung (Klasse 4)

Die daraus abzuleitende Matrix (siehe Abbildung 6) enthält 16 Migrationstypen aus der Sicht des Patienten, allerdings unterschiedlicher Plausibilität und Häufigkeit. Während z.B. die ungeplante ambulante Behandlung eines europäischen Touristen im EWR (dieser Fall entspricht

Typ C-1) laufend vorkommen dürfte[40], ist der angeführte Migrationstyp D-4 (permanent-stationäre, ungeplante Privatleistung) eher theoretischer Natur. Die hierbei erstellte Typisierung dient folglich als erster Versuch einer Gliederung transnationaler Patientenströme und erhebt keinen Anspruch auf Vollständigkeit.

Abbildung 6: Typen grenzüberschreitender Patientenmobilität.

	Kassenleistung		Privatleistung	
geplant	Typ A-1 temporär-ambulant	Typ A-2 temporär-stationär	Typ B-1 temporär-ambulant	Typ B-2 temporär-stationär
	Typ A-3 permanent-ambulant	Typ A-4 permanent-stationär	Typ B-3 permanent-ambulant	Typ B-4 permanent-stationär
ungeplant	Typ C-1 temporär-ambulant	Typ C-2 temporär-stationär	Typ D-1 temporär-ambulant	Typ D-2 temporär-stationär
	Typ C-3 permanent-ambulant	Typ C-4 permanent-stationär	Typ D-3 permanent-ambulant	Typ D-4 permanent-stationär

Quelle: Eigene Darstellung.

2.2.3 Zusammenfassung

Ziel dieses Teilabschnitts war es, eine begriffliche Basis zum Thema Patientenmigration zu liefern. Ein erster Schritt bestand darin, grenzüberschreitende Patientenmobilität anhand geographischer und systemspezifischer Charakteristika zu definieren. In einem zweiten Schritt erfolgte eine Einteilung nach der Natur der Grenzüberschreitung und der nachgefragten Dienstleistungen. Dies führte in weiterer Folge zur Erstellung einer Migrationsmatrix, welche eine Klassifizierung auftretender Patientenströme ermöglichen soll. Das folgende *Teilkapitel 2.3* fokussiert nun auf die bisher identifizierten Determinanten grenzüberschreitender Patientenmobilität und liefert in diesem Zusammenhang auch eine Übersicht von Fallstudien zu zahnmedizinisch bedingten Migrationsströmen.

---

[40] Siehe hierzu Rosenmöller et al. (2006, 8).

2.3. Patientenmigration in der Fachliteratur

In Europa ist die transnationale Wanderung von Patienten seit Mitte der 1990er Jahre Gegenstand gesundheitsökonomischer Überlegungen41. Relevante Publikationen finden sich dabei in Form von Beiheften [z.B. European Journal of Public Health (1997), 7(3)], Büchern [z.B. Rosenmöller, McKee und Baeten; Hg. (2006)], Buchbeiträgen [z.B. Leidl (1998), Part IV] oder Papers. In diesem Zusammenhang stehen zahlreiche Analysen innerstaatlicher, transregionaler Patientenströme zur Verfügung, so z.B. für die Schweiz [Crivelli (1998); Crivelli (1998a)], Spanien [Cantarero (2006)] oder Italien [Navarra (1994); Sobbrio und Navarra (1995); Levaggi und Zanola (2004)].

In einigen Fällen dient die Untersuchung dieser innerstaatlichen Mobilitätsvorgänge als Leitbild für medizinisch bedingte Grenzüberquerungen innerhalb der Europäischen Union [Crivelli (1998a); Kyriopoulos (1998)]. Gemein ist den genannten Publikationen ihre Fokussierung auf Determinanten und auf das Ausmaß innergemeinschaftlicher Patientenströme [Dietrich (1999a, 4); Rosenmöller et al. (2006)].

Die grenzüberschreitende Inanspruchnahme medizinischer Dienstleistungen ist aber keineswegs als rein europäisches Phänomen einzustufen. Vielmehr überqueren Patienten auf allen fünf Kontinenten geopolitische Trennlinien – wenngleich auch in variierender Intensität. Es verwundert daher nicht, dass themenspezifische Literatur im signifikanten Maße auch auf globaler Ebene vorliegt, so z.B. zu transnationalen Patientenströmen (i) an den Grenzen von Mexiko, den Vereinigten Staaten und Kanada [siehe u.a. Romero Alvarez (1975); Bath (1982); Guendelman (1991); Guendelman und Jasis (1992); Gómez-Dantés et al. (1997); Katz et al. (1998); Collins-Dogrul (2006)], (ii) zwischen den Mitgliedsstaaten des MERCOSUR [Grimson (2002)] bzw. im karibischen Raum [Connell (2006); Cortez (2008)] (iii) im östlichen Afrika [Agutu (1997); Salaniponi et al. (2004)] oder (iv) im (südost-)asiatischen Raum [Henderson (2003); Mudur (2004); Connell (2006); Arunanondchai und Fink (2007); Herrick (2007), 2; Cortez (2008)]. Artikel zu transregionaler Mobilität finden sich insbesondere für die Vereinigten Staaten [siehe u.a. Holahan und Zuckerman (1993); Yip und Luft (1993); Basu et al. (1995); Basu (1996), Guagliardo et al. (2008)].

Im folgenden Kurzkapitel 2.3.1. wollen wir nun ein kurzes Resümee bis dato identifizierter Zielgebiete zahnmedizinischer Patientenströme liefern. Anschließend werden in Abschnitt 2.3.2. – der europäischen Tradition folgend – die laut Fachliteratur wichtigsten Einfluss-

---

41 Bezüglich des dennoch vorhandenen Mangels an empirischen Daten siehe die einleitenden Statements in Abschnitt 1 oder z.B. Rosenmöller et al (2006, 4-6).

faktoren grenzüberschreitender Patientenmobilität aufgelistet. Eine Zusammenstellung eben dieser Verhaltensdeterminanten soll uns in späterer Folge als Ausgangspunkt für die Discrete Choice Befragung österreichischer Patienten dienen (siehe hierfür Kapitel 4).

2.3.1. Bekannte Zielgebiete zahnmedizinischer Patientenströme

Hinweise für die Existenz von Zielgebieten zahnmedizinischer Patientenmobilität liegen *de facto* weltweit vor. In Asien sind in dieser Hinsicht insbesondere Thailand [Janjaroen und Supakankunti (2000)], Indien [Mudur (2004), 1338] Saudi Arabien und Guam zu nennen [Cortez (2008); Connell (2006)]. Urbane Ballungszentren in Südafrika (Cape Town, Johannesburg) verzeichnen seit geraumer Zeit ein allgemeines Ansteigen des medizinisch bedingten Tourismus [George (2004)] – wobei dentale Patientenströme eine stärker werdende Rolle spielen [Bass (2005); Rogerson und Visser (2005), 76].

In Nordamerika gilt Mexiko als beliebtes Zielgebiet US-amerikanischer Patienten, die sich auf der Suche nach kostengünstiger dentaler Behandlung befinden [Cortez (2008); Loustaunau und Bane (1999)]. In der Karibik sind in dieser Hinsicht unter anderem Costa Rica [Herrick (2007)] und Antigua als Zielländer zu nennen [Connell (2006)].

Interessant für unsere Studie sind die Export- und Importgebiete zahnmedizinischer Patienten in Europa (siehe Abbildung 7). Insbesondere im osteuropäischen Raum können im letzten Jahrzehnt signifikante, eingehende dentale Patientenströme beobachtet werden [siehe z.B. Connell (2006, 1095)]. Speziell die neuen Mitgliedsstaaten Polen [z.B. Glinos und Baeten (2006)] und Ungarn [z.B. Österle und Delgado (2006)] gelten als beliebte Zielgebiete transnationaler dentaler Wanderungen. Im geringeren Maße trifft dies auch für Slowenien [Albreht et al. (2006)], der Slowakei und Tschechien zu [Österle (2007)] (siehe Abbildung 7).

Abbildung 7: Identifizierte Herkunfts- und Zielgebiete zahnmedizinischer Patientenströme in (Zentral-)Europa.

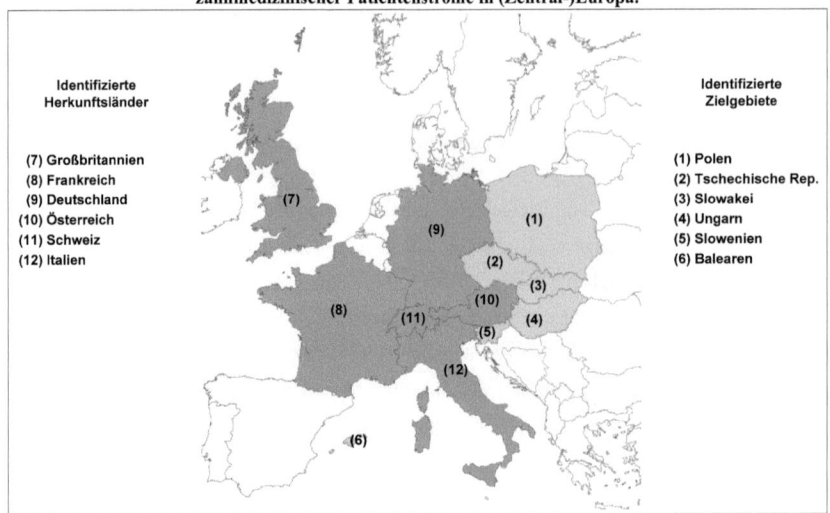

Quelle: Eigene Darstellung.

Laut Albreht et al. ließen sich in den Jahren 2000 bis 2002 umgerechnet 27500 Österreicher und 17500 Italiener im angrenzenden Mitgliedstaat Slowenien dental behandeln. Bei Österreichern besonders beliebt sind dabei die Grenzregionen Maribor und Kranj (44 bzw. 39 Behandlungsfälle pro Leistungserbringer). Italienische Staatsbürger bevorzugen hingegen das Gebiet von Koper und Nova Gorica (30 bzw. 27 Fälle pro Leistungserbringer), die sich in unmittelbarer Nähe zum italienischen Staatsgebiet befinden [Albreht et al. (2006), 15].

2.3.2. Identifizierte Determinanten

Obwohl die bisherigen Beiträge zur gesundheitsökonomischen Analyse grenzüberschreitender Patientenströme unterschiedliche Ansätze verfolgen, so können dennoch gemeinsame Faktoren identifiziert werden. Der Literatur zufolge besitzen folgende Determinanten einen großen Einfluss auf Migrationsentscheidungen von Patienten[42]:

- Die tatsächliche *Verfügbarkeit* medizinischer Leistungen,
- die *empfundene Qualität* aus der Sicht des Patienten,
- *monetäre Ausgaben*[43], die vom Patienten selbst getragen werden,

---

[42] Wobei eine trennscharfe Abgrenzung genannter Kategorien nicht oder nur schwer möglich ist.
[43] Dies inkludiert individuelle Ausgaben und Selbstbehalte im Sinne des Abschnittes 2.2.2.

- anfallende *Transaktionskosten* und
- *rechtliche Rahmenbedingungen*44.

Verfügbarkeit

Für Glinos und Baeten (2006, 6) ist die mangelnde innerstaatliche Verfügbarkeit medizinischer Leistungen eine zentrale Determinante transnationaler Patientenströme. Hierbei sind zwei Szenarien zu berücksichtigen: ein Mangel an (i) temporär-quantitativer und (ii) an prinzipieller Verfügbarkeit. Fehlt es z.B. an innerstaatlichen Kapazitäten für eine bestimmte Operation, so führt dies u.a. zur Entstehung von Wartelisten, die wiederum das Ausweichen von Patienten auf ausländische Anbieter auslösen können45. In diesem Fall wird die benötigte Dienstleistung innerhalb des nationalen Systems zwar angeboten, die gewünschte Behandlung kann jedoch nicht unmittelbar durchgeführt werden (mangelnde *temporär-quantitative Verfügbarkeit*). Besteht hingegen für den Patienten zu keinem Zeitpunkt die Möglichkeit, die betreffende Dienstleistung im Inland in Anspruch nehmen46 – muss er zu diesem Zweck also ins Ausland migrieren – so ist die *prinzipielle* (innerstaatliche) *Verfügbarkeit* nicht gegeben [siehe hierfür z.B. Azzopardi Muscat et al. (2006)]. Beide Szenarien stellen den Patienten unmittelbar vor die Wahl entweder (i) innerstaatlich auf alternative Behandlungsmöglichkeiten auszuweichen, (ii) außerhalb des nationalen Systems zu treten oder aber (iii) – im Falle der genannten Listen – auf die benötigte Behandlung im Inland zu warten47.

Wahrgenommene und erwartete Qualität

Ein zweiter wichtiger Faktor ist die vom Patienten *empfundene Qualität* medizinischer Leistungen. So sehen Calnan et al. (1997) das subjektiv wahrgenommene Fehlen eines angemessenen Qualitätsniveaus im eigenen, nationalen Gesundheitssystem als einer der Hauptursachen für grenzüberschreitende Patientenmigration an. France (1997) argumentiert in diesem Sinne, dass Patienten zwischen verschiedenen Leistungserbringern unterschiedlicher staatlicher Zugehörigkeit wählen, indem sie Qualität und entsprechende Kosten in ihre Entscheidung mit einbeziehen. Dieses Konzept der empfundenen Qualität inkludiert auch die erwartete Effektivität – also die Art und Weise (z.B. die Servicequalität) wie die Erbringung der me-

---

44 Siehe Burns und Wholey (1992); Calcoen (2007); Crivelli (1998); Crivelli (1998a); Crivelli und Zweifel (1996); Dietrich (1999); France (1997); Glinos und Baeten (2006); Hermesse et al. (1997); Levaggi und Zanola (2004); McKee et al. (2004); Starmans et al. (1997); Werden (1989).
45 Die Existenz von Wartelisten führt jedoch keinesfalls zwangsläufig zur Abwanderung von Patienten – siehe hierzu die Auswirkungen des EuGH-Urteils Geraets-Smits und Peerbooms (Rechtssache C157/99) für die Niederlande [Brouwer et al. (2003)].
46 z.B. aufgrund nicht vorhandener medizinischer Infrastruktur.
47 Der mögliche Fall der Nichtbehandlung wird an dieser Stelle ausgeklammert.

dizinischen Leistung vom Individuum eingeschätzt wird48. Wie allerdings Crivelli (1998, 77) unter Verweis auf Sobbrio und Navarra (1995) andeutet, lassen sich vom Entscheidungsverhalten der Patienten keine direkten Rückschlüsse auf die tatsächliche Effizienz (und das Qualitätsniveau) der jeweiligen Anbieter treffen. Hier liegt die Annahme zugrunde, dass Patientenentscheidungen nicht selten auf unvollständige Informationen über die Qualität und Natur der angebotenen medizinischen Leistungen beruhen. Dies verweist zwangsläufig auf das Vorliegen von Informationsasymmetrien zwischen Anbieter (Arzt) und Patient. In weiterer Folge können diese nur mittels nachfrageseitiger Informationskosten überwunden werden. Vielfach tendieren Patienten daher einfach dazu, den Ruf eines Leistungserbringers als Näherungswert für die zu erwartende Qualität zu betrachten [siehe z.b. Sobbrio und Navarra (1995)].

Monetäre Ausgaben

Ob ein Patient tatsächlich Grenzen überschreitet oder nicht, hängt zu einem großen Teil auch von der finanziellen Belastung ab, die ihm unmittelbar aus der Behandlung entstehen (*behandlungsspezifische Kosten*). Glinos und Baeten (2006, 6) sind der Ansicht, dass monetäre Aspekte dann massiv auf das Verhalten des Patienten wirken, wenn das Überschreiten von Grenzen mit signifikanten Kosteneinsparungen für eben diesen einhergeht. Da die Natur der Leistung (im Sinne des Teilkapitels 2.2.2.) den Grad der monetären Belastung für den Patienten mitbestimmt, erscheint es an dieser Stelle sinnvoll, zwischen Kassenleistungen und Privatleistungen zu differenzieren:

- *Kassenleistungen:* Die Kosten der versicherten medizinischen Leistung werden durch den jeweiligen Versicherungsträger übernommen49. Patienten haben lediglich eventuell anfallende Beiträge zu übernehmen [Dietrich (1999)]. Für Calnan et al. (1997) wird im Falle einer solchen Kostenübernahme durch Versicherungsträger/ Krankenkassen die Wahrscheinlichkeit einer Patientenmigration erhöht. Selbiges gilt auch für die Kostenerstattung durch private Zusatzversicherungen.

In die gleiche Richtung zielen die Annahmen etlicher Autoren, wonach Einkommen und Vermögen eines Patienten einen signifikanten Einfluss auf die Fähigkeit besitzen, potentiell anfallende Zusatzkosten zu tragen [France (1997); Levaggi und Zanola (2004)].

- Im Falle von *Privatleistungen* muss der Patient die gesamten Kosten der medizinischen Behandlung allein übernehmen. Dementsprechend reizvoll kann für diesen die Alternative einer auswärtigen (billigeren) Behandlung sein [Glinos und Baeten (2006)].

---

48 Trifft diese Annahme zu, hat die Existenz von Wartelisten einen negativen Effekt auf die geschätzte Qualität medizinischer Leistungen [siehe u.a. Crivelli und Zweifel (1996)].
49 Siehe auch Abbildung 2.4.

Für beide Fälle gilt: Je geringer der Anteil, welcher vom Individuum selbst getragen werden muss – im Vergleich zu national anfallenden Kosten(-beteiligungen) – desto größer ist individuell der Anreiz zu migrieren [Starmans et al. (1997)]50.

Transaktionskosten

Als weitere wesentliche Determinante gelten migrationsspezifische Transaktionskosten. Wenn Patienten es vorziehen, außerhalb ihres gewohnten Umfeldes bzw. der Grenzen des nationalen Systems behandelt zu werden, müssen folgende, nicht-medizinische Kosten in Betracht gezogen werden:

- *Informationskosten*: Ein krankes Individuum nimmt Informationskosten auf sich, um die empfundene Qualität der angebotenen Dienstleistungen51 zu vergleichen und eventuell anfallende Beiträge zu berechnen. Für Cortez (2008, 85) spielt das Medium Internet eine wesentliche Rolle bei der Suche des Patienten nach verlässlicher Information zu medizinischen Dienstleistungen.
- *Reisekosten*: Transaktionskosten beinhalten auch den Unterpunkt der Reisekosten. Laut Starmans et al. (1997) erhöht die geographische Nähe zwischen der Residenz des Patienten und dem potentiellen internationalen Behandlungsort die Wahrscheinlichkeit transnationaler Patientenbewegungen.

Sowohl Informations- wie auch Reisekosten sind dementsprechend abhängig von der zurückzulegenden Reisedistanz. Unter Annahme gleichwertiger Qualität, wird Patienten ceteris paribus ein distanzaverses Verhalten unterstellt [Werden (1989); France (1997)].

- *Sonstige Kosten*: Folgende Kosten können die grenzüberschreitende Bewegung von Patienten zusätzlich erschweren: (i) der Umstand einer ungewohnten Umgebung, (ii) kulturelle und sprachliche Barrieren bzw. (iii) die Inkompabilität der involvierten Sicherungssysteme [Calnan et al. (1997); McKee et al. (2004)]; (iv) die Kosten der Unterbringung und (v) psychologische Kosten des Reisens [France (1997)].

Rechtliche Rahmenbedingungen

Ebenfalls zentral für die Mobilität der Patienten ist der rechtliche Rahmen transnationaler Interventionen. Diese kann generell in zwei Gruppen unterteilt werden: (1) Bestimmungen zur eigentlichen grenzüberschreitenden *Inanspruchnahme* medizinischer Behandlungen und (2) die bioethische Gesetzgebung zur *Zulässigkeit* selbiger Dienstleistungen. Erstere Kategorie inkludiert sämtliche Regelungen, die den Akt des medizinisch bedingten Grenzüberschreitens

---

50 Zunächst unter der Annahme gleichwertiger Qualitätsniveaus.
51 Bereits zuvor haben wir die Rolle der Reputation als Proxy für das Qualitätsniveau erwähnt.

für den Patienten erleichtern, erschweren oder in sonst irgendeiner Art und Weise beeinflussen. Darunter fallen transnationale Vertragsstrukturen und Antragssysteme (z.b. die E-112 Prozedur innerhalb des EWR52) ebenso wie unmittelbare Abkommen zwischen Spitälern und/oder Versicherungsträgern unterschiedlicher staatlicher Zugehörigkeit [siehe z.B. Glinos et al. (2006); Harant (2006); Nebling und Schemken (2006)]. Generell gilt hier, je einfacher die Zugangsbestimmungen für transnationale Interventionen sind, desto wahrscheinlicher wird die Grenzüberschreitung durch den Patienten.

Die zweite Gruppe – bioethische Aspekte der Patientenmigration – beinhaltet Bestimmungen zur rechtlichen Natur der zugrunde liegenden Behandlung. So können diverse medizinische Eingriffe im innerstaatlichen Gefüge zwar rechtswidrig sein (z.b. Abtreibung, Fruchtbarkeitsbehandlungen oder Euthanasie53), im Zielland jedoch keiner gesetzlichen Beschränkung unterliegen [Glinos und Baeten (2006)]. In diesem Sinne ist die Frage nach der innerstaatlichen Verfügbarkeit einer Leistung eng mit jener der rechtlichen Zulässigkeit verknüpft.

Zusammengefasst lässt sich festhalten, dass die soeben genannten Variablen *Verfügbarkeit*, *Erwartete Qualität, Monetäre Ausgaben, Transaktionskosten* und *rechtliche Rahmenbedingungen,* das Entscheidungsverhalten des potentiell migrierenden Patienten wesentlich mitgestalten. Die zu erwartenden Interaktionen zwischen den Determinanten (so z.B. die Abhängigkeit zwischen Zulässigkeit und Verfügbarkeit medizinischer Dienstleistungen im Herkunftsland) lassen eine trennscharfe Abgrenzung der Kategorien nur teilweise zu. Im nun folgenden Abschnitt soll nun eine Dimension – jene der rechtlichen Rahmenbedingungen –, für die Europäische Gemeinschaft gesondert besprochen werden.

2.4. Rechtliche Rahmenbedingungen im EWR

Trotz der offensichtlichen Existenz transnationaler Patientenströme in Europa besteht zum Thema „grenzüberschreitende Patientenmobilität" bis zum jetzigen Zeitpunkt kein klarer Kooperationsrahmen innerhalb der Europäischen Gemeinschaft [Sylvest und Beale (2007)]. Begründet ist dieser Umstand zunächst durch die zum Teil inkompatiblen rechtlichen Bestimmungen der jeweiligen EU-Mitgliedsstaaten. Erschwerend kommt hinzu, dass die Europäische Kommission kein *direktes* Mandat innehat, um unmittelbar in Fragen der Patientenmobilität einzugreifen [Sieveking (2007), 26].

---

52 Für eine Übersicht zu den rechtlichen Rahmenbedingungen im Europäischen Wirtschaftsraum siehe weiter unten Abschnitt 2.4.
53 Als Beispiel siehe den Irisch-Englischen Fall für Abtreibungen unter Cortez (2008, 77).

Generell werden Rechtsansprüche der Patienten auf grenzüberschreitende Behandlung noch immer von nationalen Bestimmungen festgelegt [Hervey und McHale (2004)]. Dennoch spielt die Europäische Gemeinschaft eine wesentliche Rolle für die Ausprägung und das Ausmaß der Grenzübertritte durch Patienten. Insbesondere die Rechtssprechung des Europäischen Gerichtshofes (EuGH) hat in den letzten Jahren – beginnend mit den Rechtsfällen Kohll und Decker – entscheidend zur Erleichterung transnationaler Patientenbewegungen beigetragen.

Des Weiteren müssen sich die Mitgliedsländer der Union der EU-Rechtssprechung zu Aspekten der grenzüberschreitenden sozialen Sicherung unterordnen [Österle (2007), 116]. Von besonderer Relevanz sind in diesem Zusammenhang die Verordnung 1408/71 und die Durchführungsverordnung 574/7254, sowie die vier Eckpfeiler des Europäischen Binnenmarktes. Diese, als vier „Grundfreiheiten" bekannten Ziele der Römer Verträge (1957), umfassen folgende Punkte: (i) den freien Warenverkehr (Art. 23ff. EGV55), (ii) die Freizügigkeit der ArbeitnehmerInnen (Art. 39-42. EGV)56, (iii) den freien Dienstleistungsverkehr (Art. 49 ff. EGV) und (iv) den freien Kapital- und Zahlungsverkehr (Art. 56 ff. EGV)57. Genannte Bestimmungen und Rechtssprüche sollen im folgenden Abschnitt kurz durchleuchtet werden.

2.4.1. Allgemeine rechtliche Bestimmungen

Die Mobilität von Patienten innerhalb des EWR basiert zumindest theoretisch auf den freien Personenverkehr58, dem freien Dienstleistungsverkehr und dem freien Kapitalverkehr. Dementsprechend bestehen für Privatleistungen, also für medizinische Dienstleistungen die ausnahmslos auf privater Basis bezahlt werden, keinerlei Beschränkungen innerhalb des Territoriums der Europäischen Gemeinschaft59. Für Leistungen, die durch die Gesundheitssysteme der jeweiligen Mitgliedsstaaten finanziert werden, ist dies allerdings nicht der Fall [Sieveking (2007), 27]. Stattdessen tritt hier das *Prinzip der Territorialität*60 in Kraft. Dieses manifes-

---

54 Dies gilt bis zum Inkrafttreten der neuen VO (EG) Nr. 883/2004 (vorgesehen für Ende 2009).
55 EGV = Vertrag zur Gründung der Europäischen Gemeinschaft; Teil der 1957 unterzeichneten Römer Verträge.
56 Die Artikel 39-42 EG umfassen die Bestimmungen zur Freizügigkeit der ArbeitnehmerInnen, insbesondere „die Abschaffung jeder auf der Staatsangehörigkeit beruhenden unterschiedlichen Behandlung der Arbeitnehmer der Mitgliedstaaten in Bezug auf Beschäftigung, Entlohnung und sonstige Arbeitsbedingungen" sowie die Einführung eines Systems zur Sicherung von Leistungen für ein- und auswandernde ArbeitnehmerInnen [siehe gesondert Art. 42 EGV]. Teil III EGV enthält zusätzlich relevante Bestimmungen zur Niederlassungsfreiheit, zum freien Dienstleistungs- und Kapitalverkehr.
57 Für den neuen EU-Mitgliedsstaat Ungarn traten selbige Bestimmungen mit dem Beitritt im Mai 2004 in Kraft.
58 Gemäß Art. 18 EGV hat „jeder Unionsbürger das Recht, sich im Hoheitsgebiet der Mitgliedstaaten vorbehaltlich der in diesem Vertrag und in den Durchführungsvorschriften vorgesehenen Beschränkungen und Bedingungen frei zu bewegen und aufzuhalten" (Art. 18 EGV, Zweiter Teil).
59 Unter der Voraussetzung der prinzipiellen rechtlichen Zulässigkeit der jeweiligen Behandlung.
60 Hierbei ist das Hoheitsgebiet des betreffenden Mitgliedstaates ausschlaggebend für die Rechtsgeltung.

tiert sich in zweierlei Hinsicht: (i) traditionell gesehen ist der gesetzliche Versicherungsschutz auf Leistungserbringer limitiert, die innerhalb der nationalen Grenzen agieren; (ii) es besteht eine Versicherungspflicht durch gesetzlich definierte Institutionen und/oder nationale Behörden. Beide Vorgehensweisen basieren allerdings auf dem Argument der Territorialität [Sieveking (2007), 31]. Patienten, die sich innerhalb des gesetzlichen Gesundheitssystems bewegen, müssen demnach durch Leistungserbringer innerhalb der staatlichen Grenzen versorgt werden und besitzen im Allgemeinen keine Berechtigung auf Kostenübernahme für medizinische Leistungen, die im Ausland erbracht wurden.

Abweichungen vom strikten Territorialitätsprinzip waren aber bereits im EGV-Vertrag sichtbar. Dies betrifft insbesondere die Verordnungen 1408/71, 574/72 und demnächst auch die nachfolgende Verordnung 883/2004. Die Verordnung (EWG) Nr. *1408/71* des Rates dient dem Zweck, die sozialen Sicherungs-rechte von Personen, die sich innerhalb des Territoriums der Mitgliedsstaaten bewegen, zu schützen. Die Bestimmungen von 1408/71 basieren dabei auf die Durchführungsverordnung VO (EWG) Nr. *574/72*, die ihrerseits die praktische Implementierung regelt (u.a. administrative Formalitäten; zuständige nationale Institutionen, etc.)61. Als grundlegendes Prinzip der Verordnung 1408/71 gilt die Zuständigkeit des *kompetenten* Staates (bzw. der relevanten Institution innerhalb dieses Staates) für die Bezahlung der vom Patienten erhaltenen medizinischen Dienstleistungen. Ein kompetenter Staat ist jener Staat, (i) in dem der betroffene Patient seine Beiträge einzahlt bzw. (ii) der dem Patienten Versicherungsschutz gewährt. Der Umfang des Anspruchs ist dabei prinzipiell an die rechtliche Zulässigkeit der Dienstleistung im kompetenten Staat geknüpft [Österle (2007), 116]. Ob und wie die grenzüberschreitende medizinische Leistung finanziert wird, hängt im höchsten Maße von der Natur der Behandlung ab. Dies inkludiert insbesondere die Dringlichkeit der Leistung und ob die Intervention vom Patienten beabsichtigt war oder nicht [Jorens (2003); Österle (2007)]62. Wie in Abbildung 8 ersichtlich, stehen – im Rahmen von VO 1408/71 – dem im EWR versicherten und behandelten Patienten zwei allgemeine Pfade zur Verfügung: (i) die ungeplante, temporäre Behandlung und (ii) die geplante Versorgung im Ausland.

---

61 Verordnung (EWG) Nr. 574/72 des Rates vom 21. März 1972 über die Durchführung der Verordnung (EWG) Nr. 1408/71 über die Anwendung der Systeme der sozialen Sicherheit auf Arbeitnehmer und Selbständige sowie deren Familienangehörige, die innerhalb der Gemeinschaft zu- und abwandern (siehe Amtsblatt der Europäischen Gemeinschaften Nr. L 74 vom 27. 3. 1972).
62 Vergleiche in diesem Zusammenhang Abschnitt 2.2.2.

Abbildung 8: Geplante und ungeplante Versorgung im EWR.

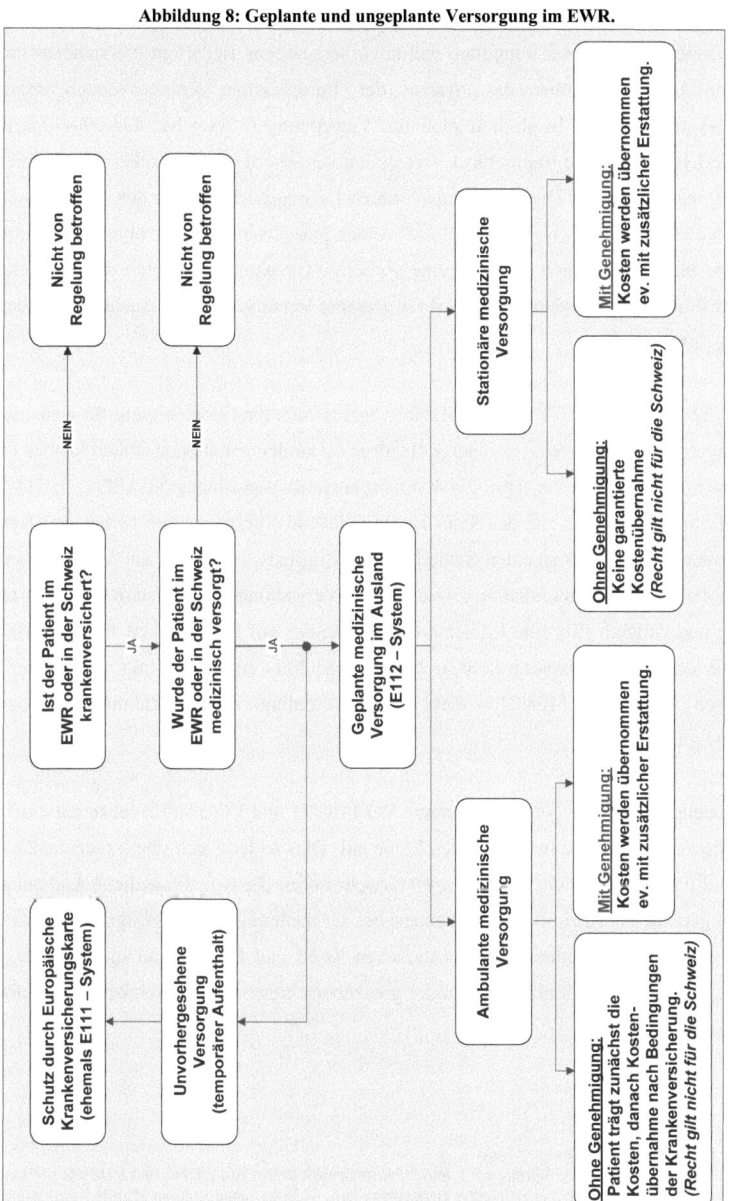

Quelle: Darstellung nach Europäische Gemeinschaften (2008)

Fällt der betreffende Patient unter kein spezifisches Versicherungsschema (z.B. E106, E109 Mechanismen), so wird der temporäre und unvorhergesehene Bedarf an (versicherten) medizinischen Leistungen über das System der Europäischen Krankenversicherungskarte (EHIC)63 abgedeckt64. In Kombination mit Verordnung (EWG) Nr. *631/2004* des Rates stellt die EHIC somit die (temporäre) Versorgung versicherter Europäischer Bürger mit „benötigten, medi-zinischen Dienstleistungen" durch Leistungserbringer in den Mitgliedsstaaten sicher. Nicht vom EHIC-System abgedeckt werden jene Leistungen, die über das unmittelbar benötigte Maß hinausgehen und/oder eine vorherige Genehmigung (durch den kompetenten Staat oder einer betreffenden Institution) für geplante Versorgungen im Ausland voraussetzen [Österle (2007), 117].

Artikel 22.1.c. VO 1408/71 reguliert darüber hinaus auch die Genehmigung für geplante Behandlungen durch die jeweils zuständige Behörde im kompetenten Staat (innerhalb des E112-Systems)65. Ziel der am 29. April 2004 verabschiedeten Verordnung Nr. (EG) *883/2004* des Europäischen Parlaments und des Rates ist abschließend (i) eine weitere verbesserte Koordinierung der Systeme der sozialen Sicherheit der Mitgliedsstaaten, (ii) die Verpflichtung zu einer verbesserten Kommunikation zwischen den Verwaltungen im System der sozialen Sicherheit und dadurch (iii) eine Erleichterung des Rechts auf Freizügigkeit für Unionsbürger innerhalb des EWR [Sieveking (2007), 28]. VO 883/2004 ersetzt mit Inkrafttreten die Verordnungen 574/72 und 1408/71 – diese bleiben allerdings bis zum Inkrafttreten von VO 883/2004 gültig.

Die genannten Verordnungen (insbesondere VO 1408/71 und VO 574/72) lockerten das Territorialitätsprinzip aber nur im begrenzten Maße auf. Dies änderte sich unmissverständlich mit einer Reihe von Urteilen des Europäischen Gerichtshofes, die eine wesentliche Änderung des national gerichteten Territorialitätsgedankens bei der medizinischen Versorgung europäischer Bürger darstellt. Insbesondere die Rechtssachen Kohll und Decker sind in diesem Zusammenhang als wichtige Initialzündungen der grenzüberschreitenden medizinischen Versorgung in Europa zu nennen.

---

63 Engl.: European Health Insurance Card.
64 Die EHIC löste mit ihrer Einführung am 1.Juni 2004 folgende Vordrucke ab: E111 und E111b (für Touristen), E110 (Mitarbeiter im internationalen Transportwesen), E128 (in einen anderen Mitgliedstaat entsandte Erwerbstätige und Studenten) und E199 (Arbeitslose bei Arbeitssuche in einem anderen Mitgliedstaat).
65 Art. 22.1.c VO (EWG) 1408/81: „*(1) Ein Arbeitnehmer oder Selbständiger, der die nach den Rechtsvorschriften des zuständigen Staates für den Leistungsanspruch erforderlichen Voraussetzungen, gegebenenfalls unter Berücksichtigung des Artikels 18* (Anm. Artikel 18 VO 1408/71), *erfüllt und… c) der vom zuständigen Träger die Genehmigung erhalten hat, sich in das Gebiet eines anderen Mitgliedstaats zu begeben, um dort eine seinem Zustand angemessene Behandlung zu erhalten, hat Anspruch auf:…*".

2.4.2 Rechtssprechung des EuGH

Folgende Rechtsurteile des EuGH hatten unmittelbare Auswirkungen auf die innergemeinschaftliche Wanderung von Patienten[66]: Urteile Kohll[67] und Decker[68]; Urteil Vanbraekel[69]; Urteil Geraets-Smits und Peerboms[70]; Urteil Ioannidis[71]; Urteil Müller-Fauré und van Riet[72]; Urteil Inizan[73]; Urteil Leichtle[74]; Urteil Keller[75]; Urteil Acereda Herrera[76]; Urteil Stamatelaki[77] [Europäische Gemeinschaften (2008)]. Für zahnmedizinische Kassenleistungen und deren Refundierung bzw. Kostenerstattung gemäß Art. 22.1.c. 1408/71 war aber insbesondere der Rechtsspruch zu Kohll und Decker zentral:

Die Rechtsstreitigkeiten *Kohll* und *Decker* betrafen die Erstattung der Kosten für Brillen und für Zahnregulierungen in ambulanter Behandlung außerhalb des Herkunftslandes. Der Europäische Gerichtshof urteilte folgendermaßen: „Eine nationale Regelung, die die Erstattung der Kosten für Zahnbehandlung durch einen Zahnarzt in einem anderen Mitgliedstaat nach den Tarifen des Versicherungsstaats von der Genehmigung des Trägers der sozialen Sicherheit des Versicherten abhängig macht, verstößt gegen die Artikel 59 und 60 EG-Vertrag." [Europäische Gemeinschaften (2008)]. Gemeinschaftsangehörige können sich demnach in einem anderen Mitgliedstaat medizinische Erzeugnisse erwerben sowie sich zahnärztlich behandeln lassen und hierfür Kostenerstattung nach den Sätzen des Versicherungsstaats beanspruchen.

Die Rechtssachen *Müller-Fauré* und *Van Riet* bestätigten die Rechtssprechung des Falles *Kohll* und *Decker*. Die holländische Patientin Müller-Fauré ließ sich zahnmedizinisch in Deutschland behandeln[78] und stellte einen Antrag auf Kostenerstattung im Herkunftsland. Der Antrag wurde jedoch von der zuständigen Krankenkasse abgelehnt [Urteil des Gerichtshofes- Rechtssache C-385/99 Punkt 22]. Dies wurde vom Gerichtshof für unzulässig erklärt. Der EuGH bestätigte, dass das Einholen einer vorherigen Genehmigung für ambulante Behandlungen in einem anderen Mitgliedstaat für die Kostenerstattung nicht notwendig sei.

---

[66] Mit Stichtag 31.März 2008.
[67] Rechtssache C-158/96 vom 28. April 1998. Sachgebiet: Freizügigkeit.
[68] Rechtssache C-120/95 vom 28. April 1998. Sachgebiet: Freier Warenverkehr.
[69] Rechtssache C-368/98 vom 12. Juli 2001.
[70] Rechtssache C-157/99 vom 12. Juli 2001.
[71] Rechtssache C-326/00 vom 25. Februar 2003.
[72] Rechtssache C-385/99 vom 13. Mai 2003. Sachgebiet: Freier Dienstleistungsverkehr.
[73] Rechtssache C-56/01 vom 23. Oktober 2003.
[74] Rechtssache C-8/02 vom 18.März 2004.
[75] Rechtssache C-145/03 vom 12.April 2005.
[76] Rechtssache C-466/04 vom 15.Juni 2006.
[77] Rechtssache C-444/05 vom 19.April 2007.
[78] Hierbei handelte es sich um sechs Kronen und eine festsitzende Prothese im Oberkiefer.

2.5. Zusammenfassung

In diesem Kapitel wurde die definitorische Basis zur Analyse grenzüberschreitender Patientenbewegungen vorgestellt. In diesem Zusammenhang erfolgte eine allgemeine Klassifizierung des Phänomens Patientenmobilität nach geographischen und systemorientierten Gesichtspunkten. Zusätzlich wurde – basierend auf temporalen, finanziellen und organisatorischen Merkmalen – ein Konzept zur Typisierung grenzüberschreitender Mobilität präsentiert.

Abschnitt 2.3 befasste sich mit der Durchleuchtung der bis dato publizierten Beiträge und Erkenntnisse zum Themenbereich der grenzüberschreitenden Patientenmobilität. Neben der Darstellung bis dato bekannter Zielgebiete dental-bedingter transnationaler Bewegungen, wurde auch eine Auflistung bisher identifizierter Determinanten vorgelegt. Neben der Berücksichtigung juristischer Aspekte, galt es hierbei vor allem qualitativ-medizinische und monetäre Auslöser zu analysieren. Teilabschnitt 2.4 ging schließlich auf die rechtlichen Rahmenbedingungen der transnationalen Patientenmobilität innerhalb des Europäischen Wirtschaftsraums (EWR) ein.

Im nun folgenden Kapitel 3 werden die bisher vorgebrachten Argumente um die Darstellung der (informations-)ökonomischen Besonderheiten medizinischer Güter und Dienstleistungen im Allgemeinen und zahnmedizinischer Güter und Dienstleistungen im Besonderen erweitert.

The special economic problems of medical care can be explained as adaptations to the existence of uncertainty in the incidence of disease and in the efficacy of treatment.
K. Arrow (1921-)

3. Ökonomische Betrachtung zahnmedizinischer Dienstleistungen

3.1. Einleitung

Das Phänomen der *grenzüberschreitenden Patientenmobilität* impliziert gemäß unserer Festlegung in Abschnitt 2.2 *Fortbewegung* und *Behandlung* von Patienten gleichermaßen. Per definitionem sind somit Aspekte (i) des grenzüberschreitenden Wanderns und (ii) der medizinischen Versorgung in Form eines sprachlichen Konstrukts miteinander verknüpft. Die Überquerung zumindest einer geopolitischen Trennlinie wäre ohne entsprechende medizinische Behandlung als mittelbare Konsequenz nicht als Patientenmigration zu klassifizieren und stünde nicht im Fokus der vorliegenden Arbeit. In anderen Worten: Ohne Behandlung[79] ist das mobile Individuum kein Patient, ohne Mobilität kann der Patient keine Grenzen überschreiten. Eine Berücksichtigung beider Subkategorien ist folglich auch eine zwingende Voraussetzung zur Erforschung des genannten Untersuchungsfeldes.

Während die verschiedenen Ausprägungen des Grenzüberschreitens samt der damit verbundenen definitorischen Begrifflichkeiten bereits Gegenstand des letzten Abschnitts waren, soll im nun folgenden Kapitel die zweite inhaltliche Subkategorie, jene der medizinischen Behandlung als *Zweck bzw. Ziel des wandernden Patienten*, im Vordergrund stehen. Dabei ist allerdings nicht nur der finale Aspekt der Behandlung, sondern insbesondere auch die medizinische Dienstleistung selbst zu beschreiben. Speziell auf das Thema dieser Arbeit gerichtet, gilt es die spezifische Natur *zahnmedizinischer Dienstleistungen* aus einer ökonomischen Perspektive heraus zu erfassen.

---

[79] Dies inkludiert auch einen Behandlungsversuch, sofern eine (monetäre) Bewertung der Leistung stattgefunden hat.

3.2. Die allgemeine Natur medizinischer Behandlungen

Spätestens mit dem Erreichen des Endpunktes der nachfrageseitigen Wanderungsbewegung[80] beginnt für den migrierenden Patienten die Behandlungsphase im eigentlichen Sinne. Hier kommt es zur gesundheitlichen Versorgung des Konsumenten durch die entsprechende medizinische Infrastruktur. An dieser Stelle wirken die Marktkräfte unmittelbar. Ökonomisch gesprochen, lassen sich dabei folgende vereinfachte Interaktionspfade zwischen den beteiligten Einheiten erkennen (siehe Abbildung 9):

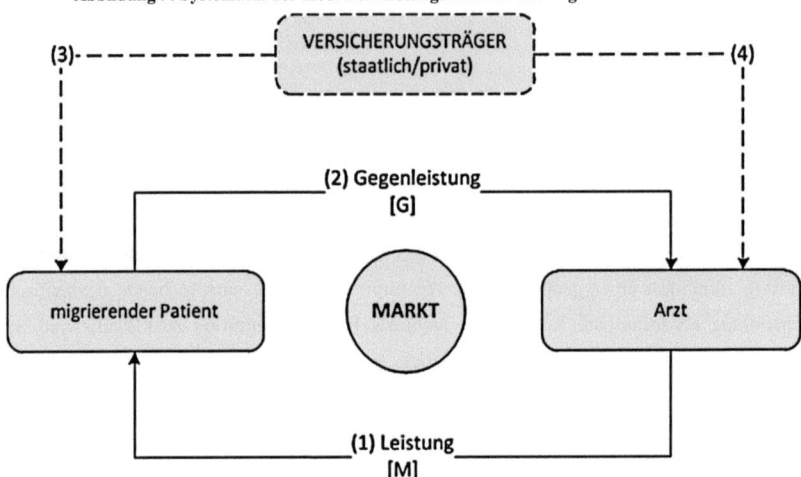

Abbildung 9: Systematik der med. Behandlungssituation des migrierenden Patienten

Quelle: Eigene Darstellung [angelehnt an Herder-Dorneich (1994, 621)]

Der Anbieter des medizinischen Gutes (Arzt) versorgt den Nachfrager (Patienten) mit einer medizinischen Leistung M (**1**) und erhält im Gegenzug eine monetäre Gegenleistung G (**2**). Handelt es sich bei M um eine *grenzüberschreitende (intentionale) Privatleistung* (Migrationstyp B – siehe auch Abbildung 6), so erfolgt die Bezahlung ausnahmslos durch den Patienten selbst, wobei das Verhältnis „Leistung zu monetärer Gegenleistung" durch den Markt-Preis-Mechanismus festlegt wird [analog zu Herder-Dorneich (1994, 621-622)]. Ist die medizinische Maßnahme hingegen versichert, so sind unter anderem (Teil-)Refundierungen an den Patienten (**3**), als auch (direkte) Vertragsverhältnisse zwischen Versicherungsträger und Arzt bzw. behandelnder Institution (**4**) möglich.

---

[80] Siehe auch Abbildung 2.

Die Verbindungslinien (3) und (4) sollen nun aber zunächst ignoriert und unser Augenmerk auf die Interaktion zwischen Arzt, Patient und Markt gelenkt werden. Des Weiteren vereinfachen wir für die Darstellung medizinischer Behandlungen unsere Analyse, indem wir die Interaktion aus der Sicht des Patienten heraus betrachten. Dies hat den Vorteil, dass die Gegenleistung G, die der Patient ja erbringen muss, von dessen Standpunkt aus als unmittelbares Charakteristikum der medizinischen Behandlung selbst darstellbar wird. Anders gesagt: Der Preis, den ein Konsument für eine medizinische Leistung zu zahlen hat, erscheint diesen – so die Annahme – entweder als Bestandteil der Behandlung per se oder als ökonomisches Spiegelbild der „medizinischen" Charakteristika der Behandlungsalternative. In beiden Fällen unterstellen wir vereinfachend: Eine voneinander entkoppelte Analyse der Interaktionspfade (1) und (2) ist nicht notwendig, da (i) Leistung und Gegenleistung sich gegenseitig bedingen und (ii) der monetäre Aspekt der Gegenleistung inhärent gegeben ist.

3.2.1. Medizinische Leistungen – mehr als die Summe ihrer Charakteristika?

Die individuelle Zahlungsbereitschaft für medizinische Versorgungsszenarien muss – der bisherigen Argumentationslinie folgend – mit dem erwarteten Nutzen, den der Patient mit der entsprechenden Intervention assoziiert, zusammenhängen. Wie aber lässt sich der Nutzen eines solchen medizinischen Gutes erfassen bzw. formalisieren?

Eine mögliche Antwort hierfür liefert Lancaster (1966 und 1971). In seiner Abhandlung „*A New Approach to Consumer Theory*" (1966) unterbreitet er die Idee, dass nicht die Güter per se, sondern deren Charakteristika dem Konsumenten Nutzen stiften[81]. Jedem Gut kann dabei – im Allgemeinen – mehr als ein Charakteristikum zugerechnet werden und ein Charakteristikum kann in mehr als einem Gut enthalten sein. Außerdem kann sich die Menge der Charakteristika, die aus einer Kombination an Gütern entsteht, sich von jener unterscheiden, die jedes dieser Güter für sich alleine innehätte[82]. Konsum ist gleichsam die Extraktion von Charakteristika aus dem betreffenden Gut. Das endgültige Modell nach Lancaster (1971) lässt sich dabei folgendermaßen zusammenfassen [Ratchford (1975), 66]: Ein Konsument maximiert eine ordinale Präferenzfunktion für Charakteristika $U(\mathbf{X})$, wobei $X = (x_1, \ldots x_n)$ den Vektor der Charakteristika darstellt. Diese unterliegt der Budgetrestriktion $pG \leq Y$, mit p als

---

[81] Lancaster (1966, 154): „*The crucial assumption in making this application has been the assumption that goods possess, or give rise to, multiple characteristics in fixed proportions and that it is these characteristics, not goods themselves, on which the consumer's preferences are exercised.*"
[82] Lancaster (1966, 134): „*The essence of the new approach can be summarized as follows, each assumption representing a break with tradition: 1. The good, per se, does not give utility to the consumer; it possesses characteristics, and these characteristics give rise to utility. 2. In general, a good will possess more than one characteristic, and many characteristics will be shared by more than one good. 3. Goods in combination may possess characteristics different from those pertaining to the goods separately.*"

Preisvektor der zu betrachtenden Güter G und Y als Einkommen des Konsumenten. Die Transformation der Güter G in den entsprechenden Charakteristikavektor X erfolgt anhand der Matrix B unter der Annahme $X = BG$. Die wesentlichen Zusammenhänge sind also[83]:

(3.1) Maximiere $U = F(X)$,
       wobei gilt $pG \leq Y$,
       unter der Annahme $X = BG$.

Auf unseren Fall übertragen bedeutet dies, dass primär die Eigenschaften der medizinischen Behandlung – und eben nicht die Behandlung an sich – für den Konsumenten nutzenrelevant erscheinen und daher eine zentrale Rolle in der Interaktion mit angebotsseitigen Marktstrukturen haben. Die dabei zu stellende Frage ist allerdings nur, welche Charakteristika für medizinische Behandlungen im Allgemeinen und grenzüberschreitende Leistungen im Besonderen innerhalb eines Lancaster'schen Systems zum Tragen kommen. In Abschnitt 2.3. wurden eine Reihe von Faktoren aufgezählt, die – soweit aus der vorherrschenden Literatur bekannt – für grenzüberschreitende Patientenströme besonders relevant sind. Dies waren unter anderem die mit der medizinischen Leistung verknüpfte Behandlungsdauer, die Distanz zum Behandlungsort oder auch die anfallenden Behandlungskosten. Die Variablen *Dauer, Distanz* und *Kosten* spielen auch bei zahlreichen anderen Gütern eine wesentliche Rolle – soweit unterscheiden sich medizinische Leistungen nicht von „normalen" Gütern.

Worin aber ein wesentlicher Unterschied vorliegt ist, dass vor allem die wahrgenommene Qualität medizinischer Güter mit einem starken Unsicherheitsfaktor versehen scheint. So gesehen haben medizinische Leistungen wohl aus zweierlei Gründen einen Sonderstatus inne: Zum einen ist dies der Umstand, dass medizinische Güter und Dienstleistungen mit einem *komplexen, stochastischen System* – der *menschlichen Gesundheit* – interagieren. Die eigentliche Wirkung des Gutes „medizinische Leistung" ist für das Individuum – obwohl es in der persönlichsten Form davon betroffen ist – oft nicht nachzuvollziehen, was nicht selten mit einem Informationsmangel über den eigenen gesundheitlichen Status Quo einhergeht. Vielfach beschränkt sich daher das individuelle „*Wissen*" (die eigene Gesundheit betreffend) auch auf *subjektive Empfindungen* wie Schmerz oder Wohlbefinden. Als zweiter Umstand ist zu bedenken, dass diese Unwissenheit um die Wirkung der medizinischen Leistung und die zeitgleiche hohe Dringlichkeit vieler Behandlungen nicht nur eine deutliche Informationsasymmetrie zwischen den Marktteilnehmern bewirkt, sondern vom Patienten – durch die persönli-

---

[83] Weitere Aspekte des Lancaster-Modells werden zu einem späteren Zeitpunkt besprochen.

che Natur medizinischer Interventionen – auch einen massiven Vertrauensvorschuss abverlangt.

Für eine ökonomische Analyse medizinischer Leistungen bedeutet dies, dass neben einer Erfassung der *Lancaster'schen Charakteristika* oder *Charakteristika im engeren Sinne* (z.B. Distanz, Dauer, Kosten aber auch empfundene Qualität) zusätzlich (i) das stochastische Element menschlicher Gesundheit, (ii) die sich daraus ergebenden Besonderheiten medizinischer Güter und (iii) deren Auswirkungen auf die Marktteilnehmer zu berücksichtigen sind. Diese, als *Charakteristika im weiteren Sinne* zu bezeichnende Kategorie güterspezifischer Besonderheiten wirkt *nicht direkt und unmittelbar* nutzenspezifisch, sondern beeinflusst die Produktion und Perzeption der Lancaster'schen Charakteristika84 und somit *auf indirektem Wege* den individuell empfundenen Nutzen medizinischer Leistungen (siehe Abbildung 10).

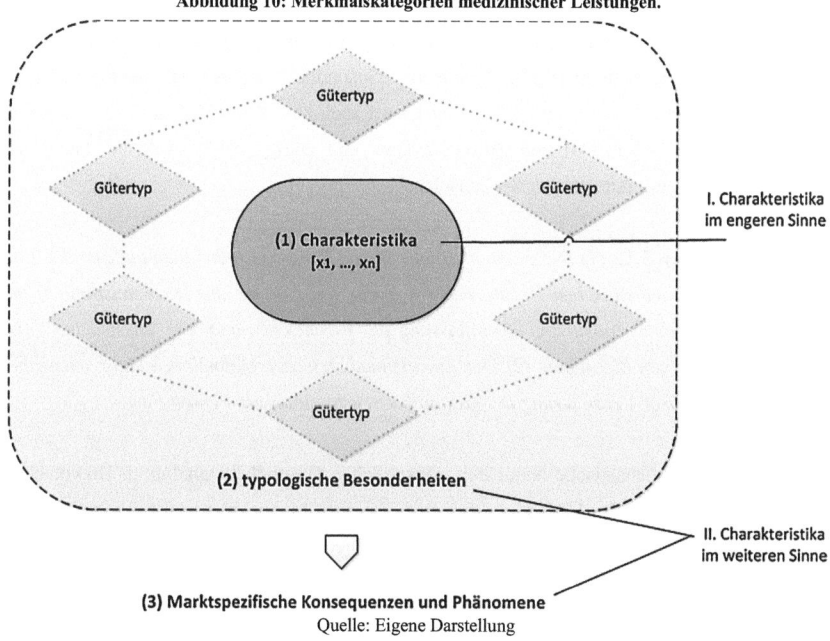

Abbildung 10: Merkmalskategorien medizinischer Leistungen.
Quelle: Eigene Darstellung

Charakteristika i.w.S. umfassen insbesondere *güterspezifische, typologische Klassifikationsmerkmale* (Abschnitt 3.2.3.) und in weiterer Folge auch *marktspezifische Konsequenzen* (Abschnitt 3.2.4.).

---

84 Kapitel 4 befasst sich unmittelbar mit individuellem Entscheidungsverhalten und der Perzeption von Gütercharakteristika.

3.2.2. Definitorische Abgrenzung medizinischer Behandlungen

Betrachten wir zunächst aber eine Reihe allgemeiner Aussagen zur medizinischen Behandlung von Individuen. Santerre und Neun (1996, 24) finden folgende Definition zur medizinischen Versorgung: „*Medical care is composed of myriad goods and services that maintain, improve or restore a person's physical or mental well-being*"85. Hierbei werden zwei Annahmen sichtbar: Zum einen ist dies ein Dualismus von *Gütern* und *Dienstleistungen* am Gesundheitsmarkt, zum anderen wird ein deterministischer Zusammenhang zwischen medizinischer Behandlung und individuellem Gesundheitszustand unterstellt. Insbesondere letztere Aussage ist – wie bereits angedeutet – problematisch. So verzeichnet die menschliche Gesundheit gemäß Breyer und Zweifel (1997) eine stark zufallsabhängige Komponente, sodass der Konsum medizinischer Leistungen höchstens die Gesundheitschancen der betreffenden Person erhöhen, nicht jedoch deren Gesundheitszustand bestimmen kann. Herder-Dorneich (1994, 620) berücksichtigt dahingehend diesen stochastischen Aspekt und definiert medizinische Güter als Waren und Dienste, die *der Förderung der Gesundheit dienen können*. Weder aber stellen medizinische Maßnahmen „Gesundheit" an sich dar, noch können sie diese determinieren. Gesundheit ist in dieser Lesart auch kein Wirtschaftsgut per se, sondern im Sinne von Peters (1994) und Zdrowomyslaw und Dürig (1997, 45-46) vielmehr das „höchste" Gut. Somit unterstellen wir zunächst:

Annahmen 3.1.: *(1) Die gesundheitliche Behandlung von Individuen umfasst den Einsatz von medizinischen Ressourcen (in Form von Gütern und Dienstleistungen) mit dem Ziel einer (positiven) Beeinflussung des psychischen und/oder physischen Wohlbefindens von Menschen. (2) Der Einsatz medizinischer Maßnahmen kann, muss aber nicht zu einer Veränderung des Gesundheitszustandes einer Person führen.*

Gerade aber die stochastische Natur der menschlichen Gesundheit [analog zu Breyer et al. (2005), 88] beeinflusst das Verlangen nach medizinischen Maßnahmen maßgeblich. So betont Arrow (1963) die Unvorhersagbarkeit der individuellen Nachfrage nach medizinischer Versorgung und geht generell von ihrer Zunahme im Falle einer Erkrankung aus86. Eine noch stärkere Verbindungslinie zwischen Krankheit und medizinischer Behandlung zieht Grossman (1972): Er sieht die Nachfrage nach medizinischen Leistungen und Gütern gleichsam als *ab-*

---

85 Die – wenn auch nicht angestrebte – Möglichkeit einer Verschlechterung des gesundheitlichen Zustandes von Patienten als Folge der Behandlung ist hierbei ebenfalls zu berücksichtigen. Eine medizinische Versorgung von Individuen wirkt in diesem Sinne eher als ein Trachten nach einem positiven gesundheitlichen Effekt.

86 Arrow (1963, 948): „*The most obvious distinguishing characteristics of an individual's demand for medical services is that it is not steady in origin as, for example, for food or clothing, but irregular and unpredictable. Medical services, apart from preventive services, afford satisfaction only in the event of illness, a departure from the normal state of affairs*".

geleitete Nachfrage nach *Gesundheit*87. Letzteres klingt plausibel, da ein *per se gesundes* Individuum nur selten Bedarf an medizinischen Dienstleistungen haben dürfte88. Ähnlich denkt Crivelli (1998, 78-79) und führt chemotherapeutische Behandlungen als argumentatives Beispiel an: Kein Mensch, bei dem nicht zuvor eine kanzeröse Erkränkung *diagnostiziert* wurde und eine Chance auf Verbesserung des Gesundheitszustandes bestünde, würde gemäß Crivelli eine solch schmerzhafte Behandlung freiwillig in sein Konsumbündel aufnehmen.

Zu überlegen ist an dieser Stelle allerdings, ob ein Individuum überhaupt *objektiv* krank sein muss89, um Bedarf nach einer medizinischen Behandlung zu entwickeln. So kann ein Konsument aus ärztlicher Sicht keine medizinischen Leistungen benötigen und dennoch medizinische Leistungen anfordern. Beispielsweise vermag eine somatofore Störung (u.a. Hyperchondrie) selbiges Verhalten zu bewirken. Gleiches – wenn auch anders geartet – ist im Bereich medizinisch nicht lebensnotwendiger, schönheitschirurgischer Leistungen möglich. Letztlich kann daher nicht ausgeschlossen werden, dass ein rein subjektives Bedürfnis nach Gesundheit (ohne entsprechende medizinische Diagnose) genügen kann, um individuelle, nachfrageseitige Impulse auszulösen.

Annahmen 3.2.: *(1) Die Nachfrage nach medizinischen Dienstleistungen ist indirekter Natur und gilt der Nachfrage nach Gesundheit. (2) Das individuelle Bedürfnis nach einem „Mehr" an Gesundheit kann, muss in dessen Ursache aber nicht objektiv-medizinisch begründet sein.*

Auf ein Lancaster'sches System übertragen bedeutet dies, dass zumindest eines der immanenten Charakteristika der medizinischen Dienstleistung für den Patienten eine positive Beeinflussung des individuellen Gesundheitszustandes bzw. des Wohlbefindens90 bewirken soll. Somit muss auch die Zahlungsbereitschaft des Patienten maßgeblich mit diesen *medizinisch relevanten Eigenschaften* einer Behandlung verknüpft sein.

---

87 Grossman (1972, Introduction): „*... that what consumers demand when they purchase medical services are not these services per se but rather good health.*"
88 Als Ausnahme sind an allererster Stelle präventiv-medizinische Maßnahmen zu sehen. Im Falle der Zahnmedizin ist das prophylaktische Beispiel „Mundhygiene" (zur Erhaltung des gesundheitlichen Status Quo im Mund-und-Rachen-Raum) wohl der bekannteste Fall.
89 Vorausgesetzt eine objektive Messung des individuellen *Krank-Seins* ist überhaupt möglich.
90 Hier kommt wiederum die Annahme zum Tragen, dass Individuen nur begrenzte Informationen über den eigenen Gesundheitszustand besitzen. Im Allgemeinen kann aber durchaus eine positive Korrelation zwischen Gesundheit und Wohlbefinden unterstellt werden. Ausnahmen liegen dennoch vor: Bei manchen schönheitschirurgischen Eingriffen beispielsweise, wird das subjektive Wohlbefinden mit einem erhöhten Erkrankungsrisiko erkauft (z.B. Brustimplantate).

Die spezielle Rolle medizinischer Güter und Dienstleistungen begründet sich aber nicht nur auf deren indirekt nutzenstiftende Wirkung auf die menschliche Gesundheit. So ist eine Reihe diverser Besonderheiten (jenseits der Lancaster'schen Charakteristika) für den ökonomischen „Sonderstatus" von Gesundheitsleistungen verantwortlich [gemäß Folland et al. (1993)][91].

3.2.3. Typologische Klassifikationsmerkmale medizinischer Güter

Medizinische Güter und Leistungen sind in ihrer Vielfalt durch eine starke *Heterogenität* gekennzeichnet [Zdrowomyslaw und Dürig (1997, 47)]. Dennoch besitzen medizinische Behandlungsalternativen gewisse Eigenschaften die – abstrahierend – in einer Merkmalstypologie medizinischer Güter und Leistungen darstellbar sind (siehe Abbildung 11):

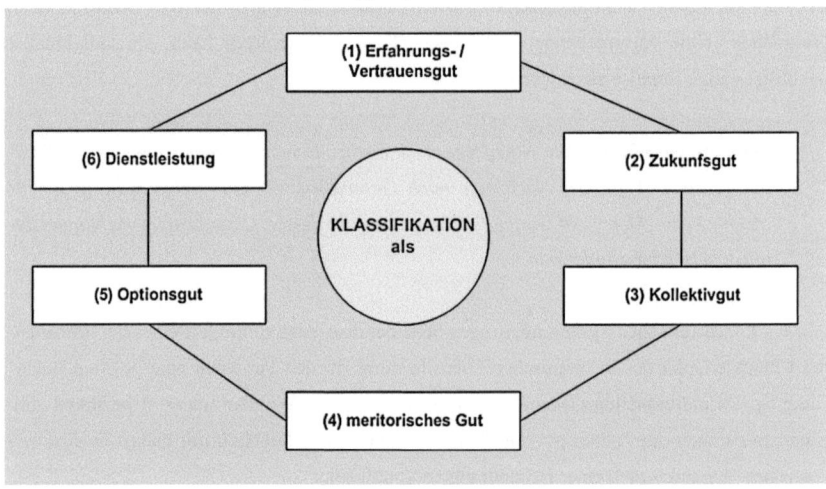

Abbildung 11: Typologien medizinischer Güter.

Quelle: Eigene Darstellung

So können medizinische Behandlungen fallweise als (i) Erfahrungs- bzw. Vertrauensgut, (ii) Zukunftsgut, (iii) Kollektivgut, (iv) meritorisches Gut, (v) Optionsgut und/oder als (vi) Dienstleistung klassifiziert werden[92]. Jede dieser typologischen Klassen besitzt Einfluss auf die Produktion der Lancaster-Eigenschaften der damit verknüpften medizinischen Leistung.

---

[91] Folland et al. (1993, 18): *„A reasonably satisfactory answer to these questions suggests that health care has many distinctive features, but that it is not unique in any of them. What is unique, perhaps, is the combination of features and even the sheer number of them".*

[92] Diese Typologie ließe sich beliebig erweitern. Die hier angeführten 6 Klassen werden v.V. als fundamental angesehen.

Klassifikation als Erfahrungs- bzw. Vertrauensgut

Vermag der Patient z.b. nach einer erfolgten Behandlung die Qualität selbiger zu erkennen, so liegt gemäß der Klassifikation von Nelson (1970) ein *Erfahrungsgut* vor. Erfahrungsgüter bedingen stets der Benutzung durch den Konsumenten, sodass jener auf diesem Wege Informationen über die Produktqualität des Gutes erhält93. Kann das betroffene Individuum auch nach durchgeführter medizinischer Versorgung die inhärente Qualität nicht unmittelbar erfassen, so sprechen wir laut der Arbeit von Darby und Karni (1973) von einem *Vertrauensgut* (credence good)94. Viele medizinische Behandlungsalternativen zeigen signifikante Merkmale eines Vertrauensgutes.

Klassifikation als Zukunftsgut

Manche Gesundheitsdienstleistungen führen erst zu einem späteren Zeitpunkt zu einem Nutzen für den Patienten und werden dementsprechend als Zukunftsgüter klassifiziert. Gleiches gilt, wenn ein Aufwand zu einem gegebenen Zeitpunkt erst im Nachhinein in den Genuss einer medizinischen Leistung mündet [Zdrowomyslaw und Dürig (1997, 48)].

Klassifikation als Kollektivgut bzw. öffentliches Gut

Einige medizinische Leistungen sind definitionsgemäß durch *Nicht-Rivalität*95 und *Nicht-Ausschließbarkeit*96 gekennzeichnet. Das Verhältnis zwischen Leistung und Gegenleistung (wie in Abbildung 9 gezeigt) besteht hier nicht zwingend. Das konsumierende Individuum befindet sich dementsprechend in einer *Rationalitätsfalle* [Herder-Dorneich (1994), 645-646], da sowohl der Konsum des Kollektivguts, als auch die *Nicht Teilnahme* an der Produktion des Kollektivguts rational sind. Als Beispiel seien Impfungen und die damit reduzierte Ansteckungsgefahr für Individuen genannt, die selber keinen Beitrag zur Bereitstellung des Gutes geleistet haben.

---

93 Nelson (1970) klassifiziert Güter je nach Informationsgrad der Individuen in Such- und Erfahrungsgüter (search and experience goods). Bei Suchgütern vermag der betroffene Konsumente auch vor der eigentlichen Nutzung ein Urteil über die Produktqualität abgeben. Bei Erfahrungsgütern ist die vorherige Benutzung *conditio sine qua non* für ein Qualitätsurteil.
94 Darby und Karni (1973, 68-69): „*Credence qualities are those which, although worthwhile, cannot be evaluated in normal use. Instead the assessment of their value requires additional costly information.*"
95 Die Nutzungsmöglichkeit des Gutes eines Individuums wird durch einen zusätzlichen Konsumenten nicht eingeschränkt. Die Grenzkosten eines zusätzlichen konsumierenden Individuums sind gleich Null.
96 Individuen können nicht, oder nur unter *prohibitiv hohen* Kosten, vom Konsum ausgeschlossen werden.

Klassifikation als meritorisches Gut

Medizinische Güter können manchmal einen höheren Nutzen stiften, als es die ursprüngliche Marktnachfrage erahnen lässt. Vielfach kommt es daher zu einer Trennung der Funktionen Nachfrager (z.B. Staat) und Konsument (z.B. Patient), um den gewünschten Verbrauch zu erzielen. So erklärt sich auch die Tätigkeit zahlreicher wohlfahrtsorientierter Stiftungen (z.B. bei der Errichtung eines Krankenhauses). Meritorisches Verhalten kann dabei sowohl durch altruistische als auch egoistische Motive bedingt sein [Musgrave (1957)].

Klassifikation als Optionsgut

Der zum Teil unvorhersagbare Bedarf an medizinischer Versorgung ist beim tatsächlichen Eintreten einer Erkrankung nicht selten von einer unmittelbaren (und somit) höchsten Dringlichkeit [Arrow (1963), 948]. Das Vorliegen einer dementsprechenden medizinischen Reservekapazität für medizinische Dienstleistungen (z.b. Reservebetten in Krankenhäusern) erzeugt per se Nutzen für den Konsumenten97 [Breyer et al. (2005), 178].

Klassifikation als Dienstleistung

Viele Gesundheitsgüter weisen schlussendlich Merkmale von Dienstleistungen auf98. Dies betrifft insbesondere das *räumliche und zeitliche Zusammenfallen von Erstellung der Dienstleistung und ihrem Konsum (Uno-actu Prinzip)*. So müssen Produzent (Arzt) und Konsument (Patient) bei der Produktion des Gutes „Gesundheit" meistens eng kooperieren. Beispielsweise können zahnärztliche Behandlungen nicht durchgeführt werden, wenn der Patient nicht aktiv (als externer Faktor) am Dienstleistungsprozess teilnimmt99.

Es sei angemerkt, dass medizinische Güter generell als Mischformen der genannten Gütertypen auftreten. Wie stark das jeweilige Klassifikationsmerkmal jedoch dann tatsächlich hervortritt, ist von der Art der zu analysierenden medizinischen Behandlung abhängig.

---

97 Die vorliegende Reservekapazität hat hier Optionsgutcharakter.
98 Siehe auch Abschnitt 3.2.3. [3-Phasen-Modell von Hilke (1984)].
99 In gewissen Sektoren des Gesundheitswesens (z.B. im Sektor für Arzneimitteln) spielt das Uno-actu Prinzip eine geringere Rolle [Zdrowomyslaw und Dürig (1997, 48)].

3.2.4. Marktspezifische Konsequenzen medizinischer Güter

Immanente Merkmale medizinischer Güter haben direkte Konsequenzen für den Gesundheitssektor und den dort agierenden ökonomischen Einheiten. Dies betrifft insbesondere folgende, auf Gesundheitsmärkten zu beobachtende Phänomene:

Mangelnde Markttransparenz

Für Arrow (1963) ist das Vorhandensein von *Unsicherheit am Gesundheitsmarkt* – und die damit verbundene mangelnde Markttransparenz – besonders offensichtlich. Einerseits besitzen viele potentielle Patienten a priori keine vollständige Kenntnis der nachgefragten Produktqualität (dies ist nicht selten Folge des *Uno-actu-Prinzips*), andererseits können selbst Ärzte das Ergebnis der Behandlung in vielen Fällen nicht mit Sicherheit vorhersagen [Folland et al. (1993), 19]. Für Breyer et al. (2005, 182) lassen sich in diesem Zusammenhang drei herausstehende Merkmale identifizieren, die primär – wenn auch nicht ausschließlich – auf Gesundheitsdienstleistungen zutreffen: (i) die *mangelnde Möglichkeit einer Stichprobe*, (ii) die *mangelnde Möglichkeit einer Qualitätsbeurteilung* und (iii) das *Vorliegen von Informationsasymmetrie* am Gesundheitsmarkt.

- *Mangelnde Stichprobe*: In den seltensten Fällen verfügt der Patient über hinreichende Erfahrung, was die Natur der eigenen Erkrankung und die Art der entsprechenden medizinischen Dienstleistungen betrifft. Erschwerend kommt hinzu, dass die Erlebnisse anderer Individuen nur schwer auf die Situation des betroffenen Patienten übertragbar sind. Hier spielt insbesondere die starke Heterogenität der *Arzt-Patienten-Beziehung* eine wichtige Rolle [Breyer et al. (2005)]. So ist nicht nur die Tätigkeit des Arztes, sondern insbesondere die individuelle Perzeption des ärztlichen Verhaltens wesentlich für die jeweilige Zufriedenheit des Patienten [Anderson und Zimmermann (1993); Hrabal (2003)]. Eine objektive Erfassung bzw. Qualitätsbeurteilung ist daher nur schwer möglich.

- *Mangelnde Qualitätsbeurteilung*: Zeigt die betreffende medizinische Leistung die Merkmale eines *Vertrauensguts*, so ist im Sinne von Darby und Karni (1973) sogar ex-post eine plausible Qualitätsbeurteilung durch den Patienten nicht oder kaum durchführbar. Breyer et al. (2005, 182) argumentieren auch, dass der kausale Effekt einer medizinischen Leistung von anderen Vorgängen (z.B. der Selbstheilungskraft des Körpers oder einer weiteren Erkrankung) verfälscht bzw. überlagert werden kann, sodass die tatsächlichen Auswirkungen nicht mehr messbar sind[100].

- *Informationsasymmetrie*: Tendenziell ist davon auszugehen, dass der Produzent der medizinischen Leistung (Arzt) einen wesentlichen *Informationsvorsprung* bezüglich der Erkrankung und der – zur eventuellen Heilung benötigten – medizinischen Versorgung des betroffenen Patienten besitzt. Arrow (1963, 951) argumentiert folgendermaßen: „*Because medical knowledge is so complicated, the information possessed by the physician as to the consequences and possibilities of treatment is necessarily very much greater than that of the patient, or at least so it is believed by both parties. [...], both parties are aware of this informational inequality, and their relation is colored by this knowledge*". Eine solche *Informationsasymmetrie* zwischen Arzt und Patienten liegt vor allem bei Beratungsgesprächen und ärztlichen Diagnosen vor.

Mangelnde Konsumentensouveränität

Am Gesundheitsmarkt vermag der Konsument vielfach keine rationalen (nutzenmaximierenden) Entscheidungen zu treffen. Als wichtigste, diesbezügliche Störfaktoren sind neben der mangelnden Markttransparenz, die bereits behandelt wurde, noch die (i) mangelnde *Fähigkeit des Patienten zu rationalen Entscheidungen* und (ii) die fehlende *Unabhängigkeit von Nachfrage und Angebot* zu nennen. Zunächst stellt sich die Frage, ob Behandlungssituationen möglich sind, in denen Patienten nicht rational handeln können. Breyer et al. (2005, 179-180) bejahen dies und unterscheiden dabei zwischen *vollkommener Unfähigkeit zu einer rationalen Entscheidung* (z.B. bei Bewusstlosigkeit), *eingeschränkter Fähigkeit zu einer rationalen Entscheidung* (z.B. bei lebensbedrohlichen Krankheiten ohne einer damit verbundenen Einschränkung der geistigen Kapazität) und *weitgehender Fähigkeit zu einer rationalen Entscheidung* (bei klassischen, routinemäßigen Behandlungen). Außerhalb dieser Klassifikation steht die Weigerung mancher Konsumenten, sich – trotz Krankheit – einer Behandlung zu unterziehen [siehe z.B. Culyer (1971, 191-192)]. Generell ist jedoch davon auszugehen, dass je genauer der Patient vermag, über seine medizinische Situation (seiner Krankheit) und die möglichen Behandlungsarten zu urteilen bzw. zu entscheiden und je ausgeprägter die individuelle Entscheidungsfähigkeit ist, desto größer wird seine Souveränität gegenüber angebotsseitigen Strukturen. Ist dies hingegen nicht der Fall, so wächst die Abhängigkeit des Konsumenten gegenüber den Anbietern medizinischer Leistungen. Im extremsten Fall führt dies zur ärztlichen Verordnung von Behandlungsvorgängen, die der Patient bei Vorliegen von voll-

---

[100] Es ist an dieser Stelle prinzipiell zu hinterfragen, ob ein *deterministischer Effekt* zwischen Behandlung und Gesundheitszustand überhaupt messbar ist.

ständiger Information101 so nicht gewählt hätte [Ryan und Mooney (1992)]. Die ökonomische Literatur spricht in diesem Zusammenhang von *angebotsinduzierter Nachfrage*.

Existenz externer Effekte

Culyer (1971, 199-200) nennt drei, für den Gesundheitssektor relevante Beispiele in denen Externalitäten eine wesentliche Rolle spielen. Zunächst betrifft dies den Fall der Immunisierung von Individuen gegenüber übertragbaren Krankheiten und des damit verbundenen Nutzens für andere Mitglieder der Gesellschaft (siehe weiter oben den Punkt „*Kollektivgut*"). Hier spricht Cluyer von einer *physischen Externalität*102. Als zweiter Punkt wird jener externe Effekt genannt, den medizinische Dienstleistungen mit *Optionsgutcharakter* für jene Individuen haben, denen die bloße Existenz ausreichender, medizinischer Versorgungskapazität bereits Nutzen stiftet. Ebenfalls zu dieser Kategorie der *psychischen Externalitäten* gehören jene altruistischen Reaktionen, die durch mangelnde gesundheitliche Versorgung von Einzelpersonen bei anderen Individuen ausgelöst werden [Folland et al. (1993), 22].

Problematik der Minderschätzung zukünftiger Güter

Solange ein Individuum keine unmittelbaren gesundheitlichen Beschwerden hat, besteht für ihn wenig Anlass, monetäre Ressourcen für eventuelle zukünftige Erkrankungen beiseite zu legen [Herder-Dorneich (1994), 486]. Selbst für einen vorausschauenden Konsumenten ist es de facto unmöglich die Wahrscheinlichkeit zukünftiger Krankheitsszenarien (für die eigene Person) richtig einzuschätzen. So ist davon auszugehen, dass die Mehrzahl der Individuen den jetzigen Konsum vorziehen und dem späteren, möglichen Behandlungsbedarf eine geringere Wichtigkeit zugestehen. Abbildung 12 zeigt die Änderung des Nutzens zweier medizinischer Dienstleistungen (*DL1* und *DL2*) in Abhängigkeit vom Betrachtungszeitpunkt [analog zu Herder-Dorneich (1994, 640)]: Beide medizinische Dienstleistungen stiften einem hypothetischen Individuum zum Zeitpunkt t_n den gleichen Nutzen (Nutzenniveau u_2). Zum Zeitpunkt t_0 allerdings ist das zugewiesene Nutzenniveau für beide Güter deutlich geringer ($u_3 < u_1 < u_2$). Für DL1 liegt dieses im Punkt u_1, wobei der Abstand $\overline{u_1 u_2}$ der Minderschätzung des Gutes DL1 zum Zeitpunkt t_0 entspricht. Der Nutzen von DL2 wird bei t_0 noch geringer geschätzt und verzeichnet sogar einen negativen Wert (u_3).

---

101 Inklusive der Fähigkeit des Patienten diese Information entsprechend zu verarbeiten.
102 Culyer (1971, 200): „*The problems involved in the case of communicable disease and other environmental harmful effects fall into the well-understood category of events known as physical externality*".

Abbildung 12: Minderschätzung zukünftiger Bedürfnisse.

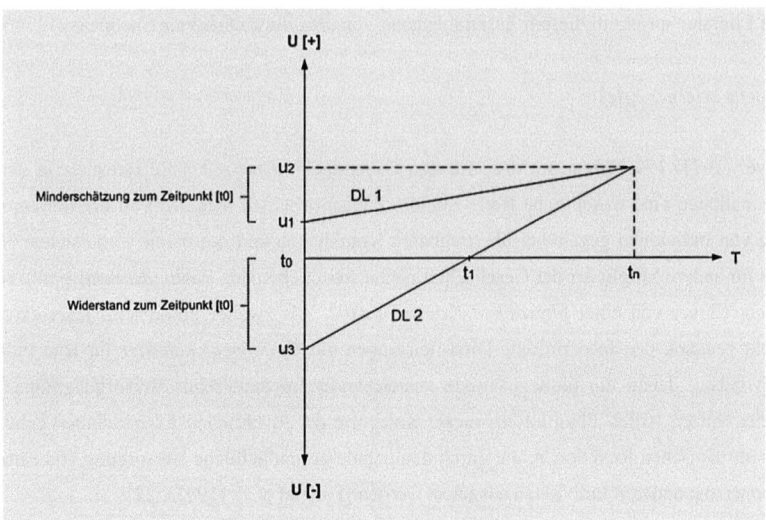

Quelle: Herder-Dorneich (1994, 640)

Das Individuum ist zu diesem Zeitpunkt nicht bereit, auf den gegenwärtigen Konsum von anderen Gütern zu Gunsten von DL2 zu verzichten. Erst ab dem Punkt t_1 würde ein rationales Individuum keinen Widerstand mehr verzeichnen und einen entsprechenden Aufwand für DL2 tätigen. Diese (durchaus rationale) Minderschätzung zukünftiger Bedürfnisse führt dabei zwangsweise zu einer *suboptimalen medizinischen Vorsorge* [Herder-Dorneich (1994, 640)].

3.2.5. Zusammenfassung

Basierend auf der Arbeit von Lancaster (1966) geht Teilabschnitt 3.2. davon aus, dass die Charakteristika medizinischer Güter und Dienstleistungen für den Patienten nutzenspezifisch relevant sind (*Charakteristika im engeren Sinne*). Es wurde ebenfalls aufgezeigt, dass medizinische Leistungen Merkmale aufweisen, welche die individuelle Wahrnehmung dieser Lancaster'schen Charakteristika beeinträchtigen können. Dies betrifft insbesondere jene Eigenschaften, deren wahrscheinliche Ausprägung auch nach erfolgter Benutzung durch den Konsumenten nicht ersichtlich werden (*Vertrauenscharakteristika*). Prägnante Beispiele sind in diesem Zusammenhang die unmittelbare medizinische Qualität der Leistung, wie auch deren Auswirkung auf den Gesundheitszustand des betroffenen Individuums. Generell scheint ein Mangel an nachfrageseitiger Information eines der zentralen Hindernisse für Patienten zu sein, eine rationale Einschätzung von Erkrankungen und damit verknüpften Behandlungen zu treffen. Ein Umstand der – wie angesprochen – zur Entstehung mangelnder Konsumentensouveränität führen kann.

Vereinfachend gesprochen, bestand die Aufgabe dieses Abschnitts in erster Linie aber nicht in einer ausführlichen Analyse sämtlicher marktsspezifischer Phänomene bei medizinischen Leistungen[103]. Ziel war es vielmehr zu zeigen, dass (i) medizinische Leistungen in verschiedene Charakteristika aufgesplittert werden können und (ii) – bedingt durch die komplexe, stochastische Natur der menschlichen Gesundheit und deren Auswirkung auf den Gesundheitsmarkt – aus der Sicht des Patienten die Perzeption dieser Charakteristika (insbesondere im Falle der Qualität des medizinischen Gutes) „unscharf" werden kann. Der nun folgende Abschnitt 3.3. befasst sich mit der Frage, inwiefern zahnmedizinische Behandlungen ebenfalls jenen Marktphänomenen unterworfen sind, die Auswirkungen auf ein System nach Lancaster zur Folge hätten.

3.3. Die spezielle Rolle zahnmedizinischer Behandlungen

Der konzeptionellen Erfassung zahnmedizinischer Charakteristika (einschließlich der fundamentalen Konsequenzen dentaler Erkrankungen), wie auch insbesondere den Unterschieden zwischen zahnmedizinischen und allgemeinmedizinischen Behandlungen, ist in der ökonomischen Literatur generell wenig Aufmerksamkeit geschenkt worden [Feldstein (1973), Yule und Parkin (1985), Sintonen und Linnosmaa (2000)]. Sintonen und Linnosmaa (2000) begründen dies mit der Annahme, dass dentale Erkrankungen fälschlicherweise als *den allgemeinmedizinischen Krankheiten ähnlich* empfunden werden. Fälschlicherweise insofern, als viele Indikatoren eine spezielle Rolle des dentalen Sektors innerhalb des Prozesses der medizinischen Versorgung von Individuen erahnen lassen. So nennen beide Autoren eine Reihe von marktspezifischen Merkmalen, die für eine Abgrenzung der Zahnmedizin gegenüber anderen, weniger spezifischen medizinischen Sektoren sprechen [Sintonen und Linnosmaa (2000, 1254)][104]:

- **M1** (limitierte Zahl): Die Anzahl verschiedenartiger dentaler Erkrankungen ist *limitiert* und ihr Auftreten [*vom medizinischen Standpunkt her*[105]] vergleichsweise *leicht vorherzusagen*.

---

103 In diesem Sinne ist die Aufzählung der marktspezifischen Phänomene in Teilabschnitt 3.2.4. gewiss nicht vollständig. Insbesondere versicherungsrelevante Probleme wie beispielsweise Moral Hazard wurden nicht berücksichtigt.
104 Sintonen und Linnosmaa (2000) nach Kommentaren von Willard Manning und Charles Phelps. Die Nummerierung (M1-M7) und die in Klammern befindlichen Bezeichnungen wurden aus Gründen der Übersicht v. V. hinzugefügt.
105 Anmerkung v.V.

- **M2** (Mehrmaligkeit): Individuen *beanspruchen* im Laufe ihres Lebens *wiederholt bestimmte zahnmedizinische Dienstleistungen* und verfügen dementsprechend über Erfahrungswerte bezüglich der Qualität eben dieser Dienstleistungen.
- **M3** (Diagnostizierbarkeit): Dentale Erkrankungen sind *einfach zu diagnostizieren*. Die hierfür benötigte Information wird praktisch zur Gänze über Röntgenaufnahmen und Photographien bezogen.
- **M4** (zahlreiche Behandlungsalternativen): Es stehen vergleichsweise *mehr alternative Versorgungsmethoden* zur Behandlung einer gegebenen dentalen Erkrankung zur Verfügung.
- **M5** (Prävention): Es stehen umfangreiche *präventive Maßnahmen* zur Verfügung. Diese prophylaktischen Tätigkeiten können Ressourcen einsparen106.
- **M6** (Planbarkeit): Abgesehen von unfallbedingten Notfällen und akuter Zahnschmerzen sind zahnmedizinische Dienstleistungen *in den seltensten Fällen dringlicher Natur*, sodass die (unmittelbare) Nichtbehandlung der Erkrankung keine drastischen Konsequenzen für den Gesundheitszustand eines Individuums hat. Letzteres führt laut Sintonen und Linnosmaa zu miteinander verknüpften kausalen Effekten: (i) Individuen können die Planung zahnmedizinischer Behandlungen freier gestalten, (ii) was wiederum auf individueller Ebene mehr Freiheit bei der Wahl des behandelnden Zahnarztes garantiert und (iii) in Folge – zumindest theoretisch – *„zu einer höheren Preiselastizität für zahnmedizinische Dienstleistungen führt"*.
- **M7** (keine Übertragbarkeit): Dentale Erkrankungen sind gemeinhin nicht übertragbar. Die Wahrscheinlichkeit der Ansteckung von Patient zu Patient ist somit sehr gering, wodurch das medizinische Erkrankungsrisiko auf individueller Ebene als interpersonell unabhängig anzusehen ist.

Da Sintonen und Linnosmaa die genannten Merkmale bewusst allgemein gehalten haben, erscheint zunächst eine kurze Analyse von M1-M7 im Spiegelbild der Klassifikation aus Abschnitt 3.2. sinnvoll.

---

106 Sintonen und Linnosmaa (2000, 1254): *„Fifth, there are extensive prevention possibilities and, in dental care, prevention may actually save resources [...], which is often not the case in other forms of medical care."*

3.3.1. Zahnmedizinische Klassifikationsmerkmale

Limitierte Ausprägungsvielfalt dentaler Erkrankungen (M1)

Als am weitesten verbreitete dentale Krankheitsformen werden gemeinhin *Zahnkaries*[107] und insbesondere *parodontale Erkrankungen*[108] bezeichnet [Petersen et al. (2005), 661; WHO (2007)]. Beide Krankheitsbilder sind in ihrer Ausprägungsvielfalt beschränkt und von ärztlicher Seite – einmal als solche erkannt – in ihrem Verlauf relativ leicht vorherzusagen. Betrachten wir das Argument der *limitierten Ausprägungsvielfalt* aus rein medizinischer Sicht, so ist der Ausführung von Sintonen und Linnosmaa daher wenig hinzuzufügen[109].

Aus dem Blickwinkel des Patienten betrachtet ist selbiges jedoch nicht der Fall. So ist im Allgemeinen zu bezweifeln, dass ein Konsument – mangels fachspezifischer Ausbildung – (a) ein dentales Krankheitsbild zweifelsfrei als solches erkennen würde und (b) dessen wahrscheinlichen Verlauf vorhersagen könnte. Folgerichtig können wir davon ausgehen, dass auch im zahnmedizinischen Bereich angebots- und nachfrageseitige Unterschiede im Erkenntnisgrad bestehen, also *asymmetrische Informationsverhältnisse* hinsichtlich dentaler Erkrankungen vorliegen.

Mehrmaligkeit dentaler Behandlungen (M2)

Weiters ist auch zu hinterfragen, ob zahnmedizinische Leistungen generell der Annahme M2 genügen. Ist dies tatsächlich der Fall, so könnten wir auf ein verstärktes Vorliegen von *Erfahrungsgütern bzw. -charakteristika* im zahnmedizinischen Sektor schließen. Das Ausmaß der Erfahrung eines Patienten mit einer gegebenen dentalen Behandlung wäre dabei in erster Linie von der *Behandlungshäufigkeit* (κ) abhängig.

Gerade aber in diesem Punkt unterscheiden sich zahnmedizinische Leistungen wohl maßgeblich: Für routinemäßige, regelmäßig vom Patienten beanspruchte Leistungen, die a priori mit keiner schweren Erkrankung verbunden sind (z.B.: Kontrolluntersuchungen oder Mundhygie-

---

[107] *Karies* wird primär durch den bakteriellen Erreger *Streptococcus mutans* verursacht und ist vor allem in den westlichen Industriestaaten, Asien und Lateinamerika weiterhin stark verbreitet [Petersen (2003), 4].

[108] Die gegenwärtig akzeptierte Einteilung *parodontaler Erkrankungen* basiert auf der Klassifikation des *International Workshop for a Classification of Periodontal Diseases and Conditions* aus dem Jahre 1999, wobei 8 verschiedene Kategorien erkennbar sind [Armitage (1999), 2-3], nämlich: (i) *gingivale Erkrankungen*, (ii) *chronische Parodontitis*, (iii) *aggressive Parodontitis*, (iv) *Parodontitis (durch Manifestation einer Systemerkrankung)*, (v) *nekrotisierende parodontale Erkrankungen*, (vi) *Abszesse*, (vii) *Parodontitis (durch endodontale Läsionen)* und schließlich (viii) *entwicklungsbedingte oder erworbene Deformationen bzw. Zustände*.

[109] Ausgenommen von unvorhersehbaren Ereignissen (Unfällen, etc.) dürfte selbst im Extremfall (z.B. bei Systemerkrankungen) die Entstehung dentaler Erkrankungen von ärztlicher Seite vorhersehbar sein [analog zu Petersen (2003), 3].

ne) scheint Annahme M2 durchaus gerechtfertigt. Hier erhält der Patient (mit zunehmendem κ) Erfahrungswerte, welche die Erfassung (i) der allgemeinen Behandlungsqualität und (ii) des Zusammenhangs zwischen Behandlungsmodus und der Veränderung des Gesundheitszustandes erleichtern. Bei komplexeren Eingriffen[110], insbesondere im Falle operativer Erstbehandlungen, ist das Zutreffen von Argument M2 jedoch zu hinterfragen: Zum einen verfügt ein Konsument bei erstmaligen bzw. seltenen Eingriffen über keine oder nur geringe bisherige Erfahrungswerte. Zum anderen ist für den Patienten der qualitative Konnex zwischen Behandlung und post-operativem Gesundheitszustand nur schwer bzw. gar nicht herzustellen. Die Durchführung einer nachfrageseitigen Qualitätsbeurteilung ist für das Individuum so gesehen *a posteriori* nicht oder nur schwer möglich. Solche komplexe medizinische Leistungen weisen im Sinne von Darby und Karni (1973) *Vertrauenscharakteristika* auf. Zusammenfassend gehen wir an dieser Stelle von folgenden Annahmen aus:

Annahmen 3.3.: *(1) Aus der Sicht des Patienten können zahnmedizinische Leistungen fallweise Erfahrungs- und/oder Vertrauenscharakteristika aufweisen. (2) Der Grad der Erfahrung eines Patienten mit einer bestimmten zahnmedizinischen Behandlung hängt von der Behandlungshäufigkeit κ und der zu behandelnden Krankheit ab. (3) Je geringer der Wert von κ und je komplexer der zahnmedizinische Eingriff ist, desto schwieriger wird für den Konsumenten eine Beurteilung der Behandlungsqualität.*

Diagnostizierbarkeit dentaler Behandlungen (M3)

Auch beim Argument der erleichterten Diagnostizierbarkeit ist – analog zur ersten Aussage über die Ausprägungsvielfalt (M1) – zwischen angebotsseitigem und nachfrageseitigem Erkenntnisgrad zu differenzieren. Leistungserbringer, die ja bereits über eine entsprechende medizinische Ausbildung verfügen, erhalten mit steigender Diagnostizierbarkeit einer Erkrankung unzweifelhaft *genauere* Informationen über den erkennbaren Gesundheitszustand eines Individuums. Dies bedeutet jedoch nicht, dass auch der Informationsgrad des betroffenen Patienten automatisch mit ansteigt. Im Gegenteil: Es ist *ceteris paribus* davon auszugehen, dass bei steigender Diagnostizierbarkeit zwar das spezifische „Wissen" des Arztes anwächst, der Patient jedoch seinen Gesundheitszustand weiterhin nicht genau zu bestimmen vermag und somit erneut von einer ärztlichen Diagnoseleistung abhängig wird.

---

[110] Als komplex werden hierbei jene Behandlungen bezeichnet, deren wahrscheinliches Ausmaß (z.B. Schmerzlevel, gesundheitliche Folgen) für den Patienten nicht im Vorhinein absehbar ist.

Alternative Behandlungsmöglichkeiten (M4)

Sintonen und Linnosmaa unterstellen in ihrer vierten Aussage, dass für einen gegebenen zahnmedizinischen Versorgungsfall im Vergleich zu anderen Krankheitsbildern mehr alternative Behandlungsmöglichkeiten vorliegen. Diese erhöhte Flexibilität, die Zahnärzten bei der Behandlung von Patienten theoretisch gegeben ist, muss sich aber nicht zwangsläufig manifestieren. Entscheidend ist in dieser Hinsicht weniger die durch den Stand der medizinischen Theorie gegebene hypothetische Menge der Versorgungsalternativen, sondern vielmehr jene Behandlungsmöglichkeiten, die in der Interaktion von Zahnarzt, Patient und Versicherungsträger als Bestandteil der Behandlungswahl gesehen werden. So können, wie Yule und Parkin (1985) unter Zitierung von Holst (1982) anmerken, Zahnärzte in vielen Fällen die Wahl zwischen dentalen Behandlungsalternativen determinieren[111]. Andererseits vermag auch ein Versicherungsträger den Wahlprozess maßgeblich zu beeinflussen und die Alternativenmenge entsprechend einzuengen oder auch zu erweitern[112].

Präventive Maßnahmen (M5)

Das Spektrum präventiver dentaler Maßnahmen reicht über nachfrageseitige Aktivitäten (z.B. tägliche Reinigung, regelmäßiges Aufsuchen des Zahnarztes), über angebotsseitige Tätigkeiten (z.B. Kontrolluntersuchungen, Mundhygiene) bis hin zu prophylaktischen Initiativen außerhalb des unmittelbaren Gesundheitsmarktes (z.B. Gesundheitsbildung, Schulprojekte). Selbst im zahnmedizinischen Bereich ist jedoch davon auszugehen, dass auch eine präventive Maßnahme *keinen absolut-deterministischen Effekt* auf den Gesundheitszustand des individuellen Mund- und Rachenraums hat, sondern lediglich die Wahrscheinlichkeit einer Erkrankung desselbigen beeinflussen kann[113].

---

111 Das in Yule und Parkin (1985, 754) angeführte Zitat nach Holst (1982) bezieht sich auf empirischen Daten aus Norwegen, wonach 80 bis 90% der befragten Patienten angaben, dass nicht Sie sondern ihre respektiven Zahnärzte letztendlich die Behandlungsart bestimmten.
112 Siehe hierzu z.B. Sintonen und Linnosmaa (2000, 1254-1255): „*The non-emergency nature of most dental care, the ease of access to relevant information for treatment decision via X-rays and photos, and different treatment alternatives with varying costs make it possible for dentists working in an insurance office to validate or reject the recommendations of the treating dentist and thus to control cost.*"
113 Beispielsweise vermag eine Behandlung mit Chlorhexidin die Anzahl karies-verursachender *Streptococci mutans* Bakterien zu reduzieren [Zickert et al. (1982)] und somit die Wahrscheinlichkeit einer Erkrankung zu senken. Dennoch bleibt eine von Null verschiedene Wahrscheinlichkeit einer Erkrankung mit Karies bestehen. Hier ist jedoch auch hinzuzufügen, dass die Interaktion zwischen dem menschlichen Immunsystem und Kariesbefall noch immer unklar ist [Shukairy et al. (2006)].

Planbarkeit dentaler Eingriffe (M6)

Bei einer Analyse der *nachfrageseitigen Planbarkeit dentaler Eingriffe* ist nach der jeweiligen Erkrankung und der zur Verfügung stehenden Behandlungsalternativen zu unterscheiden. Dabei stellt sich insbesondere die Frage, wer letztendlich die Planung der jeweiligen dentalen Behandlung übernimmt. Wie Yule und Parkin (1985, 754) betonen, folgen Behandlungen, in denen die professionelle Beratung des Zahnarztes ein geringeres Gewicht hat[114], eher einem klaren Angebots-Nachfrage-Mechanismus. Hier bestimmt der Patient maßgeblich die Rahmenbedingungen der zahnmedizinischen Versorgung. Überlassen Patienten jedoch die Wahl der Behandlungsart und Häufigkeit (z.B. aufgrund der vorherrschenden *Informationsasymmetrie*) dem Zahnarzt, so schwindet automatisch die Planbarkeit der Behandlung durch den Konsumenten. Dieser Umstand manifestiert sich unter anderem im Vorliegen von *angebotsinduzierter Nachfrage*. Hinweise auf die Existenz solcher angebotsinduzierter Impulse innerhalb des dentalen Sektors liefern z.B. Manning und Phelps (1979), Birch (1988), Grytten et al. (1990).

Der zweite wesentliche Faktor bei der Planbarkeit zahnmedizinischer Leistungen betrifft die *Dringlichkeit* des Eingriffs. Betrachten wir hierzu den hypothetischen Fall zweier medizinischer Leistungen unterschiedlicher temporaler Notwendigkeit (siehe Abbildung 13). Beide Eingriffe (DL1 und DL2) besitzen zunächst negative Nutzenwerte (u_1, u_3), sodass kein rationales Individuum zum Zeitpunkt t_0 DL1 und/oder DL2 in sein Konsumbündel aufnehmen würde. Zum Zeitpunktpunkt t_1 treten zwei voneinander verschiedene dentale Erkrankungen auf, zu deren Bekämpfung die betroffenen Individuen eine entsprechende medizinische Leistung in Anspruch nehmen[115]. Die Option der Inanspruchnahme von Leistung DL1 pendelt sich unmittelbar auf einem höheren Nutzenniveau (u_2) ein. Es handelt sich bei DL1 folglich um eine zahnmedizinische Behandlung von hoher Dringlichkeit, was dem Patienten de facto die Möglichkeit einer längerfristigen Planung des Eingriffs nimmt. Nach Ablauf des Behandlungszeitraumes ($\overline{t_1 t_2}$) kehrt die Behandlungsoption DL1 auf ein niedrigeres Nutzenniveau (u_1') zurück, wobei anzunehmen ist, dass prinzipiell $u_1 \neq u_1'$ gilt[116].

---

[114] In diesem Fall kann der Patient – da von angebotsseitigen Einflüssen kaum betroffen – relativ unabhängige Entscheidungen treffen.
[115] Wir unterstellen hierbei, dass zwei beliebige Individuen ähnlicher Präferenzstruktur je eine der Leistungen (DL1 und DL2) in ihr Konsumbündel aufnehmen.
[116] So erscheint es durchaus plausibel, dass Behandlungsalternativen *ex ante* und *ex post* verschiedene Nutzenniveaus aufweisen. Beispielsweise ordnet ein Patient einer Wurzelbehandlung wohl einen unterschiedlichen Nutzen zu, je nachdem ob er bereits eine solche Intervention in Anspruch genommen hat oder eben nicht.

Abbildung 13: Dringlichkeit dentaler Eingriffe

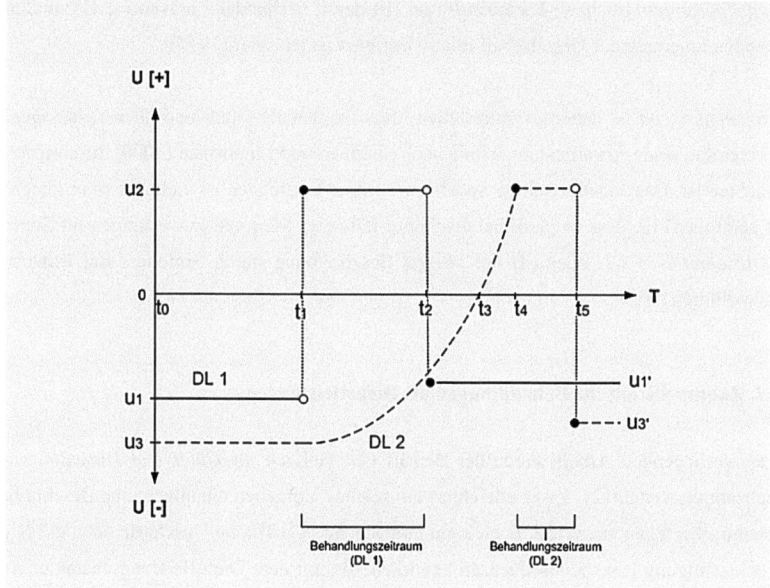

Quelle: Eigene Darstellung

Die zahnmedizinische Erkrankung, zu deren Bekämpfung DL2 dient, wird dem Patienten hingegen nur schrittweise bewusst, sodass auch der erwartete Nutzen der entsprechenden Behandlung nur langsam ansteigt. Erst ab dem Zeitpunkt t_3 wird DL2 ein positives Nutzenniveau zugewiesen und erst im Punkt t_4 entschließt sich der Patient für eine entsprechende zahnmedizinische Intervention. Im Sinne der Aussage von Sintonen und Linnosmaa ist hier tatsächlich davon auszugehen, dass dem Individuum *ceteris paribus* mehr Zeit für die Wahl eines zahnmedizinischen Angebotes zur Verfügung steht. Dies kann zu einer höheren Preiselastizität für zahnmedizinische Leistungen längerfristiger Planbarkeit führen.

Übertragbarkeit dentaler Erkrankungen (M7)

Auch die Aussage, zahnmedizinische Erkrankungen seien zwischen Personen nicht übertragbar (M7), ist gesondert zu analysieren. Während diese Annahme z.B. für parodontale Abszesse sicherlich zutreffen mag, ist das für Erkrankungen wie Karies nachweislich nicht der Fall [Büttner (1994)]. Folgerichtig kann für zahnmedizinische Behandlungssituationen das Vorliegen von *Externalitäten* im Sinne Culyers (1971)[117] *per se* nicht ausgeschlossen werden. Al-

---

[117] Siehe Abschnitt 3.2.1. unter „marktspezifische Besonderheiten".

lerdings gilt es hierbei zu bedenken, dass das Wissen (i) um die Ansteckung mit Erregern wie *Streptococcus mutans* bzw. *Lactobacili* und (ii) damit verbundene präventive Behandlungsmethoden innerhalb der Gesellschaft relativ begrenzt ist [Büttner (1994)].

Zusammenfassend ist daher zu unterstellen, dass für dentale Güter und Dienstleistungen118 die vereinfachende Argumentationslinie nach Sintonen und Linnosmaa (2000) differenziert zu betrachten ist. Das angebotsseitige Spektrum dentaler Leistungen ist vielmehr so umfangreich und heterogen119, dass es plausibel erscheint, fallweise Merkmalszuweisungen im Sinne (i) des *Abschnittes 3.2.1.* oder (ii) der obigen Beschreibung durch Sintonen und Linnosmaa durchzuführen120.

3.3.2. Zahnmedizinische Behandlungen als Dienstleistungen

In der vorliegenden Arbeit wurde der Begriff *Gut* vielfach für *Güter* und *Dienstleistungen* gleichsam verwendet121. Zwar erleichtert ein solches Vorgehen die allgemeine Beschreibung ökonomischer Phänomene122, doch kann eine solche begriffliche Unschärfe auch die Nicht-Berücksichtigung jener Konsequenzen bewirken, die mit dem Dienstleistungscharakter zahnmedizinischer Behandlungen verbunden sind. Dies betrifft insbesondere die aktive Partizipation des Patienten im *Dienst-Werden* der medizinischen Leistung, also sein Einwirken als externer Faktor im Entstehungsprozess der Dienstleistung. Gerade aber die unmittelbare Beteiligung des Konsumenten kann nicht ohne Auswirkung auf dessen Perzeption und Produktion der behandlungsspezifischen Lancaster'schen Charakteristika bleiben.

Zahnmedizinisches Leistungsspektrum

Betrachten wir zunächst eine grobe, überblickende Auflistung jener medizinischen Leistungen, die von Zahnärzten üblicherweise erbracht werden (siehe Abbildung 14).

---

118 Logischerweise mit dem Ziel der Behandlung der jeweils entsprechenden dentalen Erkrankung.
119 Siehe Abbildung 13.
120 Je nach Plausibilität und Anwendbarkeit der Kommentare von Sintonen und Linnosmaa.
121 Eine dualistische Vorgangsweise die durchaus in der Tradition der ökonomischen Literatur steht. Siehe für eine diesbezügliche Kritik Hill (1990) oder Rück (2000).
122 Da hiermit die definitorische Herausforderung des Konstrukts „Dienstleistung" ausgeklammert werden kann.

Abbildung 14: Liste zahnmedizinischer Leistungen.

Allgemeine Leistungen	Konservierende Leistungen	Chirurgische Leistungen	Sonstiges
z.B.: - Beratung/ Erstuntersuchung - Beratung/ Kontrolluntersuchung - Vitalitätsprüfung - Zuschläge (u.a. Sonn-, Feiertag) - Zeitaufwand pro 5 min (a. AHR)	z.B.: - Extraktion inkl. Anästhesie - Visite - Hilfe bei Kollaps - Stiftverankerung - Intrakanaläre Schraube - F1-F3 Comp. SAT - WA - Amputation - W1 bis W3 - Bestrahlung - (Panorama) Röntgen	z.B.: - Entfernung retinierter Zahn - Zysten (OP) - operative Zahnentfernung - Geschwulst (OP) - Innenincision - Taschenabtragung - Kammkorrektur - Nachbehandlung - Therapeutische Injektion	z.B.: - Implantologische Leistungen - Mundhygiene - ...

Zahnmedizinische Dienstleistungen

Kieferorthopädie	Technische Arbeiten (inkl. Labor)	Prothetik	Reparaturen

z.B.:
- Diagnosepaket I
  * Modellanalyse
  * Panoramaröntgen
  * Therapieplanung
- Diagnosepaket II
  * inkl. DP I
  * Fernröntgenanalyse
- nach Behandlungsjahren
- Gesamtbehandlung
	z.B.:
	- Goldgußfüllung
	- F1 bis F3
	- Vollgußkrone, Inlay
	- Brückenglied, Vollguß
	- VMK-Standardkrone
	- Individuell gestaltete VMK
	- Kunststoff-Mantelkrone
	- Aufbau gegossen
	- Provisorische Schutzkrone
		z.B.:
		- Totale Prothese
		- Platte, Kunststoff
		- Metallgerüst
		- Zahn oder Klammer
			z.B.:
			- Sprung, Bruch
			- Wiederbefestigung
			- Zahn oder Klammer neu
			- Unterfütterung
			- Erweiterung

Quelle: Eigene Erstellung nach Österreichische Zahnärztekammer (2009).

Das hierbei ersichtliche zahnärztliche Leistungsangebot lässt sich in (i) *allgemeine Leistungen* (z.B. Beratungen und Erstuntersuchungen), (ii) *konservierende Leistungen* (z.B. Röntgenaufnahmen und Zahnextraktionen), (iii) *chirurgische Leistungen* (z.B. operative Zahnentfernungen und Nachbehandlungen), (iv) *kieferorthopädische Eingriffe* (z.B. Gesamtbehandlungen des Kiefers), (v) *technische Arbeiten* (z.B. Vollgusskronen und Inlays), (vi) *prothetische Leistungen* (z.B. Totalprothesen), (vii) *Reparaturen* (z.B. Wiederbefestigung von Zähnen) und (viii) *sonstige Leistungen* (z.B. Mundhygiene) unterteilen. Das Servicespektrum reicht somit von *präventiven* Maßnahmen (z.B Mundhygiene, Kontrolluntersuchungen), über *unmittelbare* erkrankungsbedingte Interventionen hin zu *post-operativen* Behandlungen.

Systematisierung dentaler Dienstleistungen

Wie aber lassen sich die genannten dentalen Dienstleistungen systematisch darstellen? Ein inzwischen bewährtes Konzept zur allgemeinen Definition und Erfassung von Dienstleistungen ist das *3-Phasen-Modell* nach Hilke (1984 und 1989). Hierbei wird die zu analysierende Dienstleistung in drei verschiedene „Phasen" oder Abschnitte unterteilt, nämlich in (i) das Dienstleistungspotenzial, (ii) den Dienstleistungsprozess und (iii) das Dienstleistungsergebnis [Hilke (1984 und 1989); Rück (2000, 182)]:

(i) Das *Dienstleistungspotenzial* umfasst die Leistungsfähigkeit und Leistungsbereitschaft des Anbieters der jeweiligen Dienstleistung. Angebotsseitige Leistungsfähigkeit und Leistungsbereitschaft gelten dabei als das immaterielle Ergebnis der Kombination interner Produktionsfaktoren.

(ii) Der *Dienstleistungsprozess* kombiniert Dienstleistungspotenzial und externe Faktoren, mit dem Ziel, an letzteren die vertraglich festgelegten Zustandsveränderungen herbeizuführen. Als externer Faktor des Prozesses bringt der Konsument entweder seine eigene Person oder ein Verfügungsobjekt ein.

(iii) Das *Dienstleistungsprodukt* ist schlussendlich das Ergebnis des Dienstleistungsprozesses. Es umfasst die *tatsächlichen, bewirkten Zustandsveränderungen* des externen Faktors (der externen Faktoren). Der *potentielle Nutzen*, den ein Konsument bei vollkommener Kenntnis des Dienstleistungsprodukts beziehen kann, wird über diese Zustandsveränderungen bewirkt.

Gemäß Hilke (1989, 10-11) lässt sich das Wesen einer Dienstleistung nur unter Einbeziehung aller drei Abschnitte – Potential, Prozess und Produkt – erfassen. Rück (2000) bezeichnet diese Unterteilung in Phasen als die *zeitliche Dimensionen* einer Dienstleistung. Zusätzlich nimmt jede Dienstleistung im Zuge ihrer Erstellung verschiedene Zustände an: Innerhalb der Phase des Dienstleistungsprozesses befindet sie sich im *Zustand des Werdens*; nach Abschluss der Faktorkombination ist die Dienstleistung ein Produkt, ein Ergebnis, und befindet sich im *Zustand des Seins*. Dienstleistungsprozess und Dienstleistungsprodukt sind so gesehen die *Zustandsdimensionen* einer Dienstleistung [Rück (2000), 183].

Wird das Schema nach Hilke (1984 und 1989) nun auf dentale Dienstleistungen angewandt, so ergeben sich folgende, zu berücksichtigende Konsequenzen:

(i) Dentales Dienstleistungspotential: Als Anbieter dentaler Dienstleistungen gelten im Allgemeinen Zahnärzte, zahnärztliches Personal oder sonstige Personen, die über eine entsprechende *zahnmedizinische Ausbildung bzw. Behandlungsberechtigung* verfügen. Diese agieren als Dienstleistungsproduzent bzw. als dominanter, gegebener (innerer) Produktionsfaktor[123]. Zahnmedizinische Betriebsmittel werden unterstützend bzw. ergänzend zum Faktor *menschliche Arbeitskraft* eingesetzt. Zu beachten ist hierbei, dass das Produkt „dentale Dienstleistung" bei der Einigung zwischen Anbieter und Konsument noch nicht im *Zustand des Werdens bzw.*

---

[123] Im Sinne der Differenzierung von Dienstleistungen nach Corsten (1985).

Seins ist. Dentale Behandlungsoptionen können dem Patienten zunächst nur in Form von *Leistungsversprechen* angeboten werden. So liegt im Moment der Entscheidung für eine bestimmte Versorgungsalternative angebotsseitig lediglich eine *Behandlungsintention* vor. Nachfrageseitig ist daher lediglich eine *Behandlungserwartung* möglich. Der Patient kann sich im Entscheidungsprozess „nur" auf die *erwarteten Charakteristika* einer zu einem späteren Zeitpunkt produzierten Dienstleistung berufen124. Die tatsächlichen Konsequenzen einer dentalen Behandlung können aufgrund der kausal-temporalen Barriere niemals Gegenstand der Behandlungsentscheidung selbst sein125.

Annahmen 3.4.: *(1) Dentale Dienstleistungserbringer geben zunächst lediglich ein Behandlungsversprechen ab. (2) Dem Patienten stehen für eine Behandlungsentscheidung lediglich die erwarteten Charakteristika der noch zu produzierenden, dentalen Dienstleistung zur Verfügung.*

Ein wichtiges Element der angebotsseitigen und nachfrageseitigen Interaktion in dieser Phase ist die dentale *Arzt-Patienten-Beziehung* (APB). Gemäß Zenz (1994, 48) ist die APB bei jeder Begegnung zwischen Arzt und Patient automatisch gegeben, und muss nicht erst vom Arzt hergestellt werden. Die bisherigen Erfahrungen des Patienten beeinflussen den Ausgangspunkt einer APB [Hrabal (2003), 28-29] und bilden auch die Basis für zukünftige Reaktionen des Konsumenten auf angebotsseitige Behandlungsintentionen.

(ii) Dentaler Dienstleistungsprozess: Ziel des dentalen Dienstleistungsprozesses ist eine *Zustandsveränderung des externen Faktors* unter dessen Beteiligung und der Miteinbeziehung des Dienstleistungspotentials. Der primäre externe Faktor für zahnmedizinische Leistungen ist der Patient selbst. An ihm werden die dentalen Eingriffe unmittelbar vorgenommen. Somit zielt der zahnmedizinische Dienstleistungsprozess in erster Linie auf eine Veränderung des Gesundheitszustandes des Patienten ab126. Dentale Eingriffe sind folglich als *personenbezogene Dienstleistungen* zu bezeichnen. Die notwendige Partizipation des Patienten als externer Faktor des Dienstleistungsprozesses hat weit reichende Konsequenzen: Zum einen betrifft dies die Simultanität von Dienstleistungserstellung und Konsum durch den Patienten (*Uno-actu-Prinzip*); hierbei fallen die Produktion und Inanspruchnahme der dentalen Dienstleistung räumlich wie zeitlich zusammen [Herder-Dorneich (1994), 638]. Zum anderen bewirkt diese Personengebundenheit, dass eine dentale Dienstleistung weder gelagert noch transportiert

---

[124] Wie Rück (2000) betont, erfolgt dies auch bei der auftragsorientierten Sachgüterproduktion und ist dementsprechend kein ausschließliches Merkmal der Dienstleistungsökonomie.
[125] Für zukünftige Behandlungsentscheidungen ist dies sehr wohl möglich.
[126] Hierbei ist zu hinterfragen, ob nicht vielmehr der Gesundheitszustand des Patienten und nicht der Patient als externer Faktor zu bezeichnen ist.

werden kann127. Der Anbieter (Zahnarzt) und der Konsument (Patient) müssen zum Zeitpunkt der Dienstleistungserstellung am gleichen Ort sein (*Ortsgebundenheit*). Die räumliche und zeitliche Interaktion von Arzt und Patient ist damit *conditio sine qua non* der Erstellung dentaler Dienstleistungen.

Zu bedenken ist auch, dass die stochastische Natur der menschlichen Gesundheit zur Folge hat, dass *der preoperative Zustand eines externen Faktors,* abhängig (i) vom zu behandelnden Individuum und (ii) vom Behandlungszeitpunkt, stark variieren kann. In anderen Worten: Ein Zahnarzt behandelt nie dasselbe Gebiss. Dies bewirkt wiederum, dass jede dentale Intervention in ihrem Wesen einzigartig ist. Zwar schließt dieser Umstand nicht aus, dass Zahnärzte standardisierte Eingriffe vornehmen können; zu hinterfragen ist in diesem Zusammenhang jedoch, ob dieses standardisierte Vorgehen nicht letztendlich zu Lasten der individuellen Behandlungsqualität gehen kann.

(iii) Dentales Dienstleistungsprodukt: Als dentales Dienstleistungsprodukt wird eine bewirkte Veränderung des zahnmedizinischen Gesundheitszustandes und/oder Wohlbefindens des Patienten verstanden [analog zur Argumentation von Rück (2000)]. Dieses Produkt kann sowohl *materiellen* (z.B. Auftragen einer Zahnkrone) wie auch *immateriellen Charakter* (z.B. Beratungsgespräche) haben. Zwar befindet sich das dentale Produkt nun im *Zustand des Seins*, jedoch ist das tatsächliche Dienstleistungsergebnis für den Patienten auch nach erfolgter Behandlung oft nur teilweise oder gar nicht fassbar. Beispielsweise kann der optische Aspekt einer dentalen Intervention (Proportionen der Zahnkrone) vom Patienten erfasst werden, die langfristigen Konsequenzen des Eingriffs hingegen nicht. Logisch lässt sich dieser Umstand mit der Annahme begründen, dass zahnmedizinische Dienstleistungen in Charakteristika unterschiedlicher Erkenntnisgüte unterteilbar sind. Im Sinne der Argumentation von Nelson (1970) bzw. Darby und Karni (1973) können dentale Behandlungsalternativen sowohl *Such-, Erfahrungs-* als auch *Vertrauenscharakteristika* enthalten.

---

127 Analog zu Herder-Dorneich (1994, 632-633).

Abbildung 15 liefert eine kurze Zusammenfassung der wesentlichen Punkte bei der Produktion zahnmedizinischer Dienstleistungen.

Abbildung 15: Die Phasen der Entstehung einer dentalen Dienstleistung.

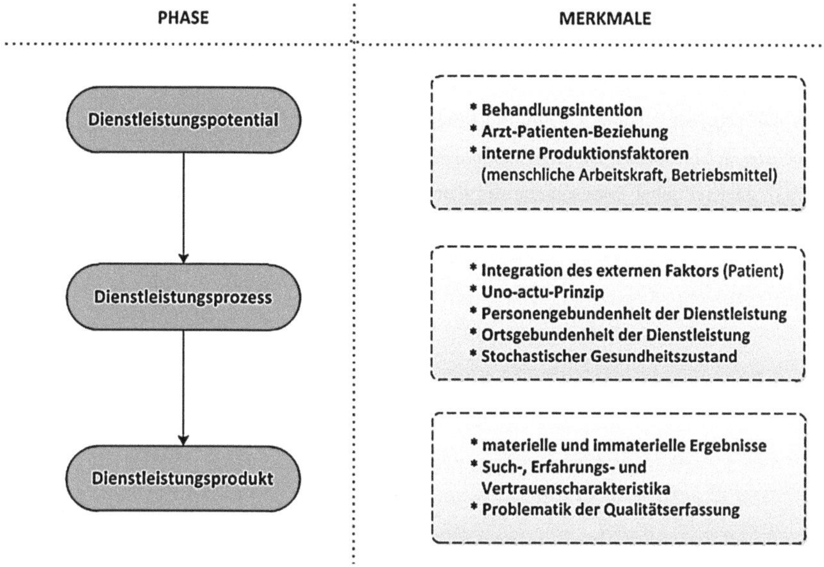

PHASE	MERKMALE
Dienstleistungspotential	* Behandlungsintention * Arzt-Patienten-Beziehung * interne Produktionsfaktoren (menschliche Arbeitskraft, Betriebsmittel)
Dienstleistungsprozess	* Integration des externen Faktors (Patient) * Uno-actu-Prinzip * Personengebundenheit der Dienstleistung * Ortsgebundenheit der Dienstleistung * Stochastischer Gesundheitszustand
Dienstleistungsprodukt	* materielle und immaterielle Ergebnisse * Such-, Erfahrungs- und Vertrauenscharakteristika * Problematik der Qualitätserfassung

Quelle: Eigene Darstellung, angelehnt am 3-Phasen-Modell nach Hilke (1984 und 1989).

3.3.3. Zusammenfassung

Im Zuge der Auseinandersetzung mit der Spezifikation zahnmedizinischer Dienstleistungen durch Sintonen und Linnosmaa (2000) konnten wesentliche Argumente für den Sonderstatus des dentalen Sektors vorgebracht werden. Mithilfe des 3-Phasen-Modells von Hilke (1984 bzw. 1989) wurde der Entstehungsprozess einer zahnmedizinischen Dienstleistung systematisch analysiert.

3.4. Zusammenfassung

Der dentale Patient sieht sich im Umgang mit zahnmedizinischen Dienstleistungen mit einer Reihe behandlungsimmanenter Besonderheiten konfrontiert. Zum einen ist dies durch die stochastische Natur der menschlichen Gesundheit bedingt, die ihrerseits oft keinen monokausalen Konnex zwischen medizinischer Behandlung und Gesundheitsstatus zulässt. Zum anderen besitzen medizinische Güter und Dienstleistungen eine Reihe strukturimmanenter Merkmale, welche eine Bestimmung der ökonomischen Maßgeblichkeit erschweren. Die in Abschnitt 3.2 erfolgte Aufzählung von typologischen Klassifikationsmerkmalen (zahn-)medizinischer Güter und Dienstleistungen dient gleichsam als Bindeglied zur Argumentationslinie des vierten Kapitels. Abschnitt 3.3 unterstrich die Rolle zahnmedizinischer Güter als Dienstleistungsphänomen.

Das nun folgende Kapitel 4 bettet die Erkenntnisse des zweiten und dritten Kapitels in den *Lancaster'schen Ansatz zur Konsumententheorie* ein [insbesondere Lancaster (1966 bzw. 1971)]. Ziel ist dabei insbesondere die theoretische Darstellung des individuellen Entscheidungsverhaltens potentiell migrierender zahnmedizinischer Patienten.

"Would you tell me, please, which way I ought to go from here?"
"That depends a good deal on where you want to get to," said the Cat.
"I don't much care where-" said Alice.
"Then it doesn't matter which way you go," said the Cat.
"- so long as I get somewhere." Alice added as an explanation.
"Oh, you're sure to do that," said the Cat, "if only you walk long enough."
Alice's Adventures in Wonderland (Chapter VI)
Lewis Carroll (1832-1898)

4. Entscheidungsverhalten zahnmedizinischer Patienten

4.1. Einleitung

Um das Wahlverhalten migrierender zahnmedizinischer Patienten zwischen alternativen Behandlungsszenarien plausibel durchleuchten zu können, gilt es zunächst eine abstrakte Abbildung des zugrunde liegenden individuellen Entscheidungsprozesses zu generieren[128].

Modelltheoretische Konzepte zur Beschreibung der Entscheidungsfindung von Individuen[129] unterscheiden allgemein zwischen Überlegungen zu folgenden Teilelementen: (i) Annahmen über das *Entscheidungsfeld* [Rommelfanger und Eickemeier (2001) bzw. Laux (2007)], (ii) Annahmen über *das entscheidende Individuum* und (iii) Annahmen über die *Position des Forschers* [siehe z.B. Maier und Weiss (1990), 22-24]. Laux (2007, 19) unterteilt das Entscheidungsfeld weiter in (i) *Handlungsalternativen*, (ii) *Umweltzustände*, sowie (iii) die *Ergebnisse des Entscheidungsprozesses*. Annahmen über das entscheidende Individuum wiederum umfassen insbesondere die *Zielfunktion* des betroffenen Entscheidungsträgers. Die explizite Berücksichtigung der *Position des untersuchenden Forschers* begründet sich aus zweierlei Umständen: So vermag (generell) der mit der Untersuchung des Entscheidungsvorganges beauftragte Forscher weder (i) das Entscheidungsfeld (samt Alternativenraum) vollständig zu erfassen noch (ii) die gegenüber dem Entscheidungsträger existierende *Informationskluft* vollends zu überwinden [Maier und Weiss (1990), 23-24].

---

128 Dies begründet sich zuletzt durch den Umstand, dass reale Probleme von Individuen (hier: Patienten *und* Forscher) in ihrer gesamten Komplexität gar nicht oder nur schwer vollständig erfasst werden können [Rommelfanger und Eickemeier (2001), 10]. Eine modellhafte Darstellung des Untersuchungsgegenstandes ermöglicht hingegen eine stufenweise Annäherung an das zu behandelnde Teilthema „individuelle Entscheidungen in der zahnmedizinischen Patientenmigration".
129 Als Teilbereich der deskriptiven Entscheidungstheorie.

Wie im Folgenden gezeigt wird, lässt sich das Entscheidungsproblem zahnmedizinischer Patienten ebenfalls in genannte Kategorien unterteilen. Abbildung 16 liefert zunächst einen schematischen Überblick der zu besprechenden Positionen. Zu beachten ist hierbei, dass keine der dargestellten Teilgebiete per se in sich abgeschlossen ist und als solche auch nicht geschlossen skizziert wird130.

Abbildung 16: Teilgebiete der Erforschung individueller Patientenentscheidungen.

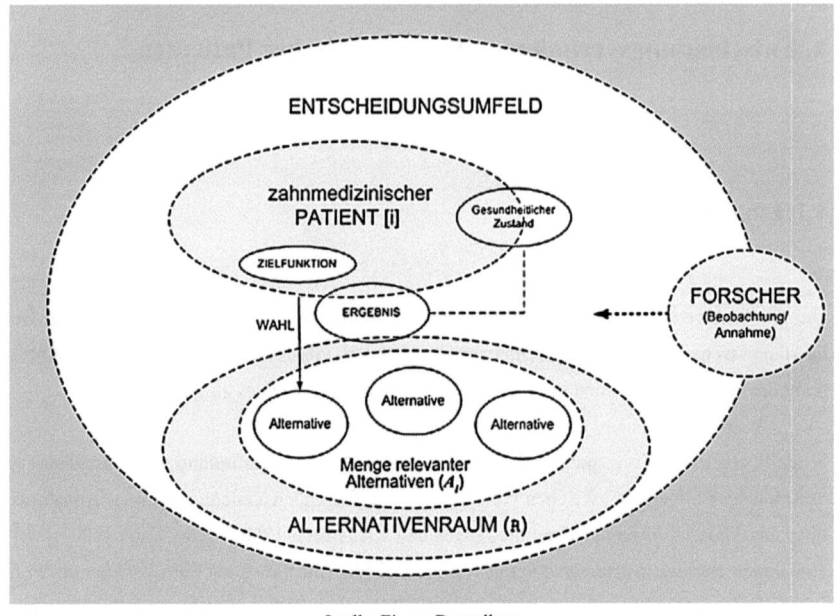

Quelle: Eigene Darstellung

Die hierbei zu analysierenden Positionen sind (im Überblick):

- Das **Entscheidungsumfeld**: Der Entscheidungsprozess des zahnmedizinischen Patienten ist unmittelbar dem Einfluss des umgebenden Entscheidungsumfelds ausgesetzt. Hierzu zählen insbesondere (i) die alternativen zahnmedizinischen Dienstleistungen (als Teil des *Alternativenraumes*), (ii) der Grad an Information, den der Patient sowohl über die benötigte zahnmedizinische Dienstleistung als auch über seinen eigenen Gesundheitszustand besitzt und (iii) das zum Zeitpunkt der Entscheidung erwartete Ergebnis. Des Weiteren sind auch jene Umweltzustände mit einzubeziehen, die sich auf

---

130 Dieser Umstand wird durch die unterbrochene Linienführung in Abbildung 9. angedeutet.

das Ergebnis der gewählten Alternative beziehen, auf die der Entscheidungsträger jedoch keinen Einfluss hat [siehe z.b. Rommelfanger und Eickemeier (2001), 12].

- Der **Patient**: Ein beliebiger Patient *i* entscheidet, nachdem ihm das unmittelbare *Bedürfnis* nach einer zahnmedizinischen Intervention bewusst geworden ist, ob er (i) sich überhaupt behandeln lassen möchte oder (ii) dennoch keine zahnmedizinische Behandlung wünscht[131]. Diese und alle weiteren Entscheidungen unterliegen u.a. dem Einfluss der *Zielfunktion* und der *Entscheidungsregel* des Patienten.

- Der **Forscher**: Wie Maier und Weiss (1990, 23-24) andeuten, trifft in den wenigsten Fällen (wenn überhaupt) zu, dass die untersuchenden Forscher ebenso gut über das Entscheidungsproblem des Individuums (Patienten) bescheid wissen, wie dieses selbst. Gerade bei der Wahl der zur Untersuchung des Forschungsfeldes benutzten Theorien und Methoden ist diesem *Momentum der asymmetrischen Information* zwischen *beobachtetem Individuum* und *Forscher* Rechnung zu tragen. Gleiche Vorsicht ist bei Annahmen über das Entscheidungsfeld – insbesondere den (zahnmedizinischen) Alternativenraum – geboten.

Das nun folgende Kapitel bespricht die angeführten Teilkategorien genauer. Zunächst führt Teilkapitel 4.2 die Teilbereiche des Entscheidungsfeldes als *die – den Entscheidungsträger umgebende und beeinflussende – Umwelt* an. Abschnitt 4.3 analysiert die Interaktion zwischen Entscheidungsregel bzw. –prinzip des Individuums und den sich bietenden Alternativen.

4.2. Das Entscheidungsumfeld des Patienten

Der Patient sieht sich – spätestens mit *Bewusstwerden* der Situation „zahnmedizinisches Bedürfnis" – dazu gezwungen, *entscheidungsspezifisch* mit seiner Umwelt zu interagieren[132]. Eine modelltheoretische Abbildung dieser *Entscheidungsumwelt* – alternativ auch als *Entscheidungsfeld* bzw. *Entscheidungsumfeld* bezeichnet [Rommelfanger und Eickemeier (2001); Werners (2006); Laux (2007)] – beinhaltet im Allgemeinen Annahmen über (i) die Optionen des Patienten (Behandlungsalternativen), (ii) die – der Entscheidung zeitlich vorgelagerte – Interaktion des Patienten mit der Umwelt (Informationsgewinnung) und (iii) jene Umweltzu-

---

[131] Unter der Annahme natürlich, dass der Patient *Wahlfreiheit* besitzt.
[132] Dies ist aus modelltheoretischer Sicht zu sehen. So wird an dieser Stelle etwa eine phänomenologische Debatte um Begrifflichkeiten wie Subjektivität vermieden.

stände, die nicht vom Patienten beeinflusst oder vorhergesehen werden können [Rommelfanger und Eickemeier (2001), 12].

4.2.1 Der Raum der Alternativen

Was die möglichen zahnmedizinischen Behandlungsoptionen betrifft, so unterscheidet diese Arbeit zunächst zwischen (i) dem allgemeinen zahnmedizinischen Alternativenraum und (ii) der Menge der entscheidungsrelevanten zahnmedizinischen Alternativen.

Der *Alternativen- oder Möglichkeitsraum* **A** inkludiert sämtliche, (hypothetisch) mögliche zahnmedizinische Behandlungssituationen[133] für einen gegebenen Behandlungsfall, wobei **A** aus einer *höchstens abzählbaren* Anzahl an unterscheidbaren Elementen besteht:

(4.1) $$\mathbf{A} = \{a_0, a_1, ..., a_m\},$$

mit $$\mathbf{A} = \begin{cases} a_n & \text{falls } 0 < n \le m \\ a_0 & \text{sonst} \end{cases}, \quad n \in \mathbb{N}.$$

Die *Menge der entscheidungsrelevanten Alternativen* A_i umfasst hierbei jene Behandlungsalternativen, über (i) die sich der entscheidende Patient *i* bewusst ist und (ii) die ihm (theoretisch) *zur Verfügung stehen* – und die somit unmittelbar Gegenstand des individuellen Entscheidungsprozesses des zahnmedizinischen Patient *i* sind. Es gilt allgemein:

(4.2) $$\mathbf{A} \supseteq A_i,$$

Welche Elemente aus **A** nun tatsächlich in den Subraum A_i eingehen, hängt so gesehen (i) vom individuellen *Erkennen der jeweiligen Alternative als solcher* und (ii) von der *Möglichkeit des Zugangs zur zahnmedizinischen Alternative* aus der Sicht des Entscheidungsträgers ab. Besitzt der Entscheidungsträger also vollkommene Kenntnis der möglichen Alternativen in **A** und kann er diese (zumindest hypothetisch) in Anspruch nehmen, so liegt **A** = A_i vor. Dies wird aber in den seltensten Behandlungsfällen tatsächlich zutreffen. Plausibler ist vielmehr, generell von der Annahme der unvollkommenen Kenntnis alternativer zahnmedizinischer Versorgungsoptionen auszugehen.

---

[133] Also jene Behandlungsoptionen, die zum Zeitpunkt der Entscheidung und bei gegebener medizinischer Technologie (i) *hypothetisch* gegeben sind und (ii) für das jeweilige (zahn)medizinische Bedürfnis überhaupt in Frage kommen.

Annahme 4.1.: *Der beliebige Patient i besitzt lediglich unvollständige Kenntnis über die Menge möglicher zahnmedizinischer Behandlungsalternativen, sodass* $\mathbf{A} \supset A_i$.

Beispiel A

Patient I benötigt (nach eigener Einschätzung) eine bestimmte zahnmedizinische Behandlung, z.b. das Einsetzen einer Zahnkrone aus Keramik. Vereinfachend gehen wir nun davon aus, dass ihm (lediglich) zwei unterschiedliche Behandlungsalternativen an verschiedenen geographischen Punkten bekannt sind: (1) Behandlung in Region A und (2) Behandlung in Region B. Beide Optionen stellen zu diesem Zeitpunkt die unmittelbare Wahlmenge A_I des Entscheidungsträgers dar (inkl. der Möglichkeit des Opt-outs), also A_I = {A, B, Opt-out}. Zusätzlich treffen wir die Annahme, dass in Region C ebenfalls die Möglichkeit einer zahnmedizinischen Behandlung existiert, dieser Umstand dem Patienten I allerdings nicht bekannt ist (er also keine Kenntnis über die Behandlungsalternative hat). Diese dritte Alternative „C" gehört somit nicht zur entscheidungsrelevanten Menge des Patienten I. In anderen Worten: Alternative C ist zwar $\in A$ aber $\notin A_I$.

Die relevante Alternativmenge kann dabei je nach Entscheidungsträger entsprechend voneinander abweichen [Maier und Weiss (1990), 96].

Annahme 4.2.: *Die Menge der entscheidungsrelevanten Alternativen für zwei unterschiedliche beliebige zahnmedizinische Patienten i und j* (mit i ≠ j) *kann – muss aber nicht zwingend – variieren, wobei wiederum:* $A_i, A_j \subseteq \mathbf{A}$.

Beispiel A (Fortsetzung)

Betrachten wir nun zusätzlich die Wahlmenge A_J des beliebigen Patienten J, mit: I ≠ J. Patient J wohnt an der Grenze zwischen den Regionen B und C, wobei ihm die Behandlungsalternativen beider Regionen geläufig sind. Es sei: A_J = {B, C, Opt-out}. Alternative A sei ihm hingegen nicht bekannt. In diesem Fall ist: $A_I \neq A_J$ mit $A_I, A_J \subset \mathbf{A}$.

Wie *erkennt* ein Patient nun aber eine Alternative?[134] Jenseits der Anwendung z.B. neurobiologischer und/oder phänomenologischer Erklärungskonzepte der Wahrnehmung und des Erkennens [siehe unter anderem Petit (2003)] bezieht sich diese Frage speziell auf die *entscheidungsökonomische Natur* einer Option[135]. So geht die vorliegende Arbeit von der Annahme aus, dass einmal *erkannte* Alternativen vom Patienten im Rahmen der Entscheidungssituation

---

[134] Oder besser: Wie erfasst ein Forscher, dass ein Patient eine Alternative erkennt?
[135] Es stellt sich hier auch die Frage, ob eine Untersuchung des Phänomens "Erkennen" innerhalb der Ökonomie überhaupt möglich ist. Deshalb soll an dieser Stelle – und für das vorliegende Projekt – eine indirekte, operationalisierbare Definition des Erkennens treten. *Eine erkannte Alternative gelte als eine bewertete Alternative* (und *vice versa*).

unmittelbar *bewertet* werden. Für diesen Bewertungsvorgang werden – unter anderem – folgende, grundlegende Annahmen getroffen:

Annahmen 4.3.: *(1) Der Patient erkennt eine Alternative und bewertet diese mittels eines Nutzenkonzepts. (2) Der hierbei ermittelte Nutzen ist nicht absolut, sondern in Relation zu den weiteren Alternativen zu sehen*[136].

Als ökonomisches Abgrenzungskriterium zur Feststellung der Zugehörigkeit einer Alternative zu A_i gelte dementsprechend folgendes:

Definition 4.1.: *Eine beliebige Alternative $a_x \in \mathbf{A}$ sei dann ein Element von A_i wenn der Patient i der Behandlungsalternative a_x einen entscheidungsspezifischen Nutzen zuweisen kann.*

Des Weiteren sei das Nullelement von $\mathbf{A}$ (und von A_i) die Alternative des „*Behandlungsverzichts des Patienten*"[137]. Dies erscheint plausibel, da davon auszugehen ist, dass der Patient – sobald er sich einer zahnmedizinischen Situation bewusst wird – automatisch die Alternative der Nichtbehandlung zur Auswahl hat und diese im Falle des Vorhandenseins einer weiteren Versorgungsoption auch entsprechend zu bewerten vermag. Mit der Definition des *Verzichts auf zahnmedizinische Versorgung* (Opt-out)[138] als Grundalternative geht auch eine weitere Konsequenz einher: Existiert auch nur eine weitere, von der Opt-out-Variante abweichende, zahnmedizinische Behandlungsmöglichkeit für den Patienten, so liegt nach Laux (2007, 20) automatisch ein Entscheidungsproblem vor.

Bei Betrachtung des Beispiels A ergibt sich nun folgendes Bild:

Der Patient I *muss* sich (bei gegebenem Wissensstand) entscheiden, ob er lieber Alternative A, Alternative B oder Opt-out (keine Behandlung) bevorzugt[139]. Wird dabei eine der zahnmedizinischen Optionen ausgesucht, so verhindert dies zumindest vorübergehend die Wahl der anderen[140]. Hiermit entpuppt sich auch die diskrete Natur der Behandlungsszenarien. Die

---

[136] Für eine dahingehende Argumentation bei diskreten Entscheidungsmodellen siehe Train (2003, 23): „*Several aspects of the behavioral decision process affect the specification and estimation of any discrete choice model. The issues can be summarized easily in two statements: 'Only differences in utility matter' and 'The scale of utility is arbitrary'.*"
[137] Analog zum *Prinzip der vollkommenen Alternativenstellung* [siehe z.B. Werners (2006), 21; oder Rommelfanger und Eickemeier (2001), 18-19].
[138] Ist die Alternativenmenge geschlossen, lässt sich *Opt-out* auch als „keine der genannten Alternativen" interpretieren [für eine weitere Diskussion hinsichtlich diskreter Alternativen siehe u.a. Train (2003, 16)]. Die Nicht-Behandlung ist gleichsam eine Unter- bzw. Nullkategorie der Wahlalternative *Opt-out*.
[139] Es stehen ihm keine anderen Alternativen zur Verfügung. Daher auch die Wichtigkeit der Opt-out Alternative.
[140] Dies entspricht dem Konzept der „*mutually exclusiveness of alternatives*".

gegebenen Alternativen können nur *gewählt werden* oder *nicht*[141]. Des Weiteren ist eine simultane Auswahl verschiedener Alternativen nicht möglich.

Annahmen 4.4.:*(1) Zahnmedizinische Entscheidungssituationen sind generell diskreter Natur. (2) Alternative, zahnmedizinische Behandlungsoptionen schließen sich für den Entscheidungsträger vorübergehend gegenseitig aus. (3) Genau eine der erkannten Alternativen aus der Menge A_i wird gewählt.*

Natürlich kann ein Patient zwecks medizinischer Betreuung unterschiedlichste Behandlungsformen wählen. Annahme 4.4(2) bezieht sich hierbei auf die vorübergehende Festlegung von *Behandlungsort* und *Behandlungszeitraum* durch eine Entscheidung[142]. In anderen Worten: Entschließt sich Patient I (siehe Beispiel A) für eine Behandlung in der Region B für den Zeitraum t_0 bis t_1, kann er im gleichen Zeitabschnitt nicht in Region A medizinisch versorgt werden. Es gilt somit ein Prinzip des *temporalen Ausschlusses medizinischer Alternativen*. Je länger der – durch den Forscher beobachtete – Entscheidungszeitraum aber wird, desto geringer wird wiederum die Möglichkeit des gegenseitigen Ausschließens von Alternativen, da dem Patienten nach Abschluss der ersten Behandlungsoption – falls benötigt oder gewünscht – erneut die Möglichkeit alternativer Versorgungsszenarien zur Verfügung steht.

Beispiel A (Fortsetzung)
Patient I entscheidet sich für eine Betreuung in Region B. Der entsprechende Vektor der Entscheidung ist y={0;1;0}[143]. Region A und Opt-out können im Zuge *dieser Entscheidungssituation* nicht mehr ausgewählt werden. Selbiges ist zu einem späteren Zeitpunkt aber wieder möglich.

Zu der Wichtigkeit der *temporalen Perspektive* von Entscheidungssituationen siehe z.B. auch Hensher et al. (2006, 4): *„Over what period are we interested in studying choices? As the period becomes longer, the number of possible choices that can be made [...] are likely to increase"*. Dies bedeutet folglich, dass die Menge der entscheidungsrelevanten Alternativen A_i vom Entscheidungszeitraum abhängig ist, also jenem Zeitfenster, das – für unsere Betrachtung – dem Patienten vom Eintreten des Bedürfnisses bis zum Beginn des Behandlungsverhältnisses zur Verfügung steht. Annahmen 4.5(1-3) ergeben sich als logisch abgeleitete Gedanken:

Annahmen 4.5.: *(1) Je länger der Entscheidungszeitraum eines beliebigen zahnmedizinischen Patienten i ist, desto größer wird die Wahrscheinlichkeit, dass die Anzahl*

---

[141] Eine Linearkombination zwischen den Alternativen ist – vom Trivialfall abgesehen – folglich nicht möglich.
[142] Dies ist eine unmittelbare Konsequenz des Uno-actu-Prinzips (siehe Abschnitt 3.3).
[143] Die entsprechende Kodierung lautet *0* für „nicht gewählt" und *1* für „gewählt".

der Elemente in A_i steigt (also mehr alternative Behandlungsszenarien vom Patienten erkannt werden). (2) Ist das subjektive Bedürfnis hingegen von hoher Dringlichkeit, so ist von einer A_i mit vergleichsweise wenigen Elementen (Alternativen) auszugehen. (3) Die temporäre Dimension der Patientenentscheidung (Entscheidungszeitraum τ), die letztendlich von der Dringlichkeit des individuellen Bedürfnisses abhängt, beeinflusst somit A_i, sodass gilt: $A_i = F(\tau)$.

Beispiel B
Patient I verzeichnet eine akute Entzündung einer Zahnwurzel, die eine *dringende Behandlung* durch ärztliches Personal erfordert. Der Entscheidungszeitraum des Patienten wird durch Dringlichkeit des Bedürfnisses („Beseitigung akuter Schmerzen") bestimmt, sodass die Suche nach Behandlungsmöglichkeiten temporär stark beschränkt ist. Bei einem kurzen τ gehen Alternativen, die auf lange Sicht als solche vom Patienten erkannt worden wären, nicht als Element in A_I ein.

Die zuvor genannte, beliebige Alternative $a_x \in \mathbf{A}$ kann nun allgemein durch einen Eigenschaftsvektor $\mathbf{C_x}$ charakterisiert werden [analog zu Lancaster (1966) und (1971); Ratchford (1975); Maier und Weiss (1990), 96-98]. Nach Maier und Weiss (1990, 96) ist eine direkte Abbildung der diskreten Alternative a_x in den Charakteristikaraum möglich, sodass

(4.3) $\qquad a_x \mapsto C_x$, wobei

$$\mathbf{C_x} = \begin{Bmatrix} c_1 \\ \vdots \\ c_n \end{Bmatrix}.$$

Die Elemente des Eigenschaftsvektors $\mathbf{C_x}$ sind in diesem Zusammenhang als *objektive* Attribute der Behandlungsalternative a_x interpretierbar. Objektiv insofern, als es sich hierbei um die *tatsächlich produzierten* Eigenschaften der Alternative a_x handelt.

Laut Ratchford (1975, 67) schließt ein Lancaster'sches System subjektive Unterschiede in der individuellen Perzeption der Charakteristika im Prinzip *nicht* aus. Diese können sich vielmehr durch die Bildung der Präferenzfunktion für $\mathbf{C_x}$ ergeben. Betrachten wir an dieser Stelle erneut die wesentlichen Zusammenhänge des Lancaster-Modells[144] unter Anwendung auf die beliebige zahnmedizinische Behandlungsalternative a_x:

---

[144] Siehe Abschnitt 3.2.1.

(4.4.a)   Maximiere $U_x = F(C_x)$,

(4.4.b)   wobei gilt $pa_x \leq Y$, 145

(4.4.c)   unter der Annahme $C_x = B a_x$.

Sei Z_{xi} nun beispielsweise ein Vektor der von Patient i empfundenen Charakteristika, wobei Z_{xi} in einem funktionalen Zusammenhang mit dem Vektor der objektiven Charakteristika (C_x) steht, sodass gelte:

(4.5) $Z_{xi} = h_i(C_x)$,

wobei h_i individuell variieren kann. Dann lässt sich die Präferenzfunktion des Individuums146 analog zum Lancaster'schen Konzept folgendermaßen darstellen:

(4.6) $V_{xi}(h_i[C_x]) = U_{xi}(C_x)$.

Generell ist in einem Lancaster'schen System – vor allem in der empirischen Anwendung – jedoch zu unterstellen, dass die betroffenen Individuen die Charakteristika ähnlich wahrnehmen [Ratchford (1975)].

Entsprechend der bisherigen Einteilung der Arbeit in eine *Phase des Grenzüberschreitens bzw. der Fortbewegung* (Kapitel 2) und in eine Phase der *eigentlichen (zahn)medizinischen Behandlung* (Kapitel 3) ist C_x zusätzlich in verschiedene inhaltliche Subvektoren aufteilbar:

(4.7) $\mathbf{C_x} = \begin{Bmatrix} C_x^W \\ C_x^{DL} \end{Bmatrix}$,

wobei C_x^W jene Charakteristika der Behandlungsalternative enthält, die der Konsument mit dem Erreichen und Verlassen des Endpunktes der Patientenbewegung assoziiert (z.B. Reisedauer, Reisekosten, Distanz zum Behandlungsort, etc.) und C_x^{DL} jene Merkmale inkludiert, die für den Patienten unmittelbar mit der zahnmedizinischen Behandlung verknüpft sind (z.B. Behandlungshäufigkeit, Behandlungsdauer, Behandlungspreis aber auch unmittelbar subjektive Empfindungen wie behandlungsbedingte Schmerzen).

---

145 Innerhalb der Theorie der diskreten Entscheidungen werden Geld- und Zeitpreise ebenfalls in den Charakteristikavektor der Alternative inkludiert [Maier und Weiss (1990), 97].
146 Unter der Annahme, dass Patient i die Präferenzfunktion $V_i(Z_{xi})$ maximiert.

4.2.2 Die Zustände des Entscheidungsumfelds

Einer patientenseitigen Erfassung der alternativenspezifischen Charakteristika sind, wie in **Kapitel 3** bereits angedeutet, wesentliche Grenzen gesetzt. Entscheidungstheoretischer Ausgangspunkt dieser Aussage ist der Umstand, dass der Entscheidungsträger die Charakteristika einer erkannten Alternative *ex ante* bewerten muss, nutzenspezifisch aber erst die *intermediären* bzw. *ex post* erfassten Ausprägungen tragend werden (vgl. Abbildung 17).

Abbildung 17: Die Betrachtung der Alternativencharakteristika ex ante/intermediär/ex post.

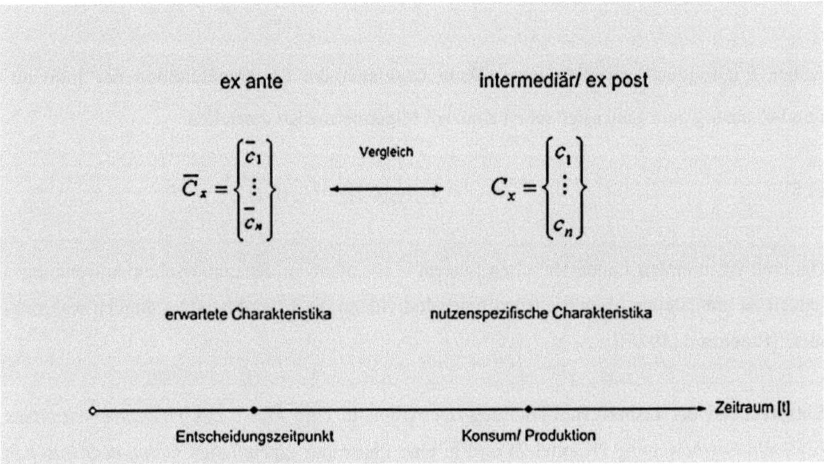

$$\overline{C}_x = \begin{Bmatrix} \overline{c}_1 \\ \vdots \\ \overline{c}_n \end{Bmatrix} \quad \xleftrightarrow{\text{Vergleich}} \quad C_x = \begin{Bmatrix} c_1 \\ \vdots \\ c_n \end{Bmatrix}$$

ex ante — erwartete Charakteristika
intermediär/ ex post — nutzenspezifische Charakteristika

Entscheidungszeitpunkt — Konsum/ Produktion — Zeitraum [t]

Quelle: Eigene Darstellung

Besitzt ein Konsument vollständige Kenntnis der Merkmalszustände, so ist davon auszugehen, dass die erwarteten Charakteristika einer Alternative den im Nachhinein *erfahrenen* Merkmalen entsprechen. Das Individuum kann seine Entscheidung in diesem Fall *unter Sicherheit* treffen. Verfügt der Konsument jedoch über keine gesicherten Informationen hinsichtlich der möglichen Ausprägungen *sämtlicher* Charakteristika, so kann er nur schwer abschätzen, ob es zu wesentlichen Abweichungen zwischen seiner Erwartungshaltung (*ex ante*) und den *intermediär* bzw. *ex post* wahrgenommen (tatsächlich produzierten) Lancaster'schen Attributen kommen wird. Das Individuum ist hierbei gezwungen, eine Bewertung – und letztendlich auch eine Entscheidung – *unter Unsicherheit* zu treffen [analog zu Laux (2000), 22-23].

Zahnmedizinische Versorgungsalternativen sind generell letzterem Szenario zuzuordnen, werden also im *Zustand der Unsicherheit* bewertet. Im Sinne der Argumentation von Weiber und Billen (2005, 99) kann die Heterogenität der Lancaster'schen Charakteristika hinsichtlich (i) *Zustand zum Betrachtungszeitpunkt*, (ii) *Informationsgüte* und (iii) *Informationskosten* als Ursache bezeichnet werden.

Zustand zum Betrachtungszeitpunkt

Zentrales Argument hierbei ist der *Dienstleistungscharakter* dentaler Behandlungen[147]. Selbiger bewirkt, dass die zu bewertende Leistung (Behandlung) *zum Zeitpunkt der Entscheidung für eine bestimmte Alternative* noch gar nicht existiert und somit auch nicht als *beobachtbare* Entscheidungsgrundlage dienen kann. Dadurch lassen sich speziell behandlungsunmittelbare Merkmale einer Alternative (C_x^{DL}) vom Patienten *ex ante* nur beschränkt untersuchen bzw. gar nicht bestimmen[148]. Jene Elemente des Alternativenvektors, die mit dem Akt des Grenzüberschreitens verbunden sind (C_x^W), können im Vorhinein leichter erfasst werden.

Informationsgüte der Charakteristika

Zusätzlich erschwert das Vorliegen von *Charakteristika unterschiedlicher Informationsgüte* die Bewertung einer Alternative im Vorhinein. Im Sinne der Arbeiten von Nelson (1970), Darby und Karni (1973) und Lupton (2005) können hierbei Suchcharakteristika (SC), Erfahrungscharakteristika (EC), Vertrauenscharakteristika (VC) und unbestimmbare Charakteristika (UC) unterschieden werden[149], sodass sich der Eigenschaftsvektor $\mathbf{C_x}$ – in Subvektoren verschiedener Informationsgüte oder „*Informationsklassen*" unterteilt – auch folgendermaßen darstellen lässt[150]:

$$(4.8) \qquad \mathbf{C_x} = \begin{Bmatrix} I_{SC} \\ I_{EC} \\ I_{VC} \\ I_{UC} \end{Bmatrix}.$$

---

147 Siehe hierzu auch das *Uno-actu-Prinzip* in Teilabschnitt 3.3.2.
148 Der Patient kann hierbei bestenfalls Näherungswerte als Bewertungsgrundlage heranziehen (z.B. die Reputation eines Arztes als Proxy für die Qualität der Dienstleistung).
149 Siehe wiederum Teilabschnitt 3.3.2
150 Zusätzlich kann auch eine weitere Informationsklasse – jene der *entschleierten Charakteristika* – hinzugefügt werden. Diese, als *langfristige Erfahrungscharakteristika* darstellbare Kategorie inkludiert Eigenschaften die unmittelbar nach dem Konsum nicht erkannt werden, allerdings bei einem längeren Betrachtungszeitraum nach und nach zum Vorschein kommen (also gleichsam „entschleiert" werden).

Suchcharakteristika können bereits im Zuge des Auswahlprozesses vom Konsumenten erfasst und bewertet werden[151] und zeigen generell keine Abweichung zwischen erwarteter und tatsächlicher Ausprägung. *Erfahrungscharakteristika* lassen zwar erst nach der Benutzung eine Erfassung zu, doch ermöglicht der Konsum selbiger ex post die Differenz zwischen Erwartung und tatsächlichem Wert kostenlos festzustellen. *Vertrauenscharakteristika* hingegen sind auch im Nachhinein nur schwer abzubilden[152]. Hierzu argumentieren Dulleck und Kerschbamer (2006, 7) folgendermaßen: „[...] *the customer can ex post only observe (but might be unable to verify) whether the problem still exists. If the problem no longer exists, he can not tell whether he got the right or a too high treatment quality. Furthermore, he may not even be able to observe whether a suggested treatment quality was actually provided or not*". Beinhaltet eine dentale Behandlung Vertrauenscharakteristika [im Sinne der Annahme **3.3(1)**] so vermag der Patient die Summe der *tatsächlichen Auswirkungen* der jeweiligen zahnmedizinischen Dienstleistungsmerkmale *zu keinem Zeitpunkt mit Sicherheit* zu erfassen[153].

Beispiel C
Patient I benötigt mehrere Zahnkronen. Eine der ihm zur Verfügung stehenden Behandlungsalternativen liegt in Region A. Der Patienten I weiß, dass die betreffende zahnmedizinische Praxis *200km* von seinem Heimatort entfernt ist und die Behandlungskosten *€1000* betragen würden (**Suchcharakteristika**). Ob die Leistung die gewünschte optische Qualität („*weiße Zähne*") hat, kann der Patient jedoch erst nach erfolgter Behandlung beobachten (**Erfahrungscharakteristikum**). Zahlreiche *gesundheitliche Konsequenzen* des Eingriffes können vom Patienten hingegen nicht, oder nur unter hohen zusätzlichen Kosten, erfasst werden (**Vertrauenscharakteristika**).

Die Definition von Such-, Erfahrungs- und Vertrauenscharakteristika basiert auf der Annahme von informationsasymmetrischen Verhältnissen, wobei der Konsument (Patient) gegenüber dem Produzenten (Arzt) – zumindest anfänglich – einen Informationsnachteil hat. Die vierte Informationsklasse der *unbestimmbaren Charakteristika* bezieht sich hingegen auf die *nachfrage- und angebotsseitige Unsicherheit* hinsichtlich der Qualität eines Produktes [Lupton (2005)].

---

[151] Siehe Nelson (1970, 312): „*We define search to include any way of evaluating these options subject to two restrictions: (1) The consumer must inspect the option, and (2) that inspection must occur prior to purchasing the brand.* "
[152] Zur Entstehung von Vertrauenscharakteristika meinen Darby und Karni (1973, 69): „*Credence qualities arise whenever a good is utilized either in combination with other goods of uncertain properties to produce measurable output or in a production process in which output, at least in a subjective sense, is stochastic, or where both occur*".
[153] Lediglich unter Inkaufnahme hoher Zusatzkosten ist dieser „*Informationsgap*" zu überwinden.

Beispiel C (Fortsetzung)
Patient I lässt sich in Region A zusätzlich eine Zahnfüllung erneuern. Hierbei stehen ihm die Alternativen A1 (*Amalgam*-Füllung) bzw. A2 (Keramik-Füllung) zur Verfügung. Der Patient entscheidet sich – auf Empfehlung des Zahnarztes hin – für erstere Variante. De facto kann der Zahnarzt die langfristigen Konsequenzen der Anwendung von Amalgam-Füllungen (Hauptbestandteil: Quecksilber) zum jetzigen Zeitpunkt aber nicht kennen, da ein wissenschaftlicher Nachweis der Unbedenklichkeit des Stoffes Amalgam weiterhin ausbleibt [KOM (2005)]. Der Zahnarzt besitzt in diesem Falle somit ebenfalls **keine vollständige Kenntnis der Qualität** der zu betrachtenden dentalen Dienstleistung.

Hierzu Lupton (2005, 413): *„Information about the characteristics [...] is not available, taking into account the actual knowledge at the time, and is not possessed by any agent or group of agents"*. Für Dienstleistungen, die solche *unbestimmbaren Charakteristika* enthalten, ist Qualität *keine* gegebene, dem Arzt stets bekannte Variable. Patient und Arzt teilen hierbei gleichsam die Unwissenheit über die tatsächlichen medizinisch-qualitativen Konsequenzen der Behandlungsalternative154.

Nehmen wir nun an, dass der erwartete Charakteristikavektor $\overline{C}_x$ (siehe wiederum Abbildung 17) als Basis für den Bewertungsprozess von Alternativen dient. Bedingt durch die unterschiedliche Informationsgüte der auch auf $\overline{C}_x$ wirkenden Merkmalsklassen (Such-, Erfahrungs-, Vertrauens- und unbestimmbare Charakteristika), kann der Patient bestenfalls näherungsweise den schlussendlich erkennbaren Vektor C_x einer beliebigen Behandlungsoption a_x prognostizieren. Dabei gilt: Je geringer der relative Anteil der Suchcharakteristika am Gesamtgut „zahnmedizinische Dienstleistung" ist, desto stärker wird der Grad der Unsicherheit im Bewertungsprozess. Dies kann aus der Sicht des Patienten durchaus problematisch sein. Denn mit dem Sinken der Informationsgüte der Elemente von $\overline{C}_x$ ist auch ein Ansteigen der möglichen Schwankungsbreite zwischen *ex ante* erwarteten und *ex post* empfundenen Nutzenwerten *anzunehmen*155. Dieser Umstand birgt letztendlich auch die Gefahr, dass der Patient einer Alternative den Vorzug gibt, die er, wenn $\overline{C}_x$ lediglich die Informationsgüte von Suchcharakteristika enthielte, nicht gewählt hätte.

---

154 Aus der Sicht des Patienten können VC und UC der gleichen Informationsklasse zugerechnet werden, da wohl anzunehmen ist, dass generell kein angebotsseitiger Agent seine Unwissenheit bezüglich den tatsächlichen bzw. höchstwahrscheinlichen Konsequenzen der medizinischen Behandlung dem Konsumenten mitteilen würde.
155 Im Vergleich zu einem wirtschaftlichem Gut, das „lediglich" Suchcharakteristika enthält.

Informationskosten der Charakteristika

Der Sachverhalt, dass (i) die zahnmedizinische Behandlung zum Zeitpunkt der Entscheidung noch nicht existiert und (ii) die unterschiedliche Informationsgüte der aus der Behandlung produzierbaren Charakteristika den Graben zwischen erwarteten und produzierten Merkmalen zusätzlich vertieft, führt dazu, dass der mögliche Patient *ex ante* – je nach Informationsklasse – mit unterschiedlichen Kosten zu rechnen hat [analog zu Lupton (2005, 415)]:

(4.9) $$K(I_{SC}) \ll K(I_{EC}) < K(I_{VC}) < K(I_{UC})$$

Hierbei umfasst K jene Kosten, die für den Erwerb von Informationen zu Suchcharakteristika (SC), Erfahrungscharakteristika (EC), Vertrauenscharakteristika (VC) und unbestimmbare Charakteristika (UC) anfallen. Dabei hat der in (4.7) erkennbare Graben zwischen den *ex ante* Kosten von Suchmerkmalen einerseits und Erfahrungs-, Vertrauens- bzw. unbestimmbaren Merkmalen andererseits, wesentliche Konsequenzen für das Entscheidungsverhalten von Individuen.

Betrachten wir zunächst die *Informationskosten (bzw. Beurteilungskosten)* und die *Informationsgüte* für die Informationsklasse I_{SC}. Jene Elemente des Entscheidungsvektors $\overline{C}_x$, die Nelsons (1970) bzw. Darby und Karnis (1973) Definition eines Suchmerkmals entsprechen, haben zwei wesentliche Vorteile gegenüber den Merkmalen anderer Informationsklassen. Zum einen fallen für ein beliebiges $c_i \in I_{SC}$ *vergleichsweise geringe Kosten* an. Zum anderen ist für Suchcharakteristika *per definitionem*156 die entscheidungsspezifische Ausprägung *ex ante* stets gleich der nutzenrelevanten Ausprägung *ex post*. Für ein beliebiges Suchcharakteristikum $c_i \in C_x$ aus der Informationsklasse I_{SC} gilt:

(4.10) $$\overline{c_i} = c_i \text{ , wobei } \overline{c_i} \in \overline{C}_x$$

Elemente der Informationsklassen I_{EC}, I_{VC} und I_{UC} hingegen sind *ex ante* mit höheren Informationskosten [siehe (4.9)] bei *geringerer Informationsgüte* verbunden. Sie können *im Vorhinein* – wenn überhaupt – nur unter großem Aufwand analysiert bzw. prognostiziert werden und sind dementsprechend vergleichsweise ressourcenintensiv157. Erschwerend kommt hinzu, dass ein Ansteigen des nachfrageseitigen Aufwands zur Informationsgewinnung für be-

---

156 Siehe Darby und Karni (1973, 69): „ […] *search qualities which are known before purchase* […] ".
157 Dies ist in temporärer, monetärer wie vielfach auch in kognitiver Hinsicht anzunehmen.

sagte Merkmalsklassen nicht zwangsläufig zu einer besseren Vorhersage der zu erwartenden Charakteristika führen muss (bedingt durch die *geringere Informationsgüte*). So erscheint es plausibel, dass zahnmedizinische Patienten angesichts der prohibitiv hohen Kosten von I_{EC}, I_{VC} und I_{UC} zum *Zeitpunkt der Entscheidung* – also unmittelbar vor der Dienstleistungserstellung – nach einem Proxy für besagte Qualitätsmerkmale suchen.

Annahme 4.6.: *Die (vergleichsweise) geringe Informationsgüte und die hohen potentiellen Informationskosten von Erfahrungs- und Vertrauenscharakteristika bzw. unbestimmbaren Charakteristika führen dazu, dass Patienten ex ante einen Informationsproxy als partielle Entscheidungsgrundlage benutzen.*

Sei nun der Subvektor $\Theta_{[EC,VC,UC]}$ ein vom Individuum *ex ante* erstellter Näherungsvektor für Elemente der Klassen I_{EC}, I_{VC} und/oder I_{UC}, wobei auf $\Theta_{[EC,VC,UC]}$ die individuellen Erfahrungen und kognitiven Einstellungen des Patienten, sowie der Einfluss der soziokulturellen Umgebung wirken (*Reputation*). Der empfundene, entscheidungsrelevante Vektor $\overline{C}_X$, welcher vom Patienten der beliebigen Alternative a_x zugeschrieben wird, ist dann folgendermaßen charakterisierbar:

(4.11)
$$\overline{C}_X = \left\{ \begin{array}{c} I_{SC} \\ \Theta_{[EC,VC,UC]} \end{array} \right\}.$$

Während für Elemente von I_{SC} nun die in (4.10) dargestellte Quasi-Symmetrie anzunehmen ist, können die Bestandteile des Informationsproxy $\Theta_{[EC,VC,UC]}$ zum Teil massiv von den entsprechenden Elementen von $\mathbf{C_x}$ abweichen.

4.2.3 Die Ergebnisse des Entscheidungsprozesses

Mit der Wahl einer beliebigen Alternative a_x sind unmittelbare Konsequenzen für den Entscheidungsträger verbunden. Im Sinne der bisherigen Argumentationslinie lassen sich diese Konsequenzen durch den schlussendlich realisierten Charakteristikavektor $\mathbf{C_x}$ abbilden. Aus diesem zieht das entscheidende Individuum letztendlich seinen tatsächlichen Nutzen (siehe Formel 4.4.a). Gilt $\overline{C}_x$ – wie zuvor angenommen – als entscheidungsspezifische Basis, so ist der Vektor $\mathbf{C_x}$ als Produkt bzw. Ergebnis des patientenseitigen Entscheidungsprozesses zu sehen. Die Elemente von $\mathbf{C_x}$ sind gleichsam Teilergebnisse, für den Fall, dass die Alternative a_x realisiert werden sollte[158].

Basierend auf den Annahmen 3.1(1) und 3.2(1) ist davon auszugehen[159], dass der Patient von zumindest einem Element des Vektors $\mathbf{C_x}$ einen zahnmedizinischen Effekt *erwartet*[160]. Wie Annahme 3.2(2) aber andeutet, bedeutet dies nicht, dass es zwangsweise zu einer Veränderung des Gesundheitszustandes kommen muss, aber auch nicht dass der Entscheidungsträger diesen Effekt – falls vorhanden – auch tatsächlich immer erkennt. Für den Patienten hat zumindest ein medizinisches Teilergebnis einer gewählten Behandlungsalternative daher nicht selten den Status eines *Vertrauens-* oder *unbestimmbaren Charakteristikums*.

Beispiel D
Patient J entschließt sich, eine zahnmedizinische Behandlungsalternative in Region B in Anspruch zu nehmen. Mehrere Teilergebnisse werden als Konsequenz dieser Wahl generiert: Beispielsweise lassen sich der *Preis der medizinischen Behandlung*, die *zurückgelegte Strecke vom Wohnort zur Behandlungsstätte in Region B*, und letztendlich die *medizinischen Folgen der Behandlung* als Ergebnisse darstellen.

Für den Patienten werden somit nicht alle Teilergebnisse der zahnmedizinischen Dienstleistung mit Behandlungsabschluss ersichtlich. Zwar fallen zu diesem Zeitpunkt Produktion und Konsum im Sinne des Uno-actu-Prinzips zusammen, der nutzenspezifische Vektor $\mathbf{C_x}$ nimmt hierbei aber nicht seine endgültige Form an. Auch weit nach Beendigung der dentalen Intervention vermag der Konsument nutzenrelevante Charakteristika aus der Behandlungssituation zu produzieren bzw. zu entschleiern. Diese als langfristige Erfahrungscharakteristika benennbaren Elemente von $\mathbf{C_x}$ werden gleichsam kostenlos über den *„andauernden Konsum"* der medizinischen Dienstleistung entdeckt. Voraussetzung hierfür ist jedoch das nachfrageseitige Empfinden kausaler Wirkungen zwischen Behandlung und dem Status Quo des Patienten zum Betrachtungszeitpunkt.

Definition 4.2.: *Der Wirkungszeitraum einer zahnmedizinischen Dienstleistung (t_ψ) ist jener temporäre Abschnitt, im Verlauf dessen der Patient kausale Wirkungen der Intervention empfindet, also Lancaster'sche Charakteristika aus dem Gut „dentale Be-*

---

158 Beispielsweise lässt sich auch der Umstand, dass ein Patient eine gewisse Distanz zum Behandlungsort zurücklegt auch als (negativ *nutzenstiftendes*) „Teilergebnis" des Entscheidungsprozesses interpretieren.
159 Gemäß Annahme 3.2(1) gilt die Nachfrage nach medizinischen Dienstleistungen der Nachfrage nach Gesundheit.
160 Dies lässt auch darauf schließen, dass mindestens eines der Elemente des entscheidungsrelevanten Charakteristikavektors $\overline{C}_x$ mit einem (erwarteten) Effekt auf die zahnmedizinische Gesundheit des Entscheidungsträgers verknüpft sein muss.

handlung" produziert werden. Diese können bereits während der Intervention empfunden werden (intermediär).

Beispiel D (Fortsetzung)
Patient J erkennt, dass die Lebensdauer eines in Region B implementierten Zahnersatzes wesentlich geringer war als vom behandelten Zahnarzt ursprünglich angekündigt. Die *„Entdeckung"* dieses Umstandes geht für den Patienten *„kostenlos"* von statten. Es handelt sich hierbei um ein *entschleiertes Charakteristikum* mit *einem negativen Nutzeneffekt*.

In verschiedene inhaltliche Kategorien einzuordnen sind die *Ziele* des Patienten einerseits und die *Teilergebnisse der individuellen Entscheidung* andererseits. Während das Ziel des Wahlprozesses als Funktion eines latent vorhandenen (subjektiven) Bedürfnisses bezeichnet werden kann, sind die Teilergebnisse die letztendliche Konsequenz der vollzogenen Interaktion des entscheidenden Individuums mit dem ihn umgebenden Alternativenraum („Behandlung").

4.2.4 Informationsbedingte Subjektivität der Alternativenbetrachtung

Aus den vorgebrachten Argumenten in den Abschnitten 4.2.2. und 4.2.3. lassen sich nun informationsbedingte Unterschiede in der subjektiven Betrachtung von Alternativen herauslesen. Betrachten wir hierfür (zusammenfassend) die Abbildung 18.

Abbildung 18: Erfass- und Beurteilbarkeit med. Alternativen und ihrer Charakteristika.

		I. ERFASS- UND BEURTEILBARKEIT		
		prinzipiell gegeben		nicht gegeben
		zum Entscheidungszeitpunkt	innerhalb des Wirkungszeitraumes (tψ)	
II. INFORMATIONSKOSTEN	nicht prohibitiv	• *SUCH*CHARAKTERISTIKA	(• *SUCH*CHARAKTERISTIKA) • *ERFAHRUNGS*CHARAKTERISTIKA • *ENTSCHEIERTE* CHARAKTERISTIKA (langfr. Erfahrungscharakt.)	• *VERTRAUENS-* CHARAKTERISTIKA (für Patienten) • *UNBESTIMMBARE* CHARAKTERISTIKA (für Patienten und Arzt)
	prohibitiv	• *ERFAHRUNGS*CHARAKTERISTIKA • *VERTRAUENS*CHARAKTERISTIKA • *UNBESTIMMBARE* CHARAKTERISTIKA	• *VERTRAUENS*CHARAKTERISTIKA • *UNBESTIMMBARE* CHARAKTERISTIKA (Wissensstand)	
		EX ANTE (č̌x)	EX POST (Cx)	

Quelle: Eigene Darstellung in Anlehnung an Weiber und Billen (2005, 100).

Die Erfass- und Beurteilbarkeit der Lancaster'schen Eigenschaften medizinischer Alternativen ist innerhalb des – vom Forscher analysierten – Betrachtungszeitraums gemeinhin *gegeben* oder *nicht gegeben*. Befindet sich ein Charakteristikum im Zustand der Nicht-Erfassbarkeit – wird es vom Individuum also nicht erkannt und aus der Alternative heraus produziert – so ist diese Eigenschaft, zumindest was die Entscheidungssituation betrifft, sowohl *ex ante* als auch *ex post* nutzenspezifisch irrelevant161. In diese Kategorie fallen Vertrauenscharakteristika und unbestimmbare Charakteristika, die (i) innerhalb des Betrachtungszeitraums und (ii) bei gegebenem, technologischem Fortschritt vom Patienten *nicht* in einen kausalen Zusammenhang mit der zahnmedizinischen Intervention gebracht werden können. Lässt sich für das Individuum hingegen eine kausale Verbindung herstellen, so ergeben sich analog zu den Abschnitten 4.2.2. und 4.2.3. je nach Beurteilungszeitpunkt, Informationskosten und Informationsgüte für das Subjekt unterschiedliche Nutzenempfindungen. Ein und dieselbe zahnmedizinische Alternative kann dem Patienten – allein abhängig von der zur Verfügung stehenden Information – unterschiedliche Nutzenniveaus bieten. In anderen Worten: die individuelle Perzeption der Eigenschaften einer Alternative ist abhängig vom Informationszustand des Betrachtenden. Dies gilt sowohl für den *ex ante erwarteten* als auch für den *ex post empfundenen Nutzen* einer Alternative.

4.2.5 Zusammenfassung

Zusammenfassend lässt sich das Entscheidungsumfeld eines zahnmedizinischen Patienten mittels Annahmen über (i) den Alternativenraum, (ii) die Zustände der Wahlumgebung und (iii) die möglichen Konsequenzen der getroffenen Wahl vereinfacht darstellen. Hinsichtlich der Menge alternativer Behandlungsmöglichkeiten, wurde in diesem Abschnitt – für den beliebigen Patienten i – zwischen dem hypothetischen Entscheidungsraum **A** und der erkannten Menge A_i unterschieden. Dabei haben wir angenommen, dass je länger der (dem Patienten zur Verfügung stehende) Entscheidungszeitraum ist, desto wahrscheinlicher wird das Erkennen einer Alternative durch das betroffene Individuum.

Gerade im medizinischen Bereich verfügt der Konsument jedoch nur über unvollständige Information bezüglich der Alternativen aus A_i. Dies liegt zunächst am Dienstleistungscharakter (zahn)medizinischer Behandlungen, da diese zum Zeitpunkt der Entscheidung noch gar nicht existieren. Der Patient ist dementsprechend gezwungen eine Bewertung ex ante durchzufüh-

---

161 Hier liegt die Annahme zugrunde, dass das entscheidende Individuum eine kausale Verbindung zwischen gewählter Alternative und gesundheitlichem Effekt herstellen muss, um einen alternativenspezifischen Nutzen empfinden zu können.

ren, wobei er seine Entscheidung lediglich auf die erwarteten Eigenschaften des dentalen Eingriffes begründen kann. Erschwerend kommt hinzu, dass die tatsächlichen zahnmedizinischen Konsequenzen für den Patienten vielfach nicht erkennbar sind.

Basierend auf dem Konzept von Lancaster (1966) versuchte dieses Kapitel aufzuzeigen, dass nutzenspezifisch zwar die tatsächlich realisierten Charakteristika einer Alternative zum Tragen kommen, für das Entscheidungsverhalten des Patienten jedoch nur die erwarteten Merkmale der Behandlung zentral sein können. Der nun folgende Abschnitt 4.3. zielt darauf ab, zu beschreiben *wie* Patienten *wahrscheinlich* zwischen Alternativen wählen.

4.3. Der Patient als Entscheidungsträger

Generell ist davon auszugehen, dass der mündige Patient gerade im zahnmedizinischen Bereich als primärer Entscheidungsträger fungiert: Zwar besitzen angebotsseitige Agenten (Ärzte) – bedingt durch ihr spezialisiertes Wissen – wesentliche Macht in der Frage *Wie* ein Patient behandelt wird, *ob* eine bestimmte dentale Behandlung jedoch vorgenommen wird oder nicht ist letztendlich Sache des Patienten. Im nun folgenden Abschnitt gilt es dementsprechend, eine knappe aber dennoch plausible Darstellung des patientenseitigen Wahlprozesses zu liefern. Ausgangspunkt unserer Überlegungen ist zunächst die Aussage, dass der Auslöser zahnmedizinischer Entscheidungssituationen stets *zumindest* ein subjektives Bedürfnis162 dentaler Natur ist163.

4.3.1. Vom Bedürfnis zum Alternativenraum

Analog zum theoretischen Ansatz von Breyer et al. (2005, 88) über die *Gesundheitsproduktion als Einflussnahme auf einen Zufallsprozess* lässt sich der dentale Zustand (**Z**), welcher innerhalb eines bestimmten Zeitabschnitts zu beobachten ist, als eine Abfolge von Momenten bzw. empfundenen Zustandsaufnahmen (ζ) darstellen: $\zeta_t; \zeta_{t+1}; \ldots; \zeta_{t+n}$, wobei der entsprechende Zeitraum zwischen **t** und **t+n** verläuft. Der Patient kann den zugrunde liegenden Prozess **Z** nicht determinieren, sondern lediglich auf die Übergangswahrscheinlichkeiten zwischen den verschiedenen Momenten Einfluss nehmen.

---

[162] Definition für *Bedürfnis* nach Geigant et al. (2000): „[...] individuelle Zielsetzung oder Empfindung eines Mangels mit dem Streben nach Beseitigung".
[163] Erst durch ein Bedürfnis besteht für das Individuum die Notwendigkeit, eine bedürfnisrelevante Alternative als solche zu erkennen.

Der Zustand **Z**, welcher letztendlich auch auf den Bedürfnisraum des Patienten wirkt, wird für die vorliegende Arbeit aber keinesfalls als eine abseits der Subjektivität interpretierbare Größe bezeichnet[164]. Wie in Abbildung 19 angedeutet, ist der „*Wert*" von **Z** vielmehr von der Wahrnehmung des Patienten selbst (*interne Perzeption*) und/oder des behandelnden Arztes (*externe Perzeption*) abhängig. Vereinfachend lässt sich eine solche subjektive Zustandsaufnahme von **Z**(ζ) als Element des Intervalls **I** = [0,1] darstellen, sodass:

(4.12) $$\zeta \in [0,1],$$

wobei „1" den aus der jeweiligen Sicht bestmöglichsten und „0" den schlechtesten subjektiv denkbaren dentalen Zustand beschreibt. Interne und externe Perzeption von **Z** (ζ_I und ζ_E) können, müssen aber nicht signifikant voneinander abweichen[165]. Während die externe Wahrnehmung von **Z** aber gemeinhin dem medizinischen Wissensstand zum Zeitpunkt der Diagnose entspricht (entsprechen sollte), kann die interne Perzeption („*internal view*") des (dentalen) Gesundheitszustandes – speziell wenn keine Erfahrungswerte vorliegen – deutlich variieren[166].

---

[164] In Kapitel 3 wurde die fachliche Messung des Gesundheitszustandes eines Patienten durch einen Arzt zunächst als „objektiv-medizinischer" Vorgang bezeichnet; doch ist die Diagnostizierbarkeit einer Krankheit und die Analyse des Gesundheitszustandes vom Stand der medizinischen Forschung und vom professionellen Erfahrungswissen des Arztes abhängig.
[165] Mit ζI und ζE ebenfalls im Intervall [0,1].
[166] In punkto "interne Perzeption" vergleicht Sen (2002) die Vereinigten Staaten und diverse Regionen Indiens um letztendlich folgende Conclusio zu ziehen: „*There is a strong need for scrutinising the statistics on self perception of illness in a social context by taking note of levels of education, availability of health facilities, and public information on illness and remedy.*" [Sen (2002, 861)].

Abbildung 19: Vom Gesundheitszustand des Patienten zum Alternativenraum.

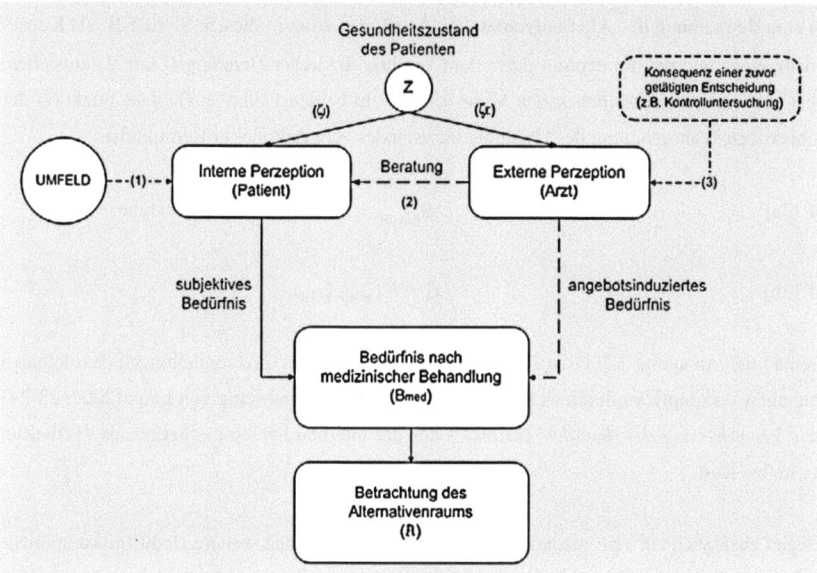

Quelle: Eigene Darstellung

Allgemein erklären Amann und Wippinger (1998, 160) die diesbezügliche Wechselwirkung zwischen individueller Erfahrung und gesellschaftlichem Einfluss folgendermaßen: *„Ist die persönliche Erfahrung [bezüglich] einer Krankheit sehr eingeschränkt bzw. gar nicht vorhanden, wird die subjektive Theorie167 um so stärker von Wissen beeinflusst sein, das von außen an ein Individuum herangetragen wird."* In Abbildung 19 wird diese Beeinflussbarkeit der internen Perzeption durch das Umfeld des Individuums mithilfe der Linie (1) angedeutet.

Wesentlich für das Entscheidungsverhalten des (zahnmedizinischen) Patienten ist die *Arzt-Patienten-Beziehung*168. Diese kann beispielsweise als Konsequenz einer zuvor getätigten Entscheidung entstanden sein (z.B. im Zuge einer zahnärztlichen Kontrolluntersuchung – Linie 3), wobei sich die individuelle subjektive Perzeption des Patienten und das zahnärztliche Wissen des Arztes miteinander vermischen.

---

167 Für eine Definition *subjektiver Krankheitstheorien* siehe Hrabal (2003, 10): *„Subjektive Krankheitstheorien beinhalten Annahmen und Vorstellungen der Patienten über die Entstehung, den Verlauf und die Prognose ihrer Erkrankung. Sie entsprechen einem Kausalitäts- und Kontrollbedürfnis der Patienten und sind einerseits von persönlichen Erfahrungen, aktuellen Belastungen und adaptiven Prozessen, andererseits von gesellschaftlichen Stereotypen und Klischees geprägt. [Amann und Wippinger (1998)]"*
168 Auch das nachfrageseitige Vertrauen und die Behandlungsbereitschaft des dentalen Konsumenten lassen sich ebenfalls als Produkt der Arzt-Patient-Interaktion abbilden.

Das Entstehen eines Bedürfnisses nach zahnmedizinischer Behandlung (B_{med}), welches stets in eine Betrachtung des Alternativenraumes **A** mündet, kann in diesem Sinne z.B. als Konsequenz einer internen Perzeption unter dem Einfluss ärztlicher Beratung (Linie 2) entstehen, aber auch rein *angebotsinduzierter Natur* sein169. In beiden Fällen ist B_{med} als Funktion der subjektiven Wahrnehmung des Gesundheitszustandes zum Zeitpunkt t formulierbar:

(4.13a) $\qquad B_{med(t)} = F(\zeta_t)$, unter der Annahme

(4.13b) $\qquad \zeta_t = F(\zeta_{I[t]}, \zeta_{E[t]})$.

Gemäß der Annahme 3.2(1) ist B_{med} zumindest mit einer der Zielvorstellungen des dentalen Patienten verknüpft, wodurch sich analog zum Argumentationsstrang von Laux (2007, 23-24) eine *Verbesserung des dentalen Zustandes* aus der internen Perzeption heraus als (Teil-)Ziel darstellen lässt.

Liegen zusätzlich zur rein medizinischen Dimension auch noch weitere Bedürfniskomponenten vor (wie dies z.b. bei schönheitschirurgischen Interventionen der Fall ist), so erweitert sich die Menge der Zielvorstellungen und es kommt zu einer Änderung der Perzeption des Alternativenraums. Die *Dringlichkeit des Bedürfnisses* wirkt schließlich auf die Anzahl der erkannten Elemente aus **A**170.

Beispiel E
Abhängig davon, ob das zugrunde liegende Bedürfnis rein medizinisch ist (z.b.: schmerzstillende Behandlung) oder eben auch schönheitschirurgische Aspekte (z.B. optisch höchste dentale Qualität) innehat, gehen für Patient i gewisse Alternativen in A_i ein oder eben nicht (da sie zur Befriedigung des zugrunde liegenden Bedürfnisses *subjektiv keine Option* darstellen).

4.3.2. Die Präferenzordnung zwischen dentalen Alternativen

Wird sich ein beliebiger Patient i eines Bedürfnisses – welches zumindest teilweise dentaler Natur ist – bewusst, so gilt es für ihn im nächsten Schritt zwischen den Elementen der erkannten Alternativenmenge A_i zu wählen. Nun stellt sich aber die Frage, nach welchem Entschei-

---

169 Siehe Teilabschnitt 3.2.4.
170 Siehe Annahmen 4.5(2) und 4.5(3).

dungskriterium der Patient i das schlussendlich realisierte Behandlungsszenarium aus A_i aussiebt.

Innerhalb des Lancaster'schen Systems sind wir bis dato implizit davon ausgegangen, dass Individuen rational handeln und ihren Nutzen maximieren wollen (siehe Formel 4.4a). Auf die Wahl des dentalen Patienten umgemünzt bedeutet dies folgendes: Unter der Annahme der *Nutzenmaximierung* wählt das Lancaster'sche Individuum i jene Alternative aus der entscheidungsrelevanten Menge A_i die ihm – gegenüber den anderen Szenarien – den höchsten Nutzen stiftet, also die „optimale" Alternative a_{opt} repräsentiert. Da jedes Individuum den Charakteristikavektor einer Alternative unterschiedlich bewertet (siehe Formeln 4.5 und 4.6) fügen wir für den Patienten i den Index i hinzu, sodass unter Anwendung der Notation nach Maier und Weiss (1990, 97) zunächst gilt:

(4.14) $\qquad a_{opt,i} = \left\{ a_{xi} \mid U(a_{xi}) \geq U(a_{yi}), y = 1,...,m; a_{xi} \in A_i \right\}$

In Teilkapitel 4.2. wurde jedoch davon ausgegangen, dass Patienten ihre Entscheidungen auf Basis der *erwarteten* Lancaster'schen Charakteristika (Charakteristikavektor $\overline{C}_x$) treffen und diese je nach Informationsgüte erheblich vom realisierten Vektor C_x abweichen können. Dies bedeutet, dass der dentale Patient seine Entscheidung nicht auf Basis realisierter Eigenschaften trifft, sondern *basierend auf dem Informationszustand – der zum Zeitpunkt der Entscheidung (t_0) gegeben ist* – agiert. Er nimmt daher zunächst eine direkte Abbildung in den Lancaster'schen Raum erwarteter Charakteristika vor und wählt anschließend bei gegebener Information die nutzenmaximierende Alternative aus.

Somit sind folgende Zusammenhänge zum Entscheidungszeitpunkt t_0 anzunehmen:

(4.15a) $\qquad a_{x,t_0} \mapsto \overline{C}_{x,t_0}$, wobei

(4.15b) $\qquad \overline{U}_{xi,t_0} = F(\overline{C}_{x,t_0})$ und

(4.15c) $\qquad a_{opt,i,t_0} = \left\{ a_{xi,t_0} \mid \overline{U}(a_{xi,t_0}) \geq \overline{U}(a_{yi,t_0}), y = 1,...,m; x \neq y; a_{xi} \in A_i \right\}.$

Zentrale Bedeutung kommt dabei der Formel (4.15b) zu, also der Darstellung des erwarteten Nutzens einer Alternative als Funktion der damit verbundenen erwarteten Lancaster'schen Charakteristika. Wie im Laufe der vorliegenden Arbeit bereits mehrfach angesprochen, ist anzunehmen, dass sich der entscheidende Patient im Zuge des Entscheidungsprozesses mit mehreren unsicheren Faktoren befassen muss. Zum einen ist dies die ex ante vorherrschende patientenseitige Unsicherheit über die ex post realisierten Eigenschaften der dentalen Dienstleistung, welche aus Gründen hoher Informationskosten zumindest partiell zur Erstellung eines Näherungsvektors führen dürfte (siehe Abschnitt 4.2.2.). Zum anderen kann die subjektive Natur der Erfassung des individuellen zahnmedizinischen Gesundheitszustandes (im Sinne der Abschnitte 3.2.2. und 4.3.1.) zu einer verzehrten Perzeption der Entscheidungssituation (insbesondere der Alternativen und der zu erwartenden Ergebnisse) führen[171]. Somit lässt sich erklären, warum trotz der Annahme, dass zahnmedizinische Patienten zum Entscheidungszeitpunkt rational und unter Einbezug des Nutzenmaximierungskalküls agieren, „ineffiziente" Entscheidungen möglich sind.

Beispiel F
Der Patient I muss sich zum Zeitpunkt t_1 zwischen einer Behandlung in Region A (in Österreich) oder in Region U (in Ungarn) entscheiden. Seine Entscheidungsmenge ist $A_I = \{A, U, \text{Opt-out}\}$. Der erwartete Nutzen der jeweiligen Alternativen sei entsprechend:

(F1) $\overline{U}_{AI,t_1} = F(\overline{C}_{AI,t_1})$, $\overline{U}_{UI,t_1} = F(\overline{C}_{UI,t_1})$ und $\overline{U}_{Opt-out\,I,t_1} = F(\overline{C}_{Opt-out\,I,t_1})$.

Bei gegebenem Informationsstand entscheidet sich Patient I für eine Behandlung in Region A, da

(F2) $\overline{U}_{AI,t_1} > \overline{U}_{UI,t_1} > \overline{U}_{Opt-out\,I,t_1}$.

Die Präferenzreihung ist somit A ≻ U ≻ Opt-out. Nach erfolgter Behandlung bemerkt Patient I jedoch, dass der realisierte Charakteristikavektor C_A signifikant negativ vom erwarteten Vektor abweicht, also einen geringeren Nutzenwert aufweist. Nun stellt sich die Frage, ob Alternative A auch dann vom Patienten I bevorzugt worden wäre, wenn die erwarteten Charakteristikavektoren *aller* Alternativen ex ante eine höhere Informationsgüte innegehabt hätten.

Den Erläuterungen in Teilabschnitt 4.2.4. entsprechend, ist davon auszugehen, dass die Information, die ein bestimmtes Individuum über zahnmedizinische Alternativen besitzt, nicht nur den erwarteten Nutzen selbiger beeinflusst, sondern sich – für den entscheidenden Patienten – auch auf die Präferenzordnung zwischen den Elementen von A_i auswirkt.

Annahmen 4.7.: *(1) Eine Änderung der Informationsgüte der erwarteten Charakteristika erkannter Alternativen kann zu einer Änderung der Präferenzordnung führen. (2) Die manifestierte Entscheidung des Patienten für eine bestimmte Alternative ist daher stets eine Präferenz (i) zu einem gewissen Zeitpunkt und (ii) unter einem gegebenen Informationszustand.*

---

[171] In beiden Szenarien ist daher zu hinterfragen, ob Patienten die jeweiligen Eintrittswahrscheinlichkeiten überhaupt akkurat schätzen können.

Trifft dies zu, so gestaltet sich die individuelle Bewertung zahnmedizinischer Alternativen innerhalb eines axiomatischen Systems der Präferenzordnung als informationsbedingte Momentaufnahme[172]. Kommt es (i) zur Entstehung eines weiteren erwarteten Lancaster'schen Charakteristikums oder vermag (ii) der Patient durch zusätzliche Informationen die erwarteten Charakteristika z.b. akkurater einzuschätzen[173], so kann sich auch die Präferenz für die betroffene Alternative ändern.

4.3.3. Grenzüberschreitende Wanderung als diskrete Entscheidung

Damit ein Individuum sich zu einer zahnmedizinischen Behandlung außerhalb der eigenen Wohnregion entschließt, sind nun zusammenfassend zwei Voraussetzungen vonnöten:

Voraussetzung 1. (*Entscheidungsrelevanz*): *Die betreffende, außerhalb der eigenen Wohnregion angebotene, zahnmedizinische Alternative ist dem potentiellen Patienten prinzipiell bekannt und kann diesem – zumindest hypothetisch und bei subjektiv empfundenem Gesundheitszustand – zur Befriedigung des zugrunde liegenden dentalen Teilbedürfnisses dienen.*

Das Kriterium der *Entscheidungsrelevanz* baut auf den Annahmen **4.1.-4.4.** und den Argumenten des Teilabschnitts 4.3.1. auf. Diese erste Voraussetzung determiniert die entscheidungsrelevante Alternativenmenge des zahnmedizinischen Patienten und setzt somit den Status der außerregionalen Behandlungsoption als wählbares Szenario voraus.

Voraussetzung 2. (*Präferenz*): *Die betreffende, außerhalb der eigenen Wohnregion angebotene, zahnmedizinische Alternative weist für den potentiellen Patienten zum Entscheidungszeitpunkt und bei gegebener Information den höchsten erwarteten Nutzen auf (basierend auf den erwarteten Lancaster'schen Charakteristika).*

Die Annahmen **4.5.-4.7.** und die Formeln 4.15.a-c bestimmen im Wesentlichen den Inhalt dieses *Präferenzkriteriums*. Für den Fall, dass ein Individuum zwischen 3 Optionen wählen kann, ergibt sich folgendes Entscheidungsszenario (siehe Abbildung 20):

---

[172] Dies betrifft insbesondere das Ordnungsaxiom und Transitivitätsaxiom [siehe Laux (2007), 31-34].
[173] Was nicht zwingend der Fall sein muss.

Abbildung 20: Wahl zwischen dentalen Behandlungsoptionen (A, U und Opt-out).

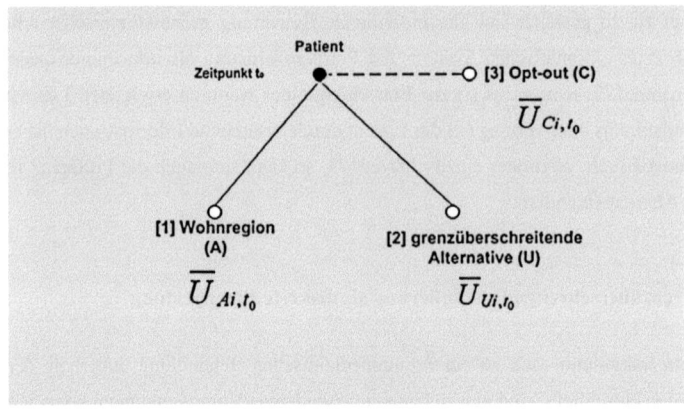

Quelle: Eigene Darstellung

Der beliebige Patient i wandert zum Entscheidungszeitpunkt t_0 nur dann über die Grenze (Alternative U) wenn gilt:

(4.16a) $\qquad \overline{U}(\overline{C}_{Ui,t_1}) > \overline{U}(\overline{C}_{Ai,t_1})$ bzw.

(4.16b) $\qquad \overline{U}(\overline{C}_{Ui,t_1}) > \overline{U}(\overline{C}_{Ci,t_1})$, mit

(4.16c) $\qquad \overline{C}_{Ui,t_0} = \begin{Bmatrix} \overline{c}_{Ui1,t_0} \\ \vdots \\ \overline{c}_{Uin,t_0} \end{Bmatrix} = \begin{Bmatrix} I_{SC} \\ \Theta_{[EC,VC,UC]} \end{Bmatrix}$.

Betrachten wir für den Fall des potentiell migrierenden Patienten den Näherungsvektor $\Theta_{[EC,VC,UC]}$ als Bestandteil des entscheidungsrelevanten Vektors $\overline{C}$ genauer[174]. Der hiermit verbundene Versuch des Individuums im Vorhinein die respektiven Eigenschaften[175] des realisierten Vektors **C** zu approximieren, kann – wie Annahme **4.7.** unterstreicht – lediglich auf Basis der zur Verfügung stehenden Information geschehen. Dabei stellt sich aber die Frage, *wie* der betreffende Patient zu selbiger Information gelangt. Innerhalb der Argumentationslinie von Sintonen und Linnosmaa (2000)[176] würde beispielsweise die mehrmalige Inanspruchnahme dentaler Dienstleistungen (Argument M2) bewirken, dass Individuen Erfahrungswerte hinsichtlich der möglichen Ausprägung von $\Theta_{[EC,VC,UC]}$ besitzen. Im gleichen Sinne

---

[174] Analog zur Formel 4.11.
[175] Also Eigenschaften der Informationsklassen der Erfahrungscharakteristika, der Vertrauenscharakteristika und/oder unbestimmbarer Charakteristika.
[176] Siehe Kapitel 3.3.

lässt sich auch – zumindest partiell – der Einfluss einer schon vorhandenen *Arzt-Patienten-Beziehung* erklären: Ist ein potentieller Patient in der Vergangenheit bereits von einem bestimmten, außerregionalen Arzt (z.B. wiederum Alternative U) behandelt worden, so glaubt er, spezifische Merkmale $\in \overline{C}_U$ besser einschätzen zu können177. Solche entscheidungsrelevante Information, die ein Individuum vor dem Entscheidungszeitpunkt im Zuge persönlicher Erfahrungen erhalten hat, soll für die vorliegende Arbeit als *private Information* (im engeren Sinne) bezeichnet werden. Allgemein definieren wir die *persönliche Informationsmenge* eines Individuums dabei als (i) Ansammlung von Elementen, die dem Ergebnis von vergangenen zahnmedizinischen Erfahrungsprozessen entsprechen und/oder (ii) als Informationspunkte, die durch eigene (Er)Kenntnis bereits vor Bewusstwerdung des dentalen Bedürfnisses dem potentiellen Patienten bekannt waren.

Was passiert jedoch, wenn der potentielle Patient zum Entscheidungszeitpunkt abgesehen von Sucheigenschaften keine oder wenig (private) Information über alternative Behandlungsszenarien außerhalb der eigenen Wohnregion besitzt? Der Patient ist in diesem Fall primär auf externe Signale angewiesen, um die entsprechenden Elemente des Näherungsvektors $\Theta_{[EC,VC,UC]}$ bilden zu können. Fehlende persönliche Information kann dann durch die Kenntnis der Erlebnisse anderer, die über öffentliche Informationsmechanismen zugänglich werden, ersetzt werden [analog zu Herger (2006), 186]. Der Reputation einer Alternative (bzw. des behandelnden Arztes) kommt, z.B. als öffentliches Spiegelbild der früheren Erlebnisse Dritter, hierbei besondere Bedeutung zu.

4.3.4. Der Einfluss von Reputation

Bis dato existiert keine einheitliche wirtschaftswissenschaftliche Definition des Begriffs Reputation. Wilson (1985, 27-28) geht von folgender Begriffsbestimmung aus: „*In common usage, reputation is a characteristic or attribute ascribed to one person (firm, industry, etc.) by another [...].Operationally this is usually represented as a prediction about likely future behaviour [...]. It is, however, primarily an empirical statement [...]* ". Kay (1996, 375) findet folgende Charakterisierung: „*Reputation: A name for high quality in characteristics that cannot easily be monitored. Enables contracts to be made, or made on more favourable terms, than would otherwise be possible. A primary distinctive capability.* ". Ripperberger (1998,

---

177 Unabhängig davon, ob dies tatsächlich der Fall ist.

100) definiert Reputation als „*öffentliche Information über die Vertrauenswürdigkeit eines Akteurs bzw. einer Organisation*"178.

Auf ein Lancaster'sches System übertragen, wirkt Reputation für den betreffenden Patienten wie ein externes Signal, das *auf die individuelle Bildung der erwarteten Charakteristika einer entscheidungsrelevanten Alternative Einfluss nimmt*. Liegen also keine oder zu geringe persönliche Informationswerte vor, so nimmt der – jenseits der Klasse der Suchcharakteristika uninformierte – zahnmedizinische Patient quasi öffentliche Signale zur Bildung der alternativenspezifischen Werte der Elemente von $\Theta_{[EC,YC,UC]}$. Dabei kann er sich nur auf jene öffentliche Signale berufen, die ihm bis zum Moment der Entscheidungsfindung – also innerhalb des Entscheidungszeitraumes τ – zugänglich sind179.

Basiert ein externes Reputationssignal auf den Erlebnissen Dritter (z.B. eines Bekannten), so werden nur Informationen über jene Lancaster'schen Eigenschaften im Signal inkludiert, die bis zur Nachrichtenübermittlung von der jeweils behandelten Person aus der Alternative heraus produziert worden sind180. Charakteristika, welche vom Sender erst nach der Übermittlung eines alternativenspezifischen Signals entschleiert wurden, können für den Empfänger unter Umständen nicht mehr entscheidungsrelevant wirken. Solcherart entstehende Reputationssignale sind, ähnlich des empfundenen Nutzens einer Alternative, vielmehr als eine Abbildung oder eine Momentaufnahme jener Merkmale zu betrachten, die einmal entschleiert, vom Sender an weitere Individuen übermittelt werden.

Beispiel G
Der Patient I lässt sich außerhalb der eigenen Wohnregion zahnmedizinisch behandeln. Auch nach erfolgter dentaler Intervention ist der Patient zufrieden, da die ex post produzierten Erfahrungscharakteristika (z.B. schönes Gebiss, schmerzfrei) einen stark positiven Nutzeneffekt haben. Patient J beobachtet das von Patient I ausgesandte Signal und entschließt sich daraufhin für die gleiche zahnmedizinische Alternative (*grenzüberschreitende Behandlung*). Erst zu einem späteren Zeitpunkt bemerkt Patient I, dass seine Behandlung mangelhaft durchgeführt wurde. Patient J ist jedoch bereits gewandert. Das von I entschleierte Charakteristikum (mangelhafte Behandlung) kann nicht mehr in die Entscheidung von J einwirken.

---

178 Trotz unterschiedlicher Ansätze ist genannten Definitionen dabei eins gemein: Reputation ist untrennbar mit dem Vorliegen unvollständiger Information verbunden. Im Sinne von Holler und Illig (2006, 171): „*Bei vollständiger Information besteht [...] keine Chance, irgendeine Art von Reputation aufzubauen*".
179 Siehe Annahme **4.5.(3)**.
180 Es handelt sich gleichsam um eine Status Quo Analyse des empfundenen Vektors **C**.

Da die Ausprägung von Elementen der Informationsklassen I_{VC} und I_{UC} dem behandelten Patienten (selbst ex post) tendenziell verborgen bleibt, ist davon auszugehen, dass externe Signale primär Information über entschleierte Erfahrungscharakteristika enthalten[181].

Die *allgemeine* Präzision eines externen Signals sei durch die Abweichung des Näherungsvektors $\Theta_{[EC,VC,UC]}$ von den entsprechenden Elementen des manifestierten[182] Charakteristikavektors C definiert. Da dem Individuum aber C zu keinem Zeitpunkt endgültig bekannt ist[183], ist die Genauigkeit öffentlicher Signale (unter Berücksichtigung der bereits vorhandenen privaten Information) aus der Sicht des Patienten nur abschätzbar. Es handelt sich hierbei um eine *subjektiv empfundene Signalpräzision*[184]. Zu hinterfragen ist hierbei, ob eine Verbindung zwischen der patientenseitigen Empfindung der Präzision eines öffentlichen Signals (im Vergleich zu privat vorhandener Information) und grenzüberschreitenden Wanderungsverhalten besteht bzw. empirisch nachweisbar wäre. Im Fall von *Kettenwanderungen* ist das Szenario einer (partiellen) Informationskaskade[185] im Sinne der Arbeiten von Bikhchandani et al. (1992) und Bikhchandani et al. (1998) zumindest denkbar.

Plausibel erscheinen auch divergierende Reaktionen auf eine gegebene (subjektiv empfundene) Signalpräzision. Abbildung 21 beschreibt in diesem Kontext den Fall einer hypothetischen Alternative, deren Charakteristikavektor C aus Elementen mit rein positiven Nutzeneffekten besteht[186]. Als Referenzpunkt gelte an dieser Stelle die Null-Alternative.

---

[181] Selbiges ist auch für private Information anzunehmen.
[182] Am Ende des zahnmedizinischen Wirkungszeitraumes t_ψ.
[183] Solange eine als kausal empfundene Verbindung zwischen zahnmedizinischer Dienstleistung und Nutzen besteht, lässt sich der Wirkungszeitraum t_ψ beliebig hinausziehen.
[184] Womit die Vertrauenswürdigkeit des Signalsenders bzw. der Quelle wesentlich wird.
[185] Für Elemente des Vektors $\Theta_{[EC,VC,UC]}$.
[186] Sodass hier implizit von der Annahme ausgegangen wird, dass ein Individuum ex ante lediglich erwartete Charakteristika mit positiven Effekten produzieren kann.

Abbildung 21: Subjektive Signalpräzision und erwarteter alternativenspezifischer Nutzen.

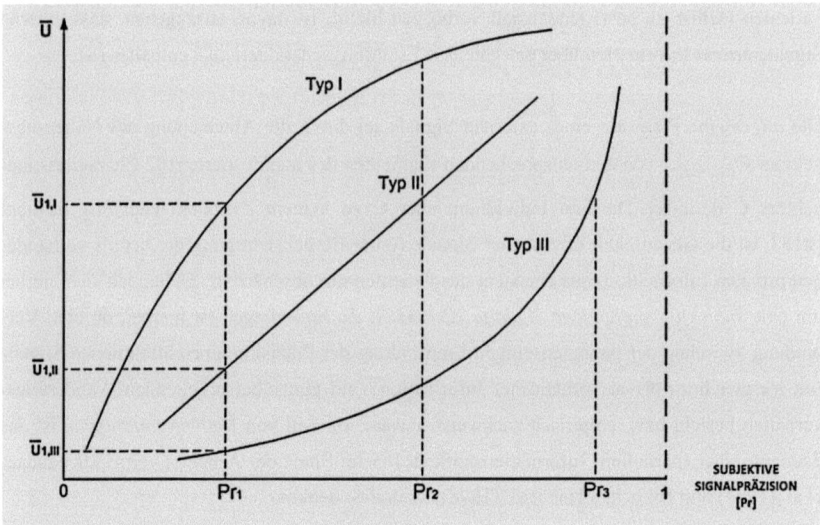

Quelle: Eigene Darstellung

Wir gehen hierbei von der Annahme aus, dass mit einer Zunahme der subjektiven Präzision eines externen Signals (**Pr**), der erwartete Lancaster'sche Nutzen der entsprechenden Alternative ansteigt187, sodass für unser Beispiel stets gilt:

(4.17) $$\frac{d\overline{U}}{d\operatorname{Pr}} > 0,$$

wobei **Pr** ein Element des Intervalls [0,1] sei, in dem „0" ein Signal niedrigster und „1" ein Signal höchster subjektiv empfundener Präzision beschreibt. Zu bedenken ist jedoch, dass selbst wenn einem Signal die subjektive Präzision „1" zugerechnet wird, dies nicht zwangsläufig bedeutet, dass die daraufhin erwarteten Eigenschaften den schlussendlich produzierten entsprechen müssen188. Abbildung 21 lässt drei Typen (**I, II** und **III**) erkennen, die bei Änderung der Signalpräzision mit unterschiedlichen Zuwächsen im erwarteten Nutzen der Behandlungsoption reagieren, wobei unterstellt wird:

---

187 Für den angenommenen Fall einer Alternative mit Elementen rein positiver Nutzennatur ermöglicht ein Ansteigen der subjektiven Präzision des Signals die „*Produktion*" zusätzlicher Lancaster'scher Charakteristika ex ante und somit das Erreichen eines höheren *erwarteten alternativenspezifischen* Nutzenniveaus.
188 Empfängt ein – vor einer Entscheidung – stehendes Individuum ein Signal (zu einer bestimmten Alternative), das für ihn den höchsten Präzisionswert, also „1", innehat, so führt dies – gemäß der vorliegenden Argumentationslinie – lediglich dazu, dass die entsprechende Option so bewertet wird, *als ob* der entscheidungsrelevante Vektor $\overline{C}$ lediglich aus Suchcharakteristika bestünde.

(4.18a) $$\frac{d^2\overline{U}}{d\Pr^2} < 0 \quad \text{(Typ I)},$$

(4.18b) $$\frac{d^2\overline{U}}{d\Pr^2} = 0 \quad \text{(Typ II) und}$$

(4.18c) $$\frac{d^2\overline{U}}{d\Pr^2} > 0 \quad \text{(Typ III)}.$$

Die Unterteilung in drei verschiedene *Signal-Reaktions-Typen* soll primär andeuten, dass Individuen aus einem subjektiv empfundenen Signal heraus im unterschiedlichen Ausmaße die Werte und Anzahl der Elemente des Näherungsvektors $\Theta_{[EC,VC,UC]}$ erstellen[189] und somit auch unterschiedliche erwartete Nutzenniveaus erreichen können. In Abbildung 21 wird dieser Umstand durch die Punkte $\overline{U}_{1,I}$, $\overline{U}_{1,II}$ und $\overline{U}_{1,III}$ ersichtlich.

Für einen zahnmedizinischen Patienten, der vor Entscheidung steht, sich in der Wohnregion oder beispielsweise im Ausland behandeln zu lassen, spielt die Interaktion von privater – falls vorhanden – und öffentlicher Information einerseits und die Verarbeitung externer Signale andererseits eine wesentliche Rolle in der Bewertung dentaler Alternativen. Für den Fall, dass keine private Information vorliegt, gelte für eine beliebige diskrete Alternative a_x:

(4.19) $$\overline{U}_x = F\left(I_{SC(x)}, \Pr_x\right).$$

Im Allgemeinen kann davon ausgegangen werden, dass Information den entscheidungsrelevanten erwarteten Nutzen einer diskreten Alternative gleichermaßen bestimmt (siehe auch die Annahmen 4.7.1-2).

Annahmen 4.8.: *(1) Externe Signale können den erwarteten Nutzen einer Alternative allein über eine Veränderung der erwarteten Lancaster'schen Charakteristika beeinflussen. (2) Externe Signale können dementsprechend auch die zu einem gegebenen Zeitpunkt bestehende Präferenzordnung verändern.*

4.3.5 Zusammenfassung

Im Mittelpunkt dieses Kapitels stand eine abstrakte Erläuterung des patientenseitigen Entscheidungsverhaltens. Dabei sollte – zumindest für diesen Abschnitt – die Rolle des untersu-

---

[189] Insbesondere im Falle einer Veränderung der Signalpräzision.

chenden Forschers nicht berücksichtigt werden. Teilkapitel 4.3.1. versuchte zunächst eine Verbindungslinie zwischen dem Entstehen eines zahnmedizinischen Bedürfnisses und der patientenseitigen Betrachtung des dentalen Alternativenraumes zu ziehen. Hierbei sollte insbesondere die subjektive Natur der Erfassung des Gesundheitszustandes des Patienten unterstrichen werden.

Der Abschnitt 4.3.2. fokussierte auf eine Analyse der Beeinflussbarkeit individueller Präferenzordnungen durch die Informationsgüte der erwarteten Charakteristikavektoren der entscheidungsrelevanten, diskreten Alternativen. Das dritte Teilkapitel (Abschnitt 4.3.3.) befasste sich mit den Voraussetzungen für die grenzüberschreitende Migration von Patienten. Insbesondere die Elemente des Näherungsvektors $\Theta_{[EC,VC,UC]}$ für Erfahrungs-, Vertrauens- und unbestimmbare Charakteristika spielten dabei eine zentrale Rolle. Der Unterabschnitt 4.3.4. legte schlussendlich den Fokus auf die Rolle externer Signale (insbesondere der Reputation) bei der Erstellung des Näherungsvektors. Das nun folgende Kapitel 4.4. konzentriert sich auf die Analyse des patientenseitigen Entscheidungsverhaltens aus der Sicht des Forschers.

4.4. Die Position des Forschers

Die in Abschnitt 4.3 beschriebenen patientenseitigen Entscheidungsprozesse lassen sich selbst im Zuge möglichst *unvoreingenommener* Erforschung stets nur aus der subjektiven Perspektive des Analytikers heraus beschreiben. Der Forscher agiert dementsprechend – wie in Abbildung 16 bereits angedeutet – gleichermaßen als beobachtendes Element des zu untersuchenden Phänomens[190]. Insbesondere tritt dieser Umstand dann zutage, wenn es gilt, (empirisch) die entscheidungsrelevanten Charakteristika des zahnmedizinischen Patienten (der Patienten) bzw. der Alternativen herauszufiltern.

4.4.1. Allgemeine Aspekte

Inkludieren wir zur besseren Erklärung ein patientenseitiges Element in den alternativenspezifischen Bewertungsprozess, sodass die Formel **4.15b** folgendermaßen erweitert werden kann (wiederum zum Zeitpunkt t_0):

(4.20) $$\overline{U}_{xi,t_0} = \overline{U}(\overline{C}_{xi,t_0}; D_{i,t_0}),$$

---

[190] Daher auch die Wichtigkeit der Position des Forschers zur Beantwortung der vorliegenden Forschungsfrage.

bei der D_{i,t_0} einen Vektor der individuellen Charakteristika der Patienten darstellt (z.B. den empfundenen dentalen Gesundheitszustand191). Nun drängt sich unmittelbar die Frage auf, welche individuellen Eigenschaften in den Individualvektor D_{i,t_0} eingehen. Wesentliche Teile des individuellen Charakters einer Person können vom Forscher nicht unmittelbar beobachtet werden192, sodass die Festlegung des Individualvektors ein *erstes* empirisches Problem aufwirft. Eine mögliche Teillösung bieten Maier und Weiss (1990, 97) an. Sie argumentieren, dass sich individuelle Unterschiede in der Bewertung einer Alternative vielfach über die sozioökonomischen Eigenschaften der beteiligten Personen (Patienten) abbilden lassen193. Der diesbezügliche Vektor sei S. Für den Patienten *i* gelte dann – unter Verknüpfung mit den Annahmen von Formel 4.20. – folgendes:

(4.21) $$D_i = F(S_i)$$

Auch im Fall der empirischen Erfassung alternativenspezifischer Charakteristika steht der Forscher Herausforderungen gegenüber, deren Bewältigung der Analyse des Migrationsphänomens eine subjektive Note hinzufügen. Insbesondere stellt sich die Frage, zu welchem Zeitpunkt das patientenseitige Verhalten analysiert wird. Die bis dato besprochenen Anhaltspunkte für patientenseitiges Entscheidungsverhalten gehen von der Annahme aus, dass lediglich für reine Suchgüter194 gilt: $\overline{C}_{xi} = C_{xi}$. Für den zahnmedizinischen Fall ist es dementsprechend plausibler von $\overline{C}_{xi} \neq C_{xi}$ auszugehen, sodass beispielsweise eine Beschränkung der Analyse auf die realisierten Charakteristika einer Behandlungsoption nicht notwendigerweise Aufschluss über die tatsächliche Ausprägung der entscheidungsrelevanten Charakteristika geben muss195.

Selbst einer analytischen Erfassung der *tatsächlichen* Entscheidungsregel der Patienten sind subjektive Grenzen gesetzt. Innerhalb der ökonomischen Literatur sind bis dato zahlreiche verschiedene Ansätze für individuelle Entscheidungsregeln vorgelegt worden, die sich nach Ben-Akiva und Lerman (1985, 35-38) in vier verschiedene Kategorien einteilen lassen: *Dominanz, Satisfaktion, Lexikographische Regeln* und *Nutzen*196. Die für die vorliegende Arbeit verwendete Annahme der Nutzenmaximierung – wie in Abschnitt 4.3.2. für patientenseitiges

---

191 Siehe Abschnitt 4.3.1.
192 Vielfach auch aus ethisch-moralischen Argumenten heraus.
193 Für eine Beschränkung dieser Annahme siehe Abschnitt 4.4.1.
194 Welche ausnahmslos aus Suchcharakteristika bestehen.
195 Vereinfachend kann dennoch ein funktionaler Zusammenhang zwischen entscheidungsrelevanter Information und Behandlungsergebnis angenommen werden, sodass $\overline{C}_{xi} = F(C_{xi})$.
196 Siehe ebenda für eine umfassendere Besprechung.

Verhalten beschrieben – ist in diesem Zusammenhang als mathematisch-bedingte Vereinfachung des *tatsächlichen* Entscheidungsverhaltens zu betrachten. Hierzu Ben-Akiva und Lerman (1985, 38): „*The emphasis placed [...] on the hypothesis of utility maximization is due to its extensive use in the development of predictive models of humnan behaviour. It results in formulation of choice processes that are ameanable to mathematical analysis and statistical applications*".

Schlussendlich unterliegt auch das dem Entscheidungsverhalten zugrunde gelegte Menschenbild der Interpretation durch den Theoretiker/Analytiker. Als vom Mainstream bevorzugtes wirtschaftswissenschaftliches Konzept gilt – trotz der berechtigten Suche nach Alternativen, die das empirisch beobachtbare Verhalten besser abzubilden vermögen – (derzeit noch) die *Rationalität menschlichen Verhaltens*[197]. Simon (1959) analysiert hierzu: „*The rational man of economics is a maximizer, who will settle for nothing less than the best*". Das Bild der *perfekten Rationalität*[198] beschreibt den Entscheidungsträger als allwissendes Individuum, das imstande ist, immense Mengen an Information zu verarbeiten um, basierend auf einer komplexen Verarbeitung dieser Information, stets konsistente Entscheidungen zu treffen [Ben-Akiva und Lerman (1985), 38]. Simon (1957) entwickelte als Alternativentwurf das Konzept der *eingeschränkten Rationalität*[199], wonach Entscheidungen, bedingt durch die kognitive Limitierung von Individuen, nur begrenzt rational getroffen werden können. Rationalität wirkt hierbei innerhalb jener Rahmenbedingungen, die dem Entscheidungsträger durch die Natur der erhaltenen Information gegeben sind (z.B. Unsicherheit, Informationsgüte, Informationskosten). Je nach zugrunde gelegtem Menschenbild formt sich ein interpretativer Spielraum als Antwort auf zur Verfügung stehende empirische Daten.

Unter Berücksichtigung der genannten Aspekte gestaltet sich somit eine wirtschaftswissenschaftliche Untersuchung des Phänomens der *grenzüberschreitenden Patientenmigration* stets als praktische Approximation (i) des „tatsächlichen" patientenseitigen Verhaltens und/oder (ii) der patientenseitigen Motivationsstruktur. Diesen Umstand gilt es in weiterer Folge zu bedenken.

---

197 Für eine Kritik siehe McFadden (1999).
198 Siehe hierzu Simon (1957).
199 *Bounded Rationality*.

4.4.2. Random Utility Theory (Zufallsnutzentheorie)

Manski (1973 bzw. 1977) versuchte erstmals, dem unvollständigen Informationszustand des Forschers Rechnung zu tragen[200]. Der als *Random Utility Theory* (Zufallsnutzentheorie) bekannt gewordene Ansatz geht von der Annahme aus, dass Individuen die in den Formeln 4.14. bzw. 4.15a-c.[201] gezeigte Optimierung zwar ausführen, der Forscher jedoch kein vollständiges Bild der Entscheidung erhält [Maier und Weiss (1990), 98]. Weitere wesentliche Bausteine der Zufallsnutzentheorie sind (i) die Maximierung des individuellen Nutzens, (ii) die Rationalität des Individuums und (iii) transitive Präferenzen. Hierzu Manski (1973, 10): „*It can be seen that the random utility models allow irrational behaviour only in the sense that choices may not be stable over time. On the other hand, if a series of choice sets is presented to the subject simultaneously, all choices must be consistent with the assumption of transitive preferences.*"[202]

Der – vom Individuum den Entscheidungsalternativen zugewiesene – Nutzen ist dem Forscher nicht mit Sicherheit bekannt und erscheint diesem daher als Zufallsvariable. Als Quelle dieser Unsicherheit werden in der wirtschaftswissenschaftlichen Literatur gemeinhin folgende Gründe genannt [Manski (1973), 16-19; Manski (1977); Ben-Akiva und Lerman (1985), 55-57; Maier und Weiss (1990), 99-100; Kjær (2005), 33]:

- *unbeobachtete Charakteristika der Alternativen,*
- *unbeobachtete Unterschiede in individuellen Präferenzen,*
- *Messfehler* bzw. *imperfekte Information* und
- *Instrument-* bzw. *Proxy-Variablen.*

Jeder dieser Gründe hat unterschiedliche Effekte auf die Verteilung des Nutzens der Alternativen. Diese sollen – unter Verknüpfung mit der bisher in Kapitel 4 verwendeten Argumentationslinie – nun näher besprochen werden[203]:

---

[200] Manski (1973, 8): „*The general concern of this paper is the analysis of rational choice when the observer's information is incomplete*".
[201] Je nach Annahme über den Informationszustand des Patienten hinsichtlich der Charakteristika der Alternativen.
[202] Dies steht nicht im Widerspruch zu der Annahme 4.4.7(2).
[203] Siehe weiterhin Manski (1973, 16-19), Ben-Akiva und Lerman (1985, 55-57), Maier und Weiss (1990, 99-100).

Unbeobachtete Charakteristika der Alternativen

Der entscheidungsrelevante Charakteristikavektor $\overline{C}_{xi}$ des zahnmedizinischen Patienten i für die Alternative x kann vom Forscher lediglich unvollständig durch $\overline{C}_{xi}^{O}$ erfasst werden. Für $\overline{C}_{xi}$ gilt:

(4.22a) $\qquad \overline{C}_{xi} = (\overline{C}_{xi}^{O}, \overline{C}_{xi}^{\sim})$,

wobei die Zufallsvariable $\overline{C}_{xi}^{\sim}$ den Nutzen seinerseits zufällig erscheinen lässt. Die Nutzenfunktion wird zu:

(4.22b) $\qquad \overline{U}_{xi} = \overline{U}(\overline{C}_{xi}^{O}, \overline{C}_{xi}^{\sim}, D_i)$.

Ein Patient *kann* zwei dentalen Alternativen, die für den Analytiker über idente Ausprägungen in $\overline{C}_{xi}^{O}$ verfügen, aufgrund der Wirkung von $\overline{C}_{xi}^{\sim}$ *unterschiedliche Nutzenwerte* zuweisen [analog zu Maier und Weiss (1990), 99].

Unbeobachtete Unterschiede in individuellen Präferenzen

Die Nutzenfunktion

(4.23) $\qquad \overline{U}_{xi} = \overline{U}(\overline{C}_{xi}, D_i^{O}, D_i^{\sim})$

enthält eine Zufallsvariable $D_i^{\sim}$, welche über die Individuen variiert. Der beobachtbare Vektor individueller Eigenschaften (D_i^{O}) beinhaltet unter anderem sozioökonomische Merkmale (S_i)[204]. Die Zufallsvariable $D_i^{\sim}$ lässt Formel 4.23 hingegen aus empirischer Betrachtung heraus als zufällig erscheinen. Patienten, welche über die gleichen beobachtbaren Merkmale verfügen, können daher aufgrund des Einflusses von $D_i^{\sim}$ aus der Sicht des Forschers ein und dieselbe Alternative unterschiedlich bewerten.

Messfehler und imperfekte Information

Die wahre Nutzenfunktion sei durch

(4.24a) $\qquad \overline{U}_{xi} = \overline{U}(\overline{C}_{xi}, D_i)$

abgebildet. Dem Forscher ist zwar prinzipiell bekannt, dass $\overline{C}_{xi}$ der entscheidungsrelevante alternativenspezifische Charakteristikavektor ist, er kann diesen jedoch nicht vollständig be-

---

[204] Sofern diese vom Forscher erfasst worden sind. Siehe auch Formel 4.21.

obachten. Stattdessen verfügt der Forscher über $\overline{C}_{xi}^{B}$, einer imperfekten Messung von $\overline{C}_{xi}$, sodass:

(4.24b) $$\overline{C}_{xi} = \overline{C}_{xi}^{O} + \varepsilon_{xi}^{\sim},$$

mit $\varepsilon_{xi}^{\sim}$ als entsprechenden Messfehler. Die Formel 4.24a erhält nun zusätzlich ein Zufallselement, womit gilt:

(4.24c) $$\overline{U}_{xi} = \overline{U}(\overline{C}_{xi}^{O} + \varepsilon_{xi}^{\sim}, D_i)\,205.$$

Instrument- und Proxy-Variablen

Die Vektoren der alternativenspezifischen Charakteristika und/oder der individuellen Merkmale können *Elemente* enthalten, die vom Forscher nicht unmittelbar beobachtbar sind. $\overline{C}_{xi}$ wird daher durch den Vektor $\overline{C}_{xi}^{O}$ ersetzt, der zusätzlich Instrument- bzw. Proxyvariablen enthält, sodass

(4.25a) $$\overline{C}_{xi} = g(\overline{C}_{xi}^{O}) + \varepsilon_{xi}^{\sim},$$

mit (i) der Funktion g als Hinweis auf die imperfekte Verbindung zwischen Beobachtungsinstrument und den Attributen und (ii) $\varepsilon_{xi}^{\sim}$ erneut als Zufallselement. Die Nutzenfunktion ergibt sich dann als:

(4.25b) $$\overline{U}_{xi} = \overline{U}[g(\overline{C}_{xi}^{O}) + \varepsilon_{xi}^{\sim}, D_i].$$

Weiters ist noch zu bedenken, was passiert, wenn der Analytiker für seine Untersuchung Elemente des realisierten Vektors C_{xi}, nicht jedoch Charakteristika des *entscheidungsrelevanten* Vektors $\overline{C}_{xi}$ betrachtet. Handelt es sich um eine Alternative, welche neben Suchcharakteristika auch Elemente anderer Informationsklassen enthält[206], so führt dies für die betrachtete Behandlungsoption zu $\overline{C}_{xi} \neq C_{xi}$. Zwar können Elemente aus I_{SC} derart – zumindest theoretisch – richtig erfasst werden, für Merkmale aus $\Theta_{[EC,VC,UC]}$ ist jedoch ein entsprechender charakteristikabedingter Zufallseffekt zu erwarten.

Der Zufallsnutzen einer Alternative kann zusammenfassend als Summe der (i) beobachtbaren/systematischen und der (ii) unbeobachtbaren Komponenten ausgedrückt werden [Ben-Akiva und Lerman (1985), 57]:

---

205 Gleiches gilt für die individuellen Merkmale der zahnmedizinischen Patienten. Man bedenke allein die Schwierigkeit, den vom Patienten subjektiv empfundenen dentalen Gesundheitszustand zu erfassen.
206 Wir sind für dentale Alternativen bis dato davon ausgegangen.

(4.26) $$\overline{U}_{xi} = V\left(\overline{C}_{xi}^O, D_i^O\right) + \varepsilon\left(\overline{C}_{xi}^-, D_i^-, \varepsilon_{xi}^-\right) = V_{xi} + \varepsilon_{xi}.$$

V stellt neben den Einfluss der erkennbaren Elemente (beobachtete Charakteristika und beobachtete individuelle Merkmale) zugleich auch den *deterministischen* Teil des Alternativennutzens dar. Diese Funktion V sei dabei bis auf einen Vektor β unbekannter Parameter bestimmt [Maier und Weiss (1990), 110; Walker und Ben-Akiva (2002), 205], sodass:

(4.27) $$V_{xi} = V\left(\overline{C}_{xi}^O, D_i^O; \beta\right).$$

Die *stochastische* Nutzenkomponente ε_{xi} beinhaltet ihrerseits die Einflüsse der unbeobachteten Charakteristika der Behandlungsoptionen, unerkannter individueller Eigenschaften, eventueller Messfehler und des Einsatzes von Instrument- bzw. Proxy-Variablen. ε_{xi} ist der Vektor dieser Zufallseinflüsse mit einer noch anzunehmenden Verteilung207.

Unter der Annahme der Nutzenmaximierung wählt ein Patient i die Alternative x somit *dann und nur dann*, wenn:

(4.28a) $$\overline{U}_{xi} \geq \overline{U}_{yi} \text{ für } \forall\, y \in A_i.$$

Die Wahrscheinlichkeitsfunktion ergibt sich damit folgendermaßen [Manski (1977)]:

(4.28b) $$P(x|A_i) = \Pr[V_{xi} + \varepsilon_{xi} \geq V_{yi} + \varepsilon_{yi}, \forall y \in A_i].$$

Werden die Nutzenkomponenten in beobachtete und unbeobachtete Elemente aufgespalten, so kann Formel 4.28b folgendermaßen umgeformt werden:

(4.28c) $$P_{xi} = \Pr[(V_{xi} - V_{yi} \geq \varepsilon_{yi} - \varepsilon_{xi}), \forall y \in A_i].$$

Hierbei sind zwei Aspekte vom Analytiker gesondert zu betrachten:

(1) Zum einen ist dies die Wichtigkeit der forscherseitigen Annahmen bezüglich des Terms ($\varepsilon_{yi} - \varepsilon_{xi}$) bzw. der Verteilungsfunktion $f(\varepsilon_{xi})$ [Amaya-Amaya et al. (2008), 16]. Nimmt der

---

207 Die Annahmen über die Verteilung der Zufallseinflüsse bestimmen letztendlich den Typ des vom Forscher gewählten diskreten Entscheidungsmodells.

Forscher beispielsweise an, dass die Zufallseffekte der zu untersuchenden Behandlungsoptionen *unabhängig und identisch verteilt* (*independently and identically distributed – IID*) sind, so degeniert die Funktion des patientenseitigen Entscheidungsproblems zu einer Funktion der deterministisch erfassbaren Nutzenunterschiede, also $V_{xi} - V_{yi}$, $x \neq y, y \in A_i$ [analog zu Ben-Akiva und Lerman (1985), 57]208.

(2) Zum anderen unterstreicht Formel 4.28c, dass für eine Bestimmung der Auswahlwahrscheinlichkeit einer Behandlungsoption niemals der absolute Nutzen einer Alternative sondern stets nur der *Nutzenunterschied zwischen Alternativen* relevant ist. Daher haben positive monotone Transformationen keine Auswirkung auf die Auswahlwahrscheinlichkeit [Maier und Weiss (1990), 117-108]. Train (2003, 24) zieht aus der nutzenrelativistischen Position folgenden Schluss: „*The fact that only differences in utility matter has several implications for the identification and specification of discrete choice models. In general it means that the only parameters that can be estimated (that is, are identified) are those that capture differences across alternatives.*" Parameter, welche im Zuge der Zufallsnutzentheorie zur Abbildung von diskreten Entscheidungsszenarien geschätzt werden, können dementsprechend zu keinem Zeitpunkt direkt interpretiert werden, sondern müssen im Kontext (zu anderen Parametern bzw. Alternativen) gesetzt werden.

Die relativistische Natur der Parameter manifestiert sich auch bei der Spezifikation des „deterministischen" Nutzenvektors V_{xi}. Üblicherweise wird die Funktion V_{xi} dabei als *linear-in-Parameter* angenommen [Amaya-Amaya et al. (2008), 16]. Formel 4.29 zeigt eine solche Linearität in einer deterministischen Nutzenfunktion:

(4.29) $$V_{xi} = ASC_{xi} + \beta_1 x_{xi1} + \ldots + \beta_L x_{xiL} = ASC_{xi} + \beta' X_{xi},$$

mit $\beta = [\beta_1, \beta_2, \ldots, \beta_L]'$ als Vektor von L unbekannten Parametern und X als Vektor, der die beobachteten Elemente der Alternativen und der Individuen enthält, wobei generell davon ausgegangen wird, dass $x_{xi} = h\left(\overline{C}_i^O, D_i^O\right)$ mit h als reell-wertiger Vektorfunktion. Grundsätzlich kann mittels der Funktion h jegliche reale Transformation der alternativenspezifischen und individuellen Eigenschaften nach x_{xi} von statten gehen, womit die Annahme der *Linearität-in-Parametern* wesentlich weniger restriktiv ist, als dies im Vorhinein erscheinen mag [Ben-Akiva und Lerman (1985), 57-58].

---

208 Was wir für patientenseitige zahnmedizinische Entscheidungsprobleme jedoch nicht annehmen.

Des Weiteren enthält Formel 4.29 auch eine alternativenspezifische Konstante für die (beliebige) Behandlungsoption x (ASC_x). Der Term ASC berücksichtigt den durchschnittlichen Effekt der unbeobachteten Elemente auf den Nutzen einer Alternative. Werden alternativenspezifische Konstanten (für die jeweiligen Behandlungsoptionen) in das Model aufgenommen, so hat der unbeobachtete Term ε_{xi} per Modellierung einen Erwartungswert von 0. Ist bei einer Nichtberücksichtigung von ASC-Konstanten $E(\varepsilon_{xi}) \neq 0$, so führt das Hinzufügen der Konstanten dazu, dass der restliche Zufallseffekt den Erwartungswert 0 hat [Train (2003), 24]209. Die relative Natur der alternativenspezifischen Konstanten ergibt sich nun dadurch, dass lediglich die Differenz zwischen den Werten der ASC relevant ist, nicht jedoch jener Wert, mit dem die ASC ins Modell eingehen210.

4.4.3. Hypothetische versus offen gelegte Präferenzen

Das formalisierte Manski'sche Konzept der Zufallsnutzentheorie ermöglicht es dem Analytiker, die – meist informationsbedingten – Störeinflüsse, welche im Zuge der empirischen Erfassung menschlichen Entscheidungsverhaltens zwangsweise auftreten, herauszufiltern oder zumindest partiell zu berücksichtigen (siehe Abschnitt 4.4.2). Die Zufallsnutzentheorie bildet in diesem Zusammenhang quasi eine Brücke zwischen theoretischer Abstraktion und methodisch-empirischer Analyse.

Nun ist aber zu beantworten, *welche Facette* patientenseitiger Entscheidungen der Forscher überhaupt (i) *beobachtet* bzw. (ii) zu *beobachten beabsichtigt*. Selbige Unterscheidung ist dabei weitaus weniger trivial, als dies *a priori* erscheinen mag. Betrachten wir zur näheren Erläuterung den Fall eines Forschers, der das reale Wahlverhalten eines dentalen Patienten registriert. Abbildung 22 liefert einen graphischen Überblick über die Zusammenhänge dieses Gedankenkonstrukts.

---

209 Daher rät Train (2003) dazu, stets eine alternativenspezifische Konstante hinzuzufügen.
210 Hierzu Train (2003, 24-25): *„Any model with the same difference in constants is equivalent. "*. Unter der Annahme sonst gleicher Bedingungen.

Abbildung 22: Überblick über die Erfassbarkeit patientenseitiger Entscheidungen.

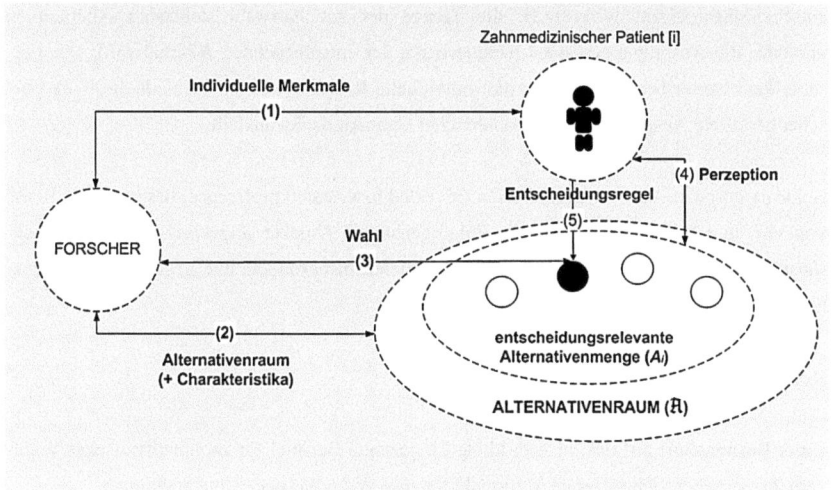

Quelle: Eigene Darstellung

In Abschnitt 4.4.2 wurde beschrieben, dass der Forscher beobachtbare (i) individuelle Merkmale (D_i^O) und (ii) Alternativencharakteristika ($\overline{C}_{xi}^O$) verzeichnet [Linien (1) und (2)]. In unserem Beispiel vermag der Analytiker auch die *realisierte* Wahl des dentalen Patienten zu beobachten (3), die sich als Manifestation der patientenseitigen Präferenz *bei gegebenem Informationsstand* gestaltet. Es handelt sich hierbei quasi um die Erfassung einer realisierten nachfrageseitigen Entscheidung, mit tatsächlichen marktspezifischen bzw. individuellen Konsequenzen für den Patienten. Solcherart vom Forscher gesammelte Information über manifestierte Entscheidungen (z. B. am Gesundheitsmarkt) wird als *revealed preference data* (Daten über offen gelegte Präferenzen) bezeichnet.

Wie Abbildung 22 allerdings andeutet, können durch *revealed preference* Untersuchungen, gewisse Aspekte der Patientenentscheidung nicht berücksichtigt werden. Dies betrifft u.a. die Entscheidungsregel[211] bzw. das Entscheidungsprinzip des Patienten (5), wie insbesondere auch dessen Perzeption des Alternativenraums **A** (4), einschließlich der Menge entscheidungsrelevanter Elemente. Als Alternative zur Untersuchung von realen Marktdaten, steht dem Forscher die Analyse von *stated preference data* (Daten über angegebene bzw. hypothetische Präferenzen) zur Verfügung. Hierbei wird der Patient mit einer Reihe von hypothetischen Behandlungsszenarien konfrontiert, wobei der untersuchende Wissenschaftler wesentli-

---

[211] Diese verbleibt auch weiterhin im Bereich der Annahmen durch den Forscher.

chen Einfluss auf die Gestaltung jener Information hat, die für das interviewte Individuum entscheidungsrelevant wirkt (z.b. die Menge der zur Auswahl stehenden Alternativen und/oder die Ausprägungen der Charakteristika der entsprechenden Alternativen). Der Forscher kann somit beobachten, wie die individuelle Reaktion auf unterschiedliche, vom Forscher gestaltete Ausprägungen Lancaster'scher Charakteristika ausfällt.

Beide datenspezifische Vorgangsweisen (revealed bzw. stated preference) besitzen eine Reihe von Vor- und Nachteilen. Die nun in Folge genannten Aspekte „*hypothetischer*" und „*realisierter*" zahnmedizinischer Entscheidungen basieren insbesondere auf Argumenten in Hensher et al. (2005, 92-98) und Kjær (2005, 10-13).

Revealed Preference Daten

Unter Bezugnahme auf das, in Abbildung 22 gezeigte Beispiel für zahnmedizinisches Wahlverhalten ergeben sich folgende Merkmale für *revealed preference* Untersuchungen:

- *Reale Entscheidungen*: Wie bereits zuvor erwähnt, handelt es sich hierbei um eine zahnmedizinische Behandlung, die vom Patienten tatsächlich in Anspruch genommen wurde. Solcherart getätigte Entscheidungen sind manifestierte Entscheidungen unter Marktbedingungen, mit dem jeweiligen Patienten als Träger der behandlungsbedingten Konsequenzen. Im Falle grenzüberschreitender Patientenströme können Stichproben, die über ausreichende statistische Aussagekraft verfügen und auf Basis des *revealed preference* Ansatzes gezogen wurden, wichtige Informationen über die vom Migrationsphänomen betroffene Marktstruktur (z.B. die Anzahl der tatsächlich migrierenden Patienten oder die Art der nachgefragten Leistungen) liefern

- *Entscheidung unter Einschränkungen*: Vom Patienten realisierte Entscheidungen finden stets innerhalb der marktspezifischen und/oder individuellen Rahmenbedingungen statt. So unterliegt der Entscheidungsträger z.B. im Falle privat zu bezahlender Leistungen einer Beschränkung durch die Höhe seines verfügbaren Einkommens bzw. Vermögens. Aber auch medizinische, ethische und/oder technologische Schranken können im „*realen*" Markt den Handlungsspielraum der Entscheidungsträger wesentlich einengen.

- *Reabilität und Validität*: Für revealed preference Daten kann dann von Reabilität ausgegangen werden, wenn bei wiederholten Stichproben – und innerhalb der Bandbreite des Stichprobenfehlers – ähnliche Ergebnisse erzielt werden. Die vom Forscher ermittelten RP-Daten sind dann valide, wenn sie jene Entscheidungen messen, die tatsächlich vom Patienten getroffen werden [Hensher et al. (2005), 93].

- *Ressourcenintensive Erhebung*: In Kapitel 2 wurde bereits zu Beginn angemerkt, dass im Hinblick auf grenzüberschreitende Patientenströme wenig empirisches Datenmaterial vorliegt. Rosenmöller et al. (2006, 5) verweisen in diesem Zusammenhang auf einen deutlichen Mangel an validen Daten. Verlässliche Hochrechnungen über das Ausmaß transnationaler Patientenströme (innerhalb Europas) existieren gemäß Rosenmöller et al. de facto nicht. Ein Umstand, der auch eine forscherseitige Analyse dentaler Migrationsströme deutlich erschwert. Erschwerend kommt auch hinzu, dass empirische Erhebungen – zum Teil durch die bis dato mangelnde Erfassung – sowohl was die temporäre wie auch monetäre Ebene betrifft, ressourcenintensiv ausfallen können. Dies kann beispielsweise durch anfallende Voruntersuchungen (z.B. Fokusgruppen, explorative Interviews) und/oder die Haupterhebung selbst bewirkt werden. Vor allem wenn der Forscher den kommerziellen Sektor des Gesundheitsmarktes als Informationsquelle ausgewählt hat, gilt es zu bedenken, dass – mangels zentraler Datenerfassung – migrationsspezifische Auskünfte nur über die jeweiligen privaten Leistungserbringer erfolgen können. Kommerzielle medizinische Versorger verzeichnen jedoch vielfach – sehr zum Leidwesen des Forschers – nur limitierte Bereitschaft zur Auskunft, wodurch die benötigte Ressourcenintensität für eine plausible Darstellung grenzüberschreitender Patientenströme zusätzlich ansteigt.

- *Fehlende Berücksichtigung nicht gewählter Alternativen*: Selbst wenn der Forscher vermag, die vom Patienten gewählte zahnmedizinische Alternative valide abzubilden, liefern uns *revealed preferences* keine Aussagen über die *nicht gewählten Alternativen*. Generell kann deswegen davon ausgegangen werden, dass – für reale Marktdaten – der Forscher nicht erfassen kann, welche zahnmedizinischen Alternativen vom Patienten erfasst worden sind und welche nicht. In anderen Worten: dem Analytiker sind nicht alle Elemente der entscheidungsrelevanten Alternativenmenge A_i (des beliebigen Patienten i) bekannt212.

- *Unkenntnis der patientenseitigen Perzeption von Charakteristika*: Der Forscher weiß nicht, wie der Patient die zahnmedizinische Option wahrnimmt. Die entscheidungsspezifischen Effekte externer Signale sind dabei ebenso wenig zu erfassen, wie die pa-

---

212 Dies betrifft dementsprechend auch die Alternativenmenge jener Patienten, die *keine* transnationale Behandlung in Anspruch genommen haben. Hierbei stellt sich auch die Frage, ob sich der Patient überhaupt der Möglichkeit einer grenzüberschreitenden Behandlung bewusst war.

tientenseitige (informationsbedingte) Perzeption von Charakteristika nicht gewählter Alternativen.

- *Unkenntnis der Auswirkung veränderter Charakteristika*: Da *revealed preference* Daten per Definition Information über patientenseitige Entscheidungen im realen Markt enthalten, kann der Forscher lediglich Aussagen über jene Alternativen (inkl. deren Charakteristika) treffen, die tatsächlich „auf dem Markt" vorhanden sind. Der Forscher kann beispielsweise nicht ermitteln, welche Auswirkung eine (noch nicht am Markt vorliegende) Ausprägung von Charakteristika einer spezifischen dentalen Alternative auf das Verhalten von Patienten hätte.

Stated Preference Daten

Dem Forscher stehen – neben der unmittelbaren Beobachtung von Patientenentscheidungen im *realen* Marktgeschehen – auch stated preference Daten als zweite, alternative Informationsquelle für patientenseitiges Entscheidungsverhalten zur Verfügung. Hierbei sind folgende Besonderheiten zu bedenken [Hensher et al. (2005), 96-97]:

- *Hypothetische Behandlungsszenarien*: Die befragten Individuen (zahnmedizinische Patienten) werden mit hypothetischen Behandlungssituationen konfrontiert. Dies hat den Vorteil, dass der Forscher für ein solches hypothetisches Entscheidungsszenario die entscheidungsrelevante Alternativenmenge (A_i) kontrollieren kann. Die befragte Person i steht gleichsam einer hypothetisch generierten Teilmenge von **A** gegenüber. Selbiges gilt auch für jene Information, die der Wissenschaftler dem Befragten zukommen lässt (z.B. die Art des hypothetischen Bedürfnisses bzw. die involvierten Charakteristika und deren Ausprägungen). Der Patient gibt dann – bei gegebener Alternativenmenge, angegebenen Charakteristika und erfassten Ausprägungen – eine getroffene Wahl an, *als ob* er vor einer realen Entscheidungssituation *stünde*.

- *Keine realen Konsequenzen*: Im Gegensatz zu Entscheidungen am realen Markt, ist der Entscheidungsträger bei hypothetischen Wahlszenarien jedoch nicht an die Beschränkungen des Alltags gebunden. Es liegt daher im Interesse des Forschers, die im Experiment dem Patienten vorgelegten dentalen Alternativen möglichst realistisch darzustellen, sodass auch das patientenseitige Verhalten als möglichst „wirklichkeitsgetreu" angenommen werden kann [Hensher et al. (2005), 96].

- *Forscherseitige Abhängigkeit vom Antwortverhalten der Zielgruppe*: Der Umstand, dass die angegebenen Antworten für die Mitglieder der Zielgruppe keine realen Konsequenzen haben, kann sich auf Antwortverhalten und somit auch auf die erhobene Datenqualität auswirken. Es gilt somit zusätzlich zu bedenken, dass dem empirischen Analytiker in seinen wissenschaftlichen Aussagen durch die Informationsgüte patientenseitiger Angaben Grenzen gesetzt sind.

- *Reaktion auf Festlegung der Alternativen und Charakteristika*: Da der Forscher die – dem befragten Individuum vorgelegte – alternativenspezifische Information bestimmen kann, lässt sich das patientenseitige Antwortverhalten auf externe Signale besser analysieren. *Stated preference* Experimente finden so gesehen in einer relativ kontrollierten Entscheidungsumgebung statt und liefern wertvolle Informationen über individuelle Präferenzen [Walker und Ben-Akiva (2002), 313]. Dieses Vorgehen ermöglicht es dem Wissenschaftler u.a. zu untersuchen, wie das Individuum auf Veränderungen alternativenspezifischer Charakteristika reagiert.

- *Limitierung der erhebungsspezifischen Ressourcenintensität*: Vermag es der Forscher, sowohl die Entscheidungsumgebung realitätsnah abzubilden als auch die mit der Entscheidungssituation konfrontierte Zielgruppe plausibel zu identifizieren, so können Aussagen über patientenseitige Präferenzen zu vergleichsweise ressourcensparsamen Bedingungen getroffen werden. Zum einen erhält der Forscher derart eine kostengünstige Alternative und/oder unterstützende Erweiterung zur Befragung angebotsseitiger Leistungserbringer. Zum anderen lässt sich der wissenschaftliche Analyseprozess mittels *stated preference Experimenten* von der Limitierung auf manifestierte Entscheidungen *im Endpunkt* grenzüberschreitender Migrationsbewegungen lösen. Voraussetzung ist hierbei jedoch stets eine valide Identifikation der *potentiell* migrierenden Zielgruppe.

Synergieeffekte

Sowohl *stated preference* wie auch *revealed preference* Ansätze besitzen somit wesentliche Vor- und Nachteile. Innerhalb der entscheidungstheoretischen Literatur sind daher zahlreiche Versuche unternommen worden beide Ansätze so zu kombinieren, dass Forscher das individuelle Entscheidungsverhalten besser abzubilden vermögen. Wichtige Beiträge hierzu stammen u.a. von Ben-Akiva und Morikawa (1990), Hensher und Bradley (1993), Adamovicz et al. (1997), Louviere et al. (2000) oder Walker und Ben-Akiva (2002). Ähnlich wie im Falle von *revealed preference* Untersuchungen gilt auch für solche Hybridansätze: Der Forscher muss eine Balance zwischen zusätzlicher Erkenntnis und Ressourcenintensität finden.

4.4.4. Zusammenfassung

Das Teilkapitel 4.4 befasste sich mit der Rolle des Forschers bei der Analyse patientenseitigen Entscheidungsverhaltens. Abschnitt 4.4.1 besprach in dieser Hinsicht zunächst allgemeine Aspekte des – der Analyse zugrunde liegenden – Menschenbildes, sowie der damit verbundenen Einschränkungen. Teilabschnitt 4.4.2 wies – unter expliziter Berücksichtigung der Zufallsnutzentheorie [insbesondere der Arbeiten von Manski (1973 bzw. 1977)] – auf die beschränkte Erfassungsfähigkeit des Forschers hin. Schließlich galt es in Abschnitt 4.4.3 zu klären, welche Bereiche patientenseitigen Entscheidungsverhaltens überhaupt seitens des Wissenschafters beobachtbar sind.

4.5. Zusammenfassung

Aufgabe des vierten Kapitels war die abstrakte Abbildung des Entscheidungsprozesses potentiell migrierender dentaler Patienten. Hierbei wurden das Entscheidungsumfeld, der allgemeine Alternativenraum, die Menge entscheidungsrelevanter Alternativen und die Position des Patienten jeweils gesondert analysiert.

Mittels der Darstellung zahnmedizinischer Alternativen als Charakteristikavektor konnten auch die informationsökonomischen Besonderheiten dentaler Dienstleistungen unmittelbar berücksichtigt werden. Dies hat zur Folge, dass nicht die zahnmedizinische Dienstleistung *per se*, sondern vielmehr die *patientenseitige Perzeption* der dentalen Behandlungsoption entscheidungsrelevant erscheint. Unter Zuhilfenahmen der Zufallsnutzentheorie bzw. dem Konzept der diskreten Entscheidungstheorie kam letztendlich auch der Rolle des Forschers gesonderte Beachtung zu.

Im nun beginnenden empirischen Teil der vorliegenden Arbeit gilt es das Ausmaß zahnmedizinischer Patientenströme anhand des Fallbeispiels der Staaten Österreich und Ungarn aufzuzeigen.

*" Mire vuestra merced —respondió Sancho—
que aquellos que allí se parecen no son gigantes,
sino molinos de viento, y lo que en ellos parecen
brazos son las aspas, que, volteadas del viento,
hacen andar la piedra del molino."*
El Ingenioso Hidalgo de Don Quijote de la Mancha (Capítulo VIII)
Miguel de Cervantes Saavedra (1547-1616)

5. Empirische Betrachtung dentaler Patientenströme von Österreich nach Ungarn

Die Erläuterungen der bereits vorgestellten Teilabschnitte (insbesondere der Kapitel 3 und 4) haben – auf abstrakter Ebene – die konzeptionelle Problematik der Erfassung grenzüberschreitender zahnmedizinischer Migrationsströme und der damit verbundenen patientenseitigen Entscheidungsmuster besprochen. Der nun folgende Abschnitt befasst sich unmittelbar mit der empirischen Betrachtung dentaler Wanderungsströme zwischen den europäischen Nachbarstaaten Österreich und Ungarn. Der hierbei eingeschlagene Forschungsprozess gestaltet sich mehrstufig, gleichsam in Etappen.

5.1. Einleitung

Die im zweiten Kapitel zitierten Anmerkungen von Rosenmöller et al. (2006)[213] lassen bereits vermuten, mit welchen Herausforderungen eine empirische Forschungstätigkeit bei der Erfassung *patientenseitiger dentaler Migrationsströme zwischen Österreich und Ungarn* zu kämpfen hat. Vor selbigen Problemen stand auch die vorliegende Arbeit: So war zu Beginn der empirischen Erfassung beispielsweise weder bekannt, wie viele österreichische Patienten eine dentale Dienstleistung in Ungarn beanspruchen (*Umfang des Patientenstroms*)[214], noch ob es sich hierbei um *Privatleistungen* und/oder *Kassenleistungen* im Sinne des Abschnitts 2.2 handelt. Auch hinsichtlich der *Beweggründe* des patientenseitigen Wanderungsverhaltens, konnten – basierend auf der bis dorthin publizierten Literatur zum Phänomen der grenzüber-

---
[213] Siehe insbesondere Rosenmöller et al. (2006, 5-6): „*There were two main problems in obtaining and analysing data. The first is the critical lack of valid data. Accurate statistics on patients moving across borders is almost non-existent. [...]. The second major problem is the lack of information about the commercial sector. Private for-profit providers were the least willing to cooperate with interviews. Public sector policy-makers are often either completely unaware or inadequately informed about the practices of commercial providers.*"
[214] Selbiges gilt auch für die Wanderung ungarischer zahnmedizinischer Patienten nach Österreich.

schreitenden Patientenmigration – lediglich Annahmen getroffen werden. Zwar bestand ein deutliches Echo auf Seiten der österreichischen Medienlandschaft zum Thema „*Wanderung österreichischer Patienten zu ungarischen Zahnärzten*"215 – empirisches Datenmaterial oder gar wissenschaftliche Analysen lagen jedoch nicht vor. Eine fundierte Analyse der transnationalen Wanderungen dentaler Patienten zwischen Österreich und Ungarn bedarf jedoch *unbedingt* der Erfassung *valider* Daten. Zur Erreichung dieses Ziels muss daher der patientenseitige transnationale Wanderungsstrom zwischen beiden Nachbarstaaten auf unterschiedlichen Ebenen durchleuchtet werden.

5.2. Erfassungspunkte des grenzüberschreitenden Patientenstroms

In Abschnitt 2.1. wurden jene Bestandteile eines Patientenstroms genannt, die auch ein – aus Österreich nach Ungarn behandlungsspezifisch migrierender – zahnmedizinischer Patient durchschreiten muss. Hierbei handelt es sich um den *Anfangspunkt* und den *Endpunkt* des Patientenstroms bzw. der *Verbindungsstrecke* zwischen beiden Extrempunkten. Abbildung 23 liefert einen entsprechenden schematischen Überblick der zahnmedizinischen Wanderungsbewegung von Österreich nach Ungarn einschließlich plausibler empirischer Beobachtungspunkte zur Erfassung patientenstromspezifischer Informationen.

Abbildung 23: Erfassungs(zeit)punkte des grenzüberschreitenden Patientenstroms.

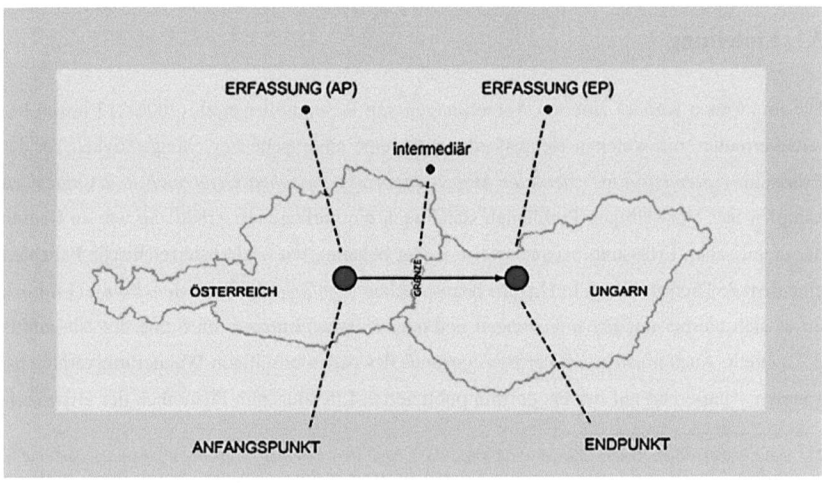

Quelle: Eigene Darstellung

---

215 Siehe beispielsweise: Kurier (2002) und Standard (2009).

Im Sinne der Argumentation aus Kapitel 2 skizziert Abbildung 23 einen eindirektionalen, transnationalen Patientenstrom von Österreich nach Ungarn[216]. *Anfangspunkt, Endpunkt* und *Verbindung* bestimmen hierbei die möglichen Erfassungspunkte (AP, EP und intermediär), wobei jeder dieser Erfassungspunkte *inhaltliche* wie auch *subjektbezogene* Besonderheiten aufweist.

In diesem Zusammenhang können (primär für Privatleistungen) zwei Subjektklassen Auskunft über Natur und Charakteristika dentaler Patientenströme geben. Zum einen ist dies der singuläre *Patient* selbst. Dieser ist imstande – zumindest was seine eigene (mögliche) Wanderung betrifft – dem Forscher jederzeit entscheidungsspezifische Information zu vermitteln. Zu bedenken ist jedoch, dass abhängig vom durch den Forscher gewählten *Erfassungs(zeit)punkt* die inhaltliche Ausprägung der erhaltenen Daten variieren kann. Befindet sich der Patient beispielsweise in einem möglichen Ausgangspunkt[217] und steht er vor einer dentalen Migrations-entscheidung, so kann der Analytiker (z.B. unter Anwendung des Stated preference Ansatzes) andere patientenseitige Angaben erwarten, als – bei einem vergleichbaren Messvorgang – in jedem anderen Punkt einer einmal initiierten grenzüberschreitenden Wanderungsbewegung. Endpunktseitige Erfassungen (z.b. mittels der Revealed preference Methode) besitzen wiederum die in Abschnitt 4.5. genannten Nachteile (insbesondere der fehlenden Erfassung *nicht gewählter* Alternativen). Österreichische Patienten, die sich gegen eine ungarische Behandlungsoption entschieden haben, können solcherart ebenfalls nicht erfasst werden.

Als zweite relevante empirische Quelle verfügt der *Dienstleistungserbringer* – üblicherweise der behandelnde Zahnarzt – über einzigartige Information hinsichtlich (i) der Anzahl und Art der durchgeführten Behandlungen und/oder (ii) der Herkunft aller von ihm behandelten (migrierenden) Patienten[218]. Folgende Umstände sind dabei jedoch zu bedenken:

- *Erfassung am Endpunkt*: Der behandelnde Zahnarzt befindet sich am Endpunkt des grenzüberschreitenden Patientenstroms. Er kann somit ebenfalls keine Auskunft über nicht gewählte Optionen und/oder die Präferenzen der von ihm behandelten Individuen geben. Der Dienstleistungserbringer vermag nicht einmal zu ermitteln, wie die von ihm angebotene Dienstleistung entscheidungsspezifisch vom Patienten wahrgenommen wurde. Dennoch stellt die von ihm durchgeführte dentale Behandlung den eigentlichen Abschluss des grenzüberschreitenden Patientenstroms dar. Erst am Endpunkt wird eine grenzüberschreitende patientenseitige Behandlungs-

---

216 Die Möglichkeit einer Multidirektionalität des Patientenstroms soll dezidiert *nicht* ausgeschlossen werden. Die vorliegende eindirektionale Darstellung entspringt lediglich ersten Annahmen der weiter unten angeführten Systemanalyse.
217 Da jeder Punkt theoretisch ein Ausgangspunkt eines (Teil-)Stroms sein kann, ist diese Annahme trivial.
218 Falls die entsprechenden Daten vom Dienstleistungserbringer registriert werden.

entscheidung quasi zu einer „*realen*" Marktentscheidung (inklusive der damit verbundenen Konsequenzen).

- *Mangelnde Bereitschaft zur Auskunft*: Erfasst ein Dienstleistungsnehmer jene Patientendaten, die auch für eine Analyse grenzüberschreitender Patientenströme relevant sind (u.a. Anzahl und Herkunft der Patienten und/oder von grenzüberschreitenden Patienten benötigte Dienstleistungen), so bedeutet dies nicht, dass die betreffenden Zahnärzte die entsprechenden patientenseitigen Daten der Forschung zugänglich machen. Die bis dato durchgeführten empirischen Arbeiten [siehe u.a. Albreht et al. (2006) und Rosenmöller et al. (2006)] weisen wiederholt auf diese Problematik hin.

Was die Rolle der *intermediären Erfassungspunkte* betrifft (z.B. im Falle individueller Befragungen an Grenzübergängen), so ist diese besonders kritisch zu hinterfragen. Der Patient hat zu diesem Zeitpunkt bereits eine Wahl getroffen – er befindet sich gleichsam im Prozess des Entscheidungsvollzugs. Unverzerrte – also von der zuvor getroffenen Wahl unbeeinflusste – *stated preference* Befragungen sind daher *ebenso wenig möglich*, wie eine gesicherte Bestimmung der letztendlich durchgeführten dentalen Behandlungen. Zusätzlich stellt sich auch die Frage, ob die empirischen Rahmenbedingungen (z.B. ein eventueller Zeitdruck des interviewten Gesprächspartners) eine seriöse Befragung der potentiellen Patienten überhaupt zulassen.

Eine Analyse des Patientenstroms mittels simultaner Betrachtung von Anfang- und Endpunkt erscheint in dieser Hinsicht als plausibelster empirischer „Kompromiss" mit dem Ziel einer möglichst wirklichkeitsgetreuen Erfassung von (i) zum Entscheidungszeitpunkt bestehender, patientenseitiger Präferenzen und (ii) letztendlich in Anspruch genommener – quasi manifestierter – dentaler Dienstleistungen.

Skizze des empirischen Forschungsprozesses

Die soeben genannten Überlegungen determinieren konsequenterweise die konzeptionelle Ausgestaltung des für die vorliegende Arbeit zentralen empirischen Forschungsprozesses (siehe Abbildung 24). Als inhaltlicher Ausgangspunkt verstehen sich dabei zunächst die Erkenntnisse der in Abschnitt 2.3. niedergelegten *Literature Review*. Die in diesem Zusammenhang identifizierten Variablen bzw. Auslöser von grenzüberschreitendem, patientenseitigem Wanderungsverhalten dienen gleichsam als erster Orientierungspunkt für unsere weitere Analyse. Darauf aufbauend, kommt es zur Durchleuchtung nachfrageseitiger und angebotsseitiger Informationsquellen.

Abbildung 24: Überblick über den empirischen Forschungsprozess.

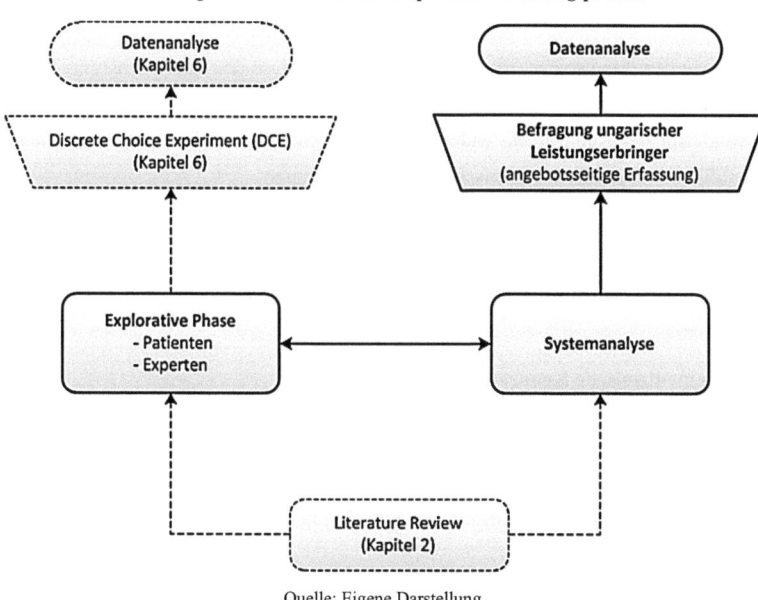

Quelle: Eigene Darstellung

Ziel der in Abbildung 24 genannten überblicksmäßigen *Systemanalyse* ist eine Erfassung der wichtigsten *Kennzahlen* der zahnmedizinischen Marktstrukturen in Österreich und Ungarn[219]. Diese dient gleichsam als Basis der *Befragung zahnmedizinischer Leistungserbringer* in Ungarn und steht auch in konzeptioneller Wechselwirkung mit der Basis der *semi-explorativen Patienteninterviews*. Zusammen mit den Erkenntnissen aus bereits durchgeführten Experteninterviews, bilden die Patienteninterviews die *explorative Phase* des empirischen Teils der vorliegenden Arbeit. Die Aufgabe des fünften Kapitels liegt somit insbesondere in der Schaffung einer realitätsnahen Basis für die Analyse potentiell migrierender Patienten und deren Entscheidungsumgebung. In anderen Worten: Hierbei werden jene Alternativen erstellt bzw. Variablen und Attribute identifiziert, die im Zuge eines Stated Preference Experimentes (Kapitel 6) letztendlich den potentiellen zahnmedizinischen Patienten aus Österreich zur Bewertung vorgelegt werden.

---

[219] Hierzu zählen unter anderem Indikatoren wie die Zahnarztdichte nach Region.

5.3. Analyse zahnmedizinischer Systeme in Österreich und Ungarn

Grenzüberschreitende, zahnmedizinische Patientenströme als Teilphänomen eines dynamischen transnationalen Dentalmarktes *können* und *sollen* nicht nur allein auf der Basis der Betrachtung von Grundstrukturen der jeweils beteiligten (nationalen) Märkte besprochen oder analysiert werden. Eine solche, rein eindimensionale Analyse des Phänomens wäre nicht nur zu reduktionistisch, sondern ist gleichsam als zu limitiert anzusehen. Jedoch liefert die Bildung vergleichbarer Kennzahlen beider Systeme[220] einen *brauchbaren Ausgangspunkt* für die Identifikation thematisch-empirisch relevanter Strukturen.

Die Aufstellung der Kennzahlen wird gemäß den bisherigen Überlegungen vorgenommen und bezieht sich auf angebots- und nachfrageseitige Merkmale gleichermaßen.

5.3.1. Zahnmedizinische Kennzahlen in Österreich

Der erste Teil der Systemanalyse beschäftigt sich mit Daten (i) der zahnmedizinischen Gesundheits*versorgung*, (ii) der *Inanspruchnahme* zahnmedizinischer Versorgungsstrukturen und (iii) der zahnmedizinischen Gesundheits*ausgaben* in Österreich.

Zahnmedizinische Versorgung in Österreich

In Österreich ist ein Anspruch auf (zahn)medizinische Versorgung[221] gemeinhin an die Zugehörigkeit zu einer Krankenversicherung bzw. einem Krankenfonds geknüpft. Die Versicherung selbst kann dabei durch einen öffentlich-rechtlichen Versicherungsträger und/oder mittels privater Zusatzversicherung erfolgen. Ist das betroffene Individuum innerhalb des öffentlich-rechtlichen Systems versichert – es besteht insbesondere für Arbeitnehmer generell Versicherungspflicht[222] – so kann (unter Vorlage der im System integrierten E-Card) bei Vertragsärzten und/oder Institutionen, die in einem entsprechenden Vertragsverhältnis mit dem jeweiligen Sozialversicherungsträger stehen, eine Reihe von *zahnmedizinischen Kassenleistungen* kostenlos oder gegen einen geringen Kostenbeitrag in Anspruch genommen werden. Circa 99% der österreichischen Bevölkerung wird innerhalb des Systems der Versicherungspflicht durch Sozialversicherungsträger abgedeckt [Kravitz und Treasure (2008), 57].

---

220 Hiermit sind erneut die Zahnmärkte in Österreich und Ungarn gemeint.
221 Für von Versicherungsträgern gedeckte zahnmedizinische Dienstleistungen.
222 Besteht keine gesetzliche Versicherungspflicht, so ist eine freiwillige Versicherung bei einem passenden Sozialversicherungsträger möglich. Mitversicherte und Pensionisten fallen ebenfalls unter den Versicherungsschutz der Sozialversicherungsträger.

Kassenleistungen

Die *zahnmedizinischen Kassenleistungen* des öffentlich-rechtlichen Systems der Pflichtversicherung umfassen neben einer Liste an *konservierend-chirurgischen Zahnbehandlungen* und *Zahnersatz* auch *kieferorthopädische Leistungen*. Hierbei ist zu bedenken, dass das Ausmaß der angebotenen Leistungen bzw. der Kostenerstattungen und Kostenzuschüsse je nach Versicherungsträger variieren können.

Konservierend-chirurgische Zahnbehandlungen werden – sofern vom jeweiligen Träger als Kassenleistung gehandelt – bei Vorlage der *E-Card* direkt mit dem jeweiligen Sozialversicherungsträger abgerechnet223. Für den Patienten fallen dann entweder keine Kosten an [siehe z.b. WGKK (2009)] oder der Patient hat einen Behandlungsbeitrag von bis zu 20% der tarifmäßigen Kosten zu übernehmen [siehe z.B. BVA (2009)]. Steht der zahnmedizinische Dienstleistungserbringer in keinem Vertragsverhältnis mit der zuständigen Krankenkasse – handelt es sich also um einen Wahlzahnarzt – so werden dem Patienten, sofern es sich bei der nachgefragten Dienstleistung um eine Kassenleistung handelt, die tarifmäßigen Kosten rückerstattet.

Im Hinblick auf den Leistungspunkt „Zahnersatz" übernehmen Krankenkassen nur Dienstleistungen der Kategorie *„abnehmbarer Zahnersatz"* und *prothetische Zahnbehandlungen*. Als Grundsatz für die Übernahme der Kosten durch den Versicherungsträger gilt hierbei die Notwendigkeit zur Beseitigung oder Verhinderung einer Gesundheitsstörung für den Patienten. Je nach benötigter Leistung bedarf es einer vorherigen Autorisierung durch den zuständigen Versicherungsträger. Dienstleistungen der Kategorie *„festsitzender Zahnersatz"* – wie z.B. Kronen, Brücken, Stiftaufbauten und Implantate – werden in der Regel nicht als Kassenleistung eingestuft und müssen vom Patienten (falls keine private Zusatzversicherung vorliegt) zur Gänze übernommen werden. Lediglich in medizinisch-bedingten Ausnahmefällen (z.B. für Patienten mit Lippen-Kiefer-Gaumenspalten) kann es zur Gewährung von Zuschüssen kommen [siehe z.B. OÖGKK (2009)]. Für kieferorthopädische Interventionen224, sofern sie vom Patienten nicht nur aus schönheitskosmetischen Gründen beansprucht werden, erhalten Patienten generell bis zu 50% der Kosten225.

Laut Hauptverband (2009) standen zum 31.12.2007 rund 78% der freiberuflichen Zahnärzte in einem Vertragsverhältnis mit zumindest einem der öffentlich-rechtlichen Krankenversiche-

---

223 Sofern der entsprechende Dienstleistungserbringer in einem Vertragsverhältnis mit dem jeweiligen Träger steht.
224 Hierbei handelt es sich primär um Kieferregulierungen.
225 Als Ausnahme sei hier z.b. die BVA zu nennen, die für abnehmbare Kieferregulierungen bei gerechtfertigem Anspruch bis zu 80% der Kosten übernimmt [BVA (2009)].

rungsträger. Zahnärzte können in diesem Zusammenhang Kassenverträge mit mehr als einem Versicherungsträger abschließen. Gegenstand der vertragsärztlichen Tätigkeit sind dabei die in der *Honorarordnung für Vertragszahnärzte* vorgesehenen Leistungen, sofern es sich nicht um genehmigungspflichtige Leistungen handelt, denen die Zustimmung des zuständigen Versicherungsträgers versagt bleibt [Hauptverband (2009)]. Das leistungsspezifische Honorar der Vertragszahnärzte wird jährlich durch Verhandlungen zwischen der Österreichischen Zahnärztekammer bzw. den jeweiligen regionalen Zahnärztekammern und dem Hauptverband der österreichischen Sozialversicherungsträger ermittelt.

Privatleistungen

Als *zahnmedizinische Privatleistungen* gelten – analog zur Definition in Abschnitt 2.2.2. – jene Leistungen, für die (i) der Patient zur Gänze selbst aufkommen muss oder die (ii) mittels privater Zusatzversicherung finanziert werden. Im österreichischen zahnmedizinischen Markt unterliegen Privatleistungen keiner preislichen Regulierung, womit der jeweilige leistungserbringende Zahnarzt das Honorar festlegen kann. Jedoch publiziert die österreichische Zahnärztekammer eine Liste *empfohlener Preise*, die für jene *Leistungen* (der Fachärzte für Zahn-, Mund- und Kieferheilkunde, Zahnärzte und Dentisten) Anwendung findet, *„die nicht im Rahmen eines Vertragsverhältnisses im Sinne der bestehenden Gesamtverträge mit den Sozialversicherungsträgern und den Trägern der Krankenfürsorge als Vertragsleistung erbracht werden"* [§1 AHR, *Autonome Honorarrichtlinien* (2009)]. Gemäß Kravitz und Treasure (2008, 58) nehmen rund 5% der österreichischen Bevölkerung private Zusatzversicherungen zur Deckung zahnmedizinischer Kosten in Anspruch.

Qualitätssicherung

Die Festlegung der Qualitätsstandards, insbesondere die Evaluierung erbrachter Leistungen, fällt in die Zuständigkeit der österreichischen Zahnärztekammer. Die in diesem Zusammenhang zu nennende Qualitätssicherungsverordnung der österreichischen Zahnärztekammer trat mit 30.1.2008, nach entsprechender Genehmigung des Bundesministeriums für Gesundheit, Jugend und Familie und gemäß §22 Zahnärztegesetz (ZÄG)226 und §54 Zahnärztekammergesetz227, in Kraft [ÖZAK-QSV (2007)]. Aufgabe der österreichischen Zahnärztekammer ist dabei unter anderem die Implementierung einer ersten landesweiten Evaluierungsrunde bis zum Ablauf des 31.12.2009 [siehe hierzu insbesondere §22 (2) ZÄG].

---

226 BGBl I Nr. 126/2005, in der Fassung des Bundesgesetzes BGBl. I Nr. 80/2006.
227 BGBl I Nr. 154/2005, in der Fassung des Bundesgesetzes BGBl. I Nr. 80/2006

Anzahl landesweit praktizierender Zahnärzte

Wie aus Abbildung 25 ersichtlich wird, verzeichnet der österreichische Dentalmarkt in den letzten Jahrzehnten einen stetigen Zuwachs an registrierten Zahnärzten. Insbesondere seit Beginn der 1980er Jahre lässt sich ein deutlicher Anstieg des Zahnarztbestandes erkennen. Für das im Zuge der weiteren Arbeit wichtige Referenzjahr 2006 praktizierten gemäß Statistik Austria (2009) und österreichischer Zahnärztekammer (2009) bereits 4.467 Zahnärzte innerhalb Österreichs228. Zum 1.4.2009 führte die österreichische Zahnärztekammer einen Mitgliedsstand von 4.569 Zahnärzten, wobei landesweit 3.750 niedergelassene Zahnärzte (82%), 501 angestellte Zahnärzte (11%) und 318 Wohnsitzzahnärzte (7%) registriert wurden [Österreichische Zahnärztekammer (2009)].

Abbildung 25: Anzahl registrierter Zahnärzte in Österreich (1960-2009).

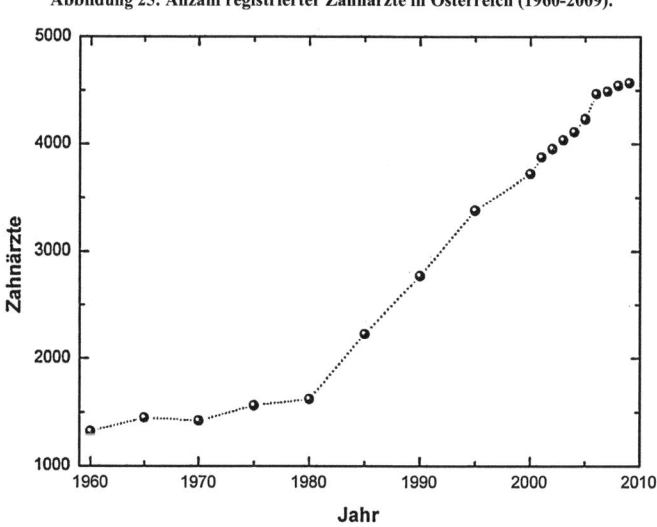

Quelle: Österreichische Zahnärztekammer (2009), STATISTIK AUSTRIA (2009), Eigene Darstellung

Was die grenzüberschreitende Migration dentaler Leistungserbringer betrifft, so lässt sich laut Kravitz und Treasure (2008, 57) kein Abwandern von österreichischen Zahnärzten ins Ausland nachweisen. Hingegen verweisen die Autoren auf einen signifikanten Zustrom ausländischer Zahnärzte – insbesondere aus Deutschland und den angrenzenden osteuropäischen Staaten – nach Österreich.

---

228 Dies entspricht *de facto* einer *Verdreifachung* des registrierten Zahnarztbestandes seit den 1980er Jahren.

Zahnärzte nach Region und Bevölkerungszahl

Wie in Tabelle 1 dargestellt, entfielen per 1.12.2006 mit 1.309 registrierten Mitgliedern allein 29% der von der österreichischen Zahnärztekammer erfassten Zahnärzte auf die Bundeshauptstadt Wien. Dahinter folgten die Bundesländer Niederösterreich (677 Zahnärzte), Oberösterreich (600) und Steiermark (587). In den restlichen fünf Bundesländern waren in Summe (1.294) weniger Zahnärzte registriert, als in der Bundeshauptstadt allein. Bei diesem regionalen Vergleich der Absolutwerte für das Jahr 2006 deuten sich bereits erste heterogene Verteilungsmuster an, wobei insbesondere die dominante Rolle Wiens sichtbar wird.

Tabelle 1: Erfasste Zahnärzte nach Bundesland, 2006.

Bundesland	niedergelassen	angestellt	Wohnsitz	Anzahl
Burgenland	91	2	4	97
Kärnten	253	23	9	285
Niederösterreich	586	32	59	677
Oberösterreich	499	86	15	600
Salzburg	277	32	7	316
Steiermark	501	60	26	587
Tirol	363	36	15	414
Vorarlberg	154	27	1	182
Wien	965	192	152	1309
Gesamt	3689	490	288	4467

Quelle: Österreichische Zahnärztekammer (2009)

Die heterogenen Versorgungsstrukturen innerhalb der geopolitischen Landschaft Österreichs zeigen sich aber insbesondere beim Versuch, die Zahl der erfassten Zahnärzte in Relation zur Bevölkerungszahl zu setzen. Die Graphik 26 bildet das entsprechende Resultat ab. Hierbei zeigt sich, dass die Bundeshauptstadt auch in relativen Zahlen die höchste strukturelle Versorgungsintensität aufweist. Mit einer Zahnarztdichte von 1.266 Einwohnern je Zahnarzt setzt sich die Bundeshauptstadt deutlich von den nachfolgenden Bundesländern Salzburg (1.673 Einwohner je Zahnarzt), Tirol (1.687 Einwohner je Zahnarzt) oder Kärnten (1.967 Einwohner je Zahnarzt) ab. Die weiteren Bundesländer Vorarlberg (2.001 Einwohner je Zahnarzt), Steiermark (2.049 Einwohner je Zahnarzt), Oberösterreich (2.340 Einwohner je Zahnarzt) und Niederösterreich (2.342 Einwohner je Zahnarzt) verzeichnen bereits ein *„Zahnarzt zu Patienten"* -Verhältnis von über 1:2000. Besonders interessant ist jedoch der Umstand, dass das Bundesland Burgenland, welches unmittelbar an das ungarische Territorium grenzt, mit Abstand die geringste Zahnarztdichte aufweist (2.885 Einwohner je Zahnarzt).

Abbildung 26: Einwohner je Zahnarzt in Österreich (nach Bundesländer), 2006.

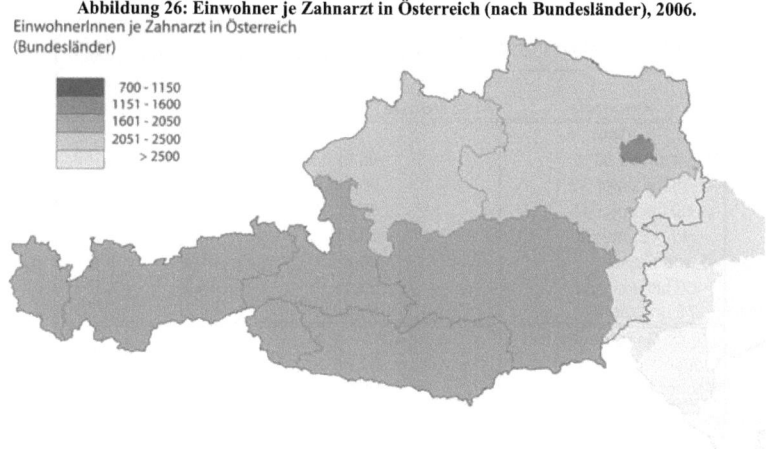

Quelle: STATISTIK AUSTRIA (2009), Eigene Darstellung

Sowohl in absoluten wie auch in relativen Zahlen ausgedrückt lässt sich also festhalten, dass das österreichische Grenzgebiet zu Ungarn (in Abbildung 26. sind die westlichen Regionen Ungarns mit geringerem Kontrast angedeutet) im Regionalvergleich *die niedrigste Versorgungsdichte mit zahnmedizinischen Leistungserbringern* aufweist.

Inanspruchnahme zahnmedizinischer Versorgungsstrukturen

Die im Zeitraum 2006/2007[229] durch die Statistik Austria im Auftrag des Bundesministeriums für Gesundheit, Familie und Jugend durchgeführte *Gesundheitsbefragung 2006/2007* enthält wesentliche Informationen über die Inanspruchnahme zahnmedizinischer Versorgungsstrukturen in Österreich. Gemäß Statistik Austria (2007, 234) gaben 60,4% der Befragten[230] an, in den letzten zwölf Monaten die Dienste eines Zahnarztes in Anspruch genommen zu haben (siehe Tabelle 2). In der Alterskategorie der 15- bis 60-jährigen beläuft sich der entsprechende Anteil im Durchschnitt auf 65,9%, im Pensionsalter sinkt er auf 44,8%[231]. Wie aus Tabelle 2 weiter ersichtlich ist, frequentieren Frauen (61,8%) Zahnarztpraxen geringfügig öfter als Männer (58,9%).

---

[229] Gemäß Statistik Austria (2007, 49) fand die Erhebung in den Referenzwochen 12 bis 52 für das Jahr 2006 und 1 bis 9 für das Jahr 2007 statt.
[230] Die Stichprobe inkludiert Befragte ab einem Alter von 15 Jahren. Die Bruttostichprobengröße inkludiert 25.130 Personen [Statistik Austria (2007), 49].
[231] Wobei mit steigendem Alter die Inanspruchnahme zu sinken scheint.

Tabelle 2: Ambulante Behandlung durch Zahnärzte nach Alter und Geschlecht, in Österreich (2006/2007).

Kategorie	Letzter Zahnarztbesuch		Insgesamt
	< 12 Monate (%)	> 12 od. nie (%)	Bevölkerung in 1.000
Alter			
15 bis unter 60	65,9	34,1	5.169,0
15 bis unter 30	66,2	33,8	1.545,5
30 bis unter 45	67,6	32,4	1.957,7
45 bis unter 60	63,7	36,3	1.665,7
60 und mehr	44,8	55,2	1.822,9
60 bis unter 75	52,1	47,9	1.172,6
75 und mehr	31,8	68,2	650,3
Geschlecht			
Frauen	61,8	38,2	3.624,3
Männer	58,9	41,1	3.367,6
Gesamt	**60,4%**	**39,6%**	**6.991,6**

Quelle: STATISTIK AUSTRIA (2007, 234)

Nach Bundesländern aufgeschlüsselt, zeigt sich, dass Salzburg das höchste Frequentierungsniveau (69,2%) aufweist, während in der Bundeshauptstadt Wien Zahnärzte relativ gesehen am seltensten (53,8%) aufgesucht wurden. Die Grenzregion Burgenland, die gemäß Abbildung 26 die geringste Zahnarztdichte zu verbuchen hat, liegt hingegen im landesweiten Durchschnitt (60,6%).

Tabelle 3: Ambulante Behandlung durch Zahnärzte nach Bundesland, 2006/2007.

Bundesland	Letzter Zahnarztbesuch		Insgesamt
	< 12 Monate (%)	> 12 od. nie (%)	Bevölkerung in 1.000
Burgenland	60,6	39,4	240,8
Kärnten	59,5	40,5	475,5
Niederösterreich	60,5	39,5	1.335,9
Oberösterreich	64,8	35,2	1.171,1
Salzburg	69,2	30,8	442,1
Steiermark	55,5	44,5	1.026,2
Tirol	66,5	33,5	582,1
Vorarlberg	67,8	32,2	298,6
Wien	53,8	46,2	1.419,6
Gesamt	**60,4%**	**39,6%**	**6.991,6**

Quelle: STATISTIK AUSTRIA (2007, 234)

Die durchschnittliche Anzahl der Zahnarztbesuche betrug für die *Gesundheitsbefragung 2006/2007* 1,4 pro interviewten Einwohner. Als Hauptgrund für den letzten Zahnarztbesuch gaben die Interviewpartner primär die Kategorie „Kontrolluntersuchung" an (51,8% der Befragten), gefolgt von „Schmerzen oder Beschwerden" (21,8%), „*Behandlung nach Kontroll-*

untersuchung" (11,7%), *„Zahnprothese"* (4,8%), *„Fortsetzung einer Behandlung"* (4,6%) und Mundhygiene (3,5%) [Statistik Austria (2007), 235].

Die *Gesundheitsbefragung 2006/2007* enthält auch Angaben zu im Ausland in Anspruch genommenen Gesundheitsdienstleistungen. Hierbei zeigt sich, dass gemäß Statistik Austria (2007, 240) an die 226.700 Österreicher für medizinische Dienstleistungen während des Referenzzeitraums ins Ausland migriert sind, wobei in 35,3% der Fälle (ca. 80.025 Personen) zahnmedizinische Leistungen in Anspruch genommen wurden. Immerhin 59% der befragten Burgenländer, die aus medizinischen Gründen die nationalen Grenzen überschritten, taten dies um zahnmedizinisch versorgt zu werden. In der Bundeshauptstadt Wien beläuft sich der angegebene Anteil auf lediglich 22,2% [Statistik Austria (2007), 240].

Zahnmedizinische Ausgaben in Österreich

Die laut „System of Health Accounts" (OECD) von der Statistik Austria durchgeführte Berechnung der laufenden Gesundheitsausgaben nach Leistungserbringer und Finanzierungsquelle in Österreich für das Jahr 2006, ergibt folgende Werte für den *zahnmedizinischen Sektor* (siehe Tabelle 4):

Tabelle 4: Zahnmedizinische Gesamtausgaben in Zahnarztpraxen (HP. 3.2)

Bezeichnung	Code	Ausgaben
Öffentlicher Sektor	**HF.1**	**703**
Staatlich (ohne Sozialversicherung)	HF.1.1.	26
Sozialversicherung	HF.1.2.	677
Privater Sektor	**HF.2**	**512**
Private Sozialversicherung	HF.2.1.	0
Private Versicherungsunternehmen	HF.2.2.	46
Privathaushaltsausgaben	HF.2.3.	466
Non-Profit Einrichtungen (ohne SV)	HF.2.4.	0
Körperschaften (ohne KV)	HF.2.5.	0
Übrige Welt	**HF.3.**	**0**
Gesamtausgaben		**1.215**

Quelle: STATISTIK AUSTRIA (2009)

Für den zahnmedizinischen Bereich (HP.3.2)[232] wurden insgesamt € 1.215 Millionen aufgewendet, wobei € 703 Millionen (57,9%) vom öffentlichen Sektor und € 512 Millionen

---

[232] Die Kategorisierung entspricht der ICHA-HP Klassifikation des „System of Health Accounts" der OECD [siehe insbesondere OECD (2000), 135-148]. Dies inkludiert folgende Leistungserbringer [OECD (2000), 141-142]: *"This item comprises establishments of health practitioners holding the degree of Doctor of dental medicine or a qualification at a corresponding level (ISCO-88 fourth degree level), primarily engaged in the independent practice of general or specialised dentistry or dental surgery. These practitioners operate private or group practices in their own offices (e.g., centres, clinics) or in the facilities of others, such as hospitals or HMO medical centres. They can provide either comprehensive preventive, cosmetic, or emergency*

(42,1%) vom privaten Sektor übernommen wurden. Die gemäß ICHA-HF Klassifikation gegliederten Sektoren ließen 4,9% der laufenden gesamten Gesundheitsausgaben für 2006 dem (niedergelassenen) zahnmedizinischen Gesundheitsmarkt in Österreich zukommen. Mit € 677 Millionen (55,7%) konnte das öffentliche System der Sozialversicherungsträger dabei als wichtigste Finanzierungsquelle identifiziert werden. Die unmittelbaren Privatausgaben der Haushalte („Out-of-Pocket-Payments") beliefen sich auf € 466 Millionen (38,4%), jene der privaten Zusatzversicherungen auf € 46 Millionen (3,8%).

Preisniveau für zahnmedizinische Dienstleistungen in Österreich

Das Preisniveau zahnmedizinischer Dienstleistungen kann – wie bereits in Abschnitt 2.3 besprochen – ein wesentliches Migrationsmotiv sein. Je nach der rechtlichen Natur der Leistung (Kassenleistung oder Privatleistung) und dem eventuellen Vorhandensein einer privaten Zusatzversicherung ergeben sich nun unterschiedliche monetäre Belastungsmuster für zahnmedizinische Patienten in Österreich.

Tabelle 5: Preisniveau für zahnmed. Privatleistungen in Österreich (EURO).

Behandlung	Autonome Honorarrichtlinien 2008/2009	
	EURO	
	Richtwert	angemessene Bandbreite*
Beratung	47	37 bis 62
Taschenabtragung	74	59 bis 96
Panorama-Röntgen	68	54 bis 69
operative Zahnentfernung	145	116 bis 189
Extraktion (inkl. Anästhesie)	36	28 bis 47
VMK- Standardkrone	535	430 bis 700
Kunststoff- Mantelkrone	518	414 bis 674
Vollkeramikkrone	820	656 bis 1066
Teleskop-Krone (Vollguss)	818	654 bis 1064
Totale Prothese	1.089	871 bis 1416
Zahn, Klammer (je Einheit)	43	34 bis 56

* (-20%;+30%) gemäß §5 AHR

Quelle: Österreichische Zahnärztekammer (2009a).

Tabelle 5 befasst sich mit der Darstellung verfügbarer Daten zum Preisniveau ausgewählter zahnmedizinischer Leistungen gemäß den Richtwerten der Autonomen Honorarrichtlinien (AHR) 2008/2009 [Österreichische Zahnärztekammer (2009a)]. Hierbei zeigt sich, dass der angemessene Preis beispielsweise für eine VMK-Standardkrone im Bereich von €430 bis

---

care, or specialise in a single field of dentistry." Nicht inkludiert werden beispielsweise jene Leistungen, die von Zahnlaboratorien erbracht werden.

€700 anzusiedeln ist – jener für Vollkeramikkronen hingegen bei €656 bis €1066 liegt233. Obermaier (2009) und Konsument (2005) führen vergleichbare Preisniveaus an, die sich – für die meisten zahnmedizinischen Leistungen – im Wesentlichen innerhalb der in Tabelle 5.5 verwendeten Bandbreite befinden.

5.3.2. Zahnmedizinische Kennzahlen in Ungarn

Der zweite Teil der vorliegenden überblickenden Systemanalyse beschäftigt sich mit der Ermittlung von primären Kennzahlen zum zahnmedizinischen Markt in Ungarn. Analog zur Systemanalyse in Österreich werden dabei zunächst einige einführende Kommentare zur zahnmedizinischen Versorgung in Ungarn gemacht. Wichtigstes Teilziel ist jedoch die Darstellung von Hinweisen zur Existenz dentaler Cluster innerhalb des ungarischen Staatsgebietes.

Zahnmedizinische Versorgung in Ungarn

Auch in Ungarn ist der Anspruch auf (zahn)medizinische Versorgung an den Status als Versicherter geknüpft. Als versichert gelten jene Personen, die entweder eine Wirtschaftstätigkeit ausüben oder von staatlicher Seite als Versicherte (z.B. Angehörige der Kirche) gehandelt werden. Ansprüche auf Sachleistungen des Gesundheitssystems haben zudem Bezieher von Sozialleistungen und Minderjährige. Die *nationale Krankenversicherungskasse* (*Országos Egészségbiztosítási Pénztár*) ist in diesem Zusammenhang für die Deckung der Versicherten zuständig [Obermaier (2009), 5].

Kassenleistungen

Zahnmedizinische **Kassenleistungen** können generell von Zahnärzten, die in einem Vertragsverhältnis mit der nationalen Krankenversicherungskasse stehen, oder von privaten Leistungsanbietern erbracht werden. Gemäß Kravitz und Treasure (2008, 180) waren im Jahr 2008 an die 8 Millionen Patientenvisiten innerhalb des öffentlichen System registriert worden, wobei Schätzungen davon ausgehen, dass jährlich 50% der versicherten Bevölkerung einen Zahnarzt aufsuchen.

---

233 Gemäß §5 AHR (Kommentar) betrachtet die Österreichische Zahnärztekammer eine 20%ige Unter- bzw. 30%ige Überschreitung der Richtwerte als angemessen für durchschnittliche Leistungen im Sinne der *Autonomen Honorarrichtlinien*.

Dringende Kassenleistungen wie akute Versorgungen, Untersuchungen, Diagnosen oder Extraktionen sowie bestimmte konservierende Leistungen stehen Versicherten aller Altersgruppen prinzipiell kostenlos zur Verfügung. Für alle weiteren Leistungen müssen Berufstätige im Alter von 19-60 Jahren für 100% der dentalen und technischen Kosten aufkommen, wobei von Seiten der ungarischen Ärztekammer lediglich Preisempfehlungen vorliegen. Unter 18- und über 60-jährige werden im Falle von Kassenleistungen im Allgemeinen kostenlos behandelt, sie haben gegebenenfalls jedoch Zuzahlungen zu leisten [Kravitz und Treasure (2008), 180].

Privatleistungen

Technische Arbeiten wie Kronen, Implantate und Brücken oder komplexe bzw. schönheitschirurgische Eingriffe müssen in jedem Fall vom Patienten selbständig übernommen werden und sind hiermit – analog zu unserer Definition in Abschnitt 2.2.2. – den Privatleistungen zuzuordnen. Im Allgemeinen sind Privatleistungen in Ungarn keinerlei Preisregulierung unterworfen. Was die Anzahl an potentiellen zahnmedizinischen Patienten mit privaten Zusatzversicherungen betrifft, so ist deren Zahl mit ca. 160.000 zusatzversicherten Personen als relativ gering anzusehen [siehe hierfür Kravitz und Treasure (2008), 180]. Kravitz und Treasure (2008, 180) geben des Weiteren an, dass circa 30% der praktizierenden Zahnärzte ausnahmslos im privaten Sektor tätig sind und von den restlichen 70% einige Zahnärzte zumindest in Teilzeit private zahnmedizinische Behandlungen anbieten.

Qualitätssicherung

Dentale Leistungserbringer, die in einem Vertragsverhältnis mit der nationalen Krankenversicherungskasse stehen, unterliegen einer qualitativen Kontrolle [Kravitz und Treasure (2008), 180]. Für jene Zahnärzte, die außerhalb des öffentlichen Systems tätig sind, sind keine Qualitätssicherungsmechanismen bekannt.

Anzahl praktizierender Zahnärzte (landesweit und nach Region)

Laut Angaben der WHO waren im Jahr 2006 4.997 Zahnärzte am ungarischen Dentalmarkt tätig [WHO - Statistical Information System (2009)]. Für 2008 melden Kravitz und Treasure (2008, 183) circa 5.500 registrierte und 4.973 praktizierende Zahnärzte, sodass sich eine zur Bevölkerungszahl relative, nationale Zahnarztdichte von 2.020 Einwohner je Zahnarzt ergibt. Bei Betrachtung der Zahnarztdichte nach Komitaten zeigt sich nach geopolitischen Gesichtspunkten eine deutlich heterogene Verteilungsstruktur (siehe Abbildung 27).

Abbildung 27: Einwohner je Zahnarzt in Ungarn (nach Komitaten), 2006.

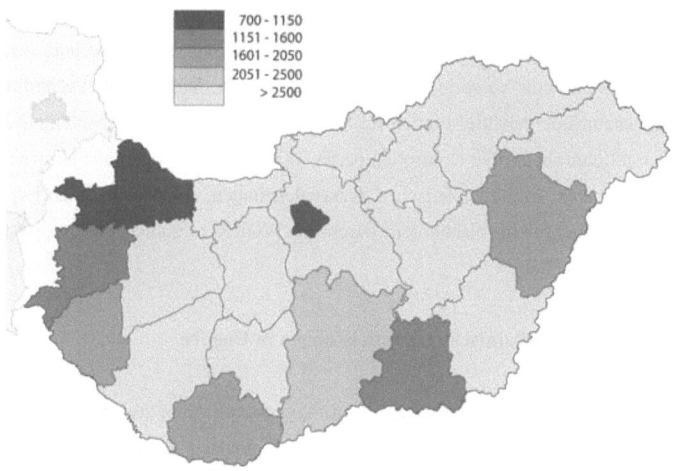

Quelle: Österle, Balazs und Delgado (2009, 246), Eigene Darstellung

Auffallend ist zunächst, dass die Hauptstadt Budapest (768 Einwohner je Zahnarzt) und das Komitat Györ-Moson-Sopron (1.090 Einwohner je Zahnarzt) in Relation zur Bevölkerungszahl landesweit die höchsten Zahnarztdichten für 2006 aufweisen. Die weiteren Komitate verzeichnen eine Zahnarztdichte in einer Bandbreite von 1.324 Einwohner je Zahnarzt (für das Komitat Csongrád) bis hin zu 4.028 Einwohner je Zahnarzt (für das Komitat Szabolcs-S.-B.). Sehen wir von der Hauptstadt Budapest und von jenen Regionen ab an denen Universitäten ansässig sind, so zeigt sich, dass die westliche Grenzregion um Györ-Moson Sopron, Vas (1.479 Einwohner je Zahnarzt) und Zala (1.869 Einwohner je Zahnarzt) eine im Landesvergleich überdurchschnittlich hohe Dichte an dentalen Leistungserbringern zu vermelden hat. Dieser Umstand ist umso interessanter, als genannte Komitate unmittelbar an jene Region in Österreich grenzen, welche die geringste Zahnarztdichte vorweist (in Abbildung 27 ist die Region Burgenland schemenhaft zu erkennen).

Versorgung österreichischer Patienten in Ungarn

Schätzungen der nationalen Krankenversicherungskasse zufolge, werden ca. 99% der österreichischen zahnmedizinischen Patienten, die nach Ungarn migrieren, außerhalb des öffentlichen ungarischen Systems versorgt [Obermaier (2009), 13]. Dies bedeutet allerdings nicht, dass dabei ausnahmslos Privatleistungen im Sinne der Definition von Abschnitt 2.2. konsumiert werden. Stichprobenartige Kontrollen der WGKK234 liefern deutliche Hinweise auf die Inanspruchnahme von zahnmedizinischen Kassenleistungen, die – von ungarischen Leistungsanbietern erbracht – im Nachhinein durch die WGKK refundiert werden [Österle und Delgado (2006), 131-132].

Preisniveau für zahnmedizinische Dienstleistungen in Ungarn

Dem österreichischen Fallbeispiel entsprechend, liegt auch für den ungarischen Zahnmarkt – v.a. im Hinblick auf das Preisniveau dentaler Privatleistungen – wenig bis kaum statistisches Material vor. Im Gegensatz zu österreichischen Anbietern verfolgen ungarische Zahnärzte jedoch eine aktivere Informationsstrategie, sodass Interessenten – z.B. per Internet oder den Printmedien – vielfach Zugang zu aktuellen Preislisten erhalten. Der Konsument (2005) oder Obermaier (2009) stellen auf diesem Wege anekdotische Beispiele für das Preisniveau in Ungarn bereit.

Tabelle 6: Preisniveau für ausgewählte zahnmedizinische Privatleistungen in Ungarn,

Behandlung	Region		
	Györ-Moson-Sopron	Budapest	Zala
	EURO erfasste Bandbreite	EURO erfasste Bandbreite	EURO erfasste Bandbreite
Beratung	kostenlos	0 bis 26	0 bis 10
Füllung	30 bis 70	40 bis 70	keine Erfassung
Panorama-Röntgen	0 bis 40	22 bis 60	20 bis 60
operative Zahnentfernung	80 bis 200	73 bis 150	80 bis 145
Extraktion (inkl. Anästhesie)	20 bis 50	30 bis 50	30 bis 45
Stiftaufbau	30 bis 80	keine Erfassung	50 bis 135
VMK- Standardkrone	150 bis 210	keine Erfassung	160 bis 240
Vollkeramikkrone	220 bis 400	300 bis 320	300
Teleskop-Krone (pr. + sek.)	200 bis 600	keine Erfassung	300 bis 600
Totale Prothese	300 bis 450	350 bis 650	400 bis 680

Quelle235

---

234 Kassenleistungen werden von der Wiener Gebietskrankenkasse nur leistungsspezifisch und nicht nach Leistungsort registriert.
235 Die für Tabelle 5.5. verwendeten Daten entstammen den Angaben folgender Anbieter: Astrodent (www.astrodent.hu); Denis & Focus (www.denisdental.com); KG-Dental (www.k-gdental.hu); Rosengarten Dental (www.rosengarten.hu); C-Dent Klinik in Sopron; Krone Dental (www.kronedental.hu); Swissmed Sopron Zahnklinik (www.swissmedsopron.hu); Hévíz Dental Clicic (www.hevizdentalclinic.hu); Schöne

Mangels offizieller statistischer Quelle erscheint – analog zur Tabelle 5 – eine Erstellung einer Bandbreite für leistungsspezifische Behandlungskosten sinnvoll236. Zu beachten ist an dieser Stelle, dass die in Tabelle 6 angeführten Preise einen indikativen Wert besitzen und nicht auf eine statistisch repräsentative Aussage abzielen. Werden jedoch die in Tabelle 5 und 6 erfassten Bandbreiten gegenübergestellt, so zeigen sich zumindest für technische Arbeiten wie VMK-Standardkronen oder Vollkeramikkronen deutliche Preisunterschiede zwischen den Richtwerten in Österreich und den Preisangeboten ungarischer Zahnärzte. Dies unterstreicht die z.B. von Österle und Delgado (2006, 134) und Obermaier (2009, 20) getätigte Aussage, wonach zwischen beiden Nachbarstaaten ein Preisgefälle für zahnmedizinische Dienstleistungen zu erkennen ist.

5.3.3. Zusammenfassende Kommentare

Zusammenfassend lassen sich für eine Analyse grenzüberschreitender zahnmedizinischer Patientenströme zwischen Österreich und Ungarn folgende Erkenntnisse aus dem Teilkapitel 5.3 gewinnen:

(i) *Heterogene Versorgungsstrukturen*: Gemeinsam sind beiden Nachbarstaaten die starke Heterogenität der regionalen *Zahnarztdichte*. Während der österreichische Zahnmarkt im östlichsten Bundesland die geringste Zahnarztdichte vorzuweisen hat, befinden sich die entsprechenden Werte für die westungarischen Komitate deutlich über dem nationalen Durchschnitt. Es kommt daher gerade an der unmittelbaren Grenze beider Nachbarstaaten zu einem deutlichen Gefälle der relativen Anzahl dentaler Leistungserbringer.

(ii) *Knappe Datenlage*: Auffallend ist des Weiteren auch die knappe Datenlage für beide zahnmedizinische Systeme. Speziell der private Dentalmarkt ist in beiden Staaten statistisch gesehen wenig bis gar nicht erfasst. Insbesondere im privaten Sektor vermutet die nationale Krankenversicherungskasse Ungarns aber den Hauptanteil migrierender Dentalpatienten aus Österreich.

(iii) *Preisgefälle (bei Privatleistungen)*: Wenngleich keine statistisch-repräsentative Bestätigung des Preisunterschieds zwischen österreichischen und ungarischen Anbietern (speziell für

---

Zähne GmbH in Hévíz; Pasarét Dental (www.pasaretdental.hu); Brilliant Smile Dent (www.dentalclinichungary.com) und Fogász (www.fogaszkft.ini.hu).
236 Hierbei gehen wir von der unbedingten Annahme aus, dass die in den jeweiligen Medien angegebenen Preise den tatsächlichen anfallenden Kosten (je Leistungsposten) entsprechen.

Privatleistungen) möglich ist, so bestehen doch starke Hinweise auf die Existenz selbiger Differenz im Preisniveau der beiden zahnmedizinischen Systeme.

5.4. Explorative Phase

Die Erläuterungen des Abschnitts 5.3 haben klar gemacht, dass eine Analyse des Phänomens der zahnmedizinischen Wanderungsbewegungen (am Fallbeispiel Österreich und Ungarn) ohne explizite Berücksichtigung des privaten Sektors höchstens einen Bruchteil des tatsächlichen Patientenstroms erfassen würde. Insbesondere für den privaten Dentalmarkt stellt sich dabei aber die Problematik der repräsentativen Datenerhebung: Welche Motive sind dafür verantwortlich, dass Patienten für Privatleistungen nach Ungarn migrieren? Welche Leistungen werden überhaupt beansprucht? Wo liegen die wichtigsten Migrationsziele (Behandlungsorte)? Selbige Fragen können – wie in Abschnitt 5.1 besprochen – nur über eine direkte Befragung von ungarischen Leistungserbringern (siehe Abschnitt 5.5) und potentiellen Patienten (siehe Kapitel 6) beantwortet werden.

Die – den direkten Befragungen vorangehende – *explorative Phase* hat in diesem Zusammenhang eine unmittelbare Funktion. Es gilt, mittels Aufzeigen von Tendenzen eine Basis für die Erstellung plausibler Behandlungsszenarien der Stated Choice Befragung des sechsten Kapitels zu generieren. Der explorative Block beinhaltet dabei Erkenntnisse aus einer *Kurzbefragung* und eines *Expertenworkshops*, die vom Verfasser im Zuge der Mitarbeit am EU-INTERREG III A – Projekt *Healthregio* im Jahr 2006 analysiert wurden[237]. Der erste Teil (Abschnitt 5.4.1) beschäftigt sich mit (einem Exzerpt aus) der Befragung von zahnmedizinischen Patienten aus Österreich, die von ungarischen Leistungserbringern behandelt wurden. In Teil 2 (Abschnitt 5.4.2) erfolgt eine Besprechung des Phänomens aus der Sicht verschiedener österreichischer Experten. Ein Auszug aus der Befragung der Patienten wurde für die Publikation von Österle und Delgado (2006) verwendet.

5.4.1. Befragung migrierender Patienten

Um das Verhalten von nach Ungarn migrierender zahnmedizinischer Patienten besser abzubilden, wurden *80 individuelle Patienteninterviews* durchgeführt. Der hierbei benutzte Fragebogen war *semi-explorativ* und umfasste 37 sachspezifische und 9 personenspezifische Fragestellungen (für einen Auflistung ausgewählter Indikatoren siehe Abbildung 28). Die Sachfra-

---

[237] Siehe hierfür www.healthregio.net.

gen waren in folgende Themenblöcke unterteilt: (i) Allgemeine Daten, (ii) Versicherung, (iii) Informationsgewinnung, (iv) zahnmedizinische Behandlung in Österreich, (v) Qualität der zahnmedizinischen Behandlung in Ungarn, (vi) strukturelle Eigenschaften, (vii) leistungsspezifische Kosten und (viii) sonstige Kosten. Bei den befragten Personen handelte es sich um Patienten österreichischer Staatsbürgerschaft, die zum Befragungszeitpunkt gerade in Ungarn zahnmedizinisch behandelt wurden oder in den vorangegangenen 10 Jahren behandelt worden sind. Die Befragung selbst fand von Jänner bis April 2006 statt.

Abbildung 28: Befragungsindikatoren für migrierende zahnmed. Patienten in Österreich.

Sachspezifische Indikatoren (Auswahl)			
Allgemein	Versicherung	Information	Zahnarzt
– Motiv	– Krankenkasse	– Inf.quelle	– in Österreich
– Behandlungsort	– Refundierung	– Zugang	– Praxis
– Zeitpunkt	– Zusatzvers.		– Motiv
Qualität	Kosten	Struktur	Transport/ Reise
– Material	– Behandlung	– Infrastruktur	– Tr.mittel
– Zufriedenheit	– Finanzierung	– Mitarbeiter	– Aufenthalt
– Vergleich	– Geldbetrag		– Frequenz

Sozioökonomische Indikatoren		
– Geburtsdatum	– Ausbildung I	– Haushalt
– Geschlecht	– Ausbildung II	– Haushaltseinkommen
– Hauptwohnsitz	– Familienstand	– Hauptverdiener

Quelle: Eigene Darstellung

Folgende Tendenzen sind aus der Studie erkennbar:

- *Migrationsauslöser*. Wichtigster Auslöser für die Migrationsbewegung einer Mehrheit der befragten Patienten waren *finanzielle Motive* (in 86% der Fälle). Als zusätzliche, sekundäre Beweggründe lassen sich die *relativ kurze Distanz zu ungarischen Leistungserbringern*, Empfehlungen durch Verwandte oder Bekannte und gute Servicequalität (insbesondere freundliche Bedienung und geringere Wartezeiten) anführen [Österle und Delgado (2006), 132-133].

- *Migrationsziele*: Die zahnmedizinischen Behandlungen wurden primär in der Stadt Sopron im Komitat Győr-Moson-Sopron durchgeführt (48% der Fälle). Weitere beliebte Ziele der Migrationsbewegungen waren die Ortschaften Mosonmagyaróvár und Győr (beide im Komitat Győr-Moson-Sopron), Szombathely (Komitat Vas) und die Hauptstadt Budapest [Österle und Delgado (2006), 133]. Zusätzlich dazu wurden u.a.

Szentpéterfa (Komitat Vas), Hegyeshalom und Fertöd (beide im Komitat Györ-Moson-Sopron) als Behandlungsort erwähnt.

- *Informationsgewinnung*: 85% der befragten Patienten gaben an, über Verwandte oder Bekannte von den in Anspruch genommen zahnmedizinischen Behandlungsalternativen in Ungarn erfahren zu haben. Dem Faktor der Mundpropaganda kam gemäß einer Mehrheit der Patienten eine wesentliche Rolle bei der Behandlungsentscheidung zu. Die österreichischen Printmedien und das Internet wurden als weitere wichtige Informationsquellen bezeichnet [siehe hierzu auch Österle und Delgado (2006), 133].

- *Preisniveau und Kosten*: Mehr als die Hälfte der interviewten Personen gaben an, dass das von ihnen empfundene Preisniveau für zahnmedizinische Dienstleistungen in Ungarn 30-50% des österreichischen Niveaus ausmacht. Für 10% der Befragten befanden sich beide zahnmedizinische Systeme in einer ähnlichen Preiskategorie. Die Kosten der Behandlung wurden in 80% der Fälle zur Gänze privat übernommen, bei knapp 10% der Interviewten übernahm die jeweilige Versicherungsanstalt die leistungsspezifischen Ausgaben. Die restlichen Patienten erhielten eine geringe Refundierung.

- *Qualität*: Bei diesem Indikator stand eine Besprechung des empfundenen Qualitätsniveaus[238] für in Ungarn in Anspruch genommene zahnmedizinische Dienstleistungen im Mittelpunkt. 23% der Patienten schätzen die in Ungarn erhalten Leistungen qualitativ höher als jene in Österreich ein, 63% empfinden das Qualitätsniveau in beiden Ländern als gleichwertig. Das an dieser Stelle erkennbare, relativ hohe Maß an Zufriedenheit mit ungarischen Dienstleistungserbringern ist laut Angabe der Befragten auf die hohe Servicequalität (insbesondere bei Beratung und Bedienung[239]) zurückzuführen. Die medizinische Qualität der erhaltenen Eingriffe ist bis auf wenige Aspekte (schönheitschirurgische Elemente und Schmerzfreiheit) vom Patienten nicht analysierbar [Österle und Delgado (2006), 134].

5.4.2. Expertenbefragung

Die folgenden Erläuterungen sind ein Auszug aus den Ergebnissen des am *28.11.2005* im Zuge des Healthregio-Projektes in Wien abgehaltenen Expertenworkshops zum Thema „Patientenmobilität in Zentraleuropa" [siehe Burger und Wieland (2006), 149]. Die Aussagen sel-

---

238 Dies inkludiert die empfundene Produkt-, Prozess- und Servicequalität.
239 Zahlreiche Patienten merkten in diesem Zusammenhang die Wichtigkeit geringer Wartezeiten an.

bigen Workshops wurden in Österle (2006) verarbeitet. Für die vorliegende Arbeit gewinnen die im Zuge des Workshops dargebrachten Standpunkte insofern an Wert, als sie die Sichtweise österreichischer Experten zum Thema zahnmedizinische Patientenmobilität nach Ungarn offen legt240. Gemäß den anwesenden Experten sind folgende Motive für die verstärkte zahnmedizinische Patientenmobilität zwischen Österreich und Ungarn verantwortlich [Österle (2006), 151-152]:

- *Die Höhe des Preises*: Signifikante Unterschiede im Preisniveau werden als wesentliches Migrationsmotiv angesehen. So können ungarische Zahnärzte, u.a. bedingt durch ein niedrigeres Lohn- und Preisniveau vielfach billigere Behandlungsszenarien anbieten. Die Experten sehen vor allem im Bereich des festsitzenden Zahnersatzes einen hohen Preisunterschied zwischen Leistungserbringern in Österreich und Ungarn, wenngleich bei konservierenden Eingriffen ungarische Zahnärzte auch teurer als ihre österreichischen Kollegen sein können.

- *Allgemeiner Informationszugang (insbesondere Preistransparenz)*: Es wird unterstellt, dass österreichische Patienten vergleichsweise besser über das Angebot ungarischer Zahnärzte informiert sind als über jenes österreichischer Dienstleistungserbringer. Preislisten und Leistungspakete ungarischer Dentalpraxen können speziell über das Internet oder die Printmedien auf einfache Weise in Erfahrung gebracht werden. Selbiger Informationszugang besteht für das Angebot österreichische Leistungserbringer nicht oder zumindest nicht im gleichen Maße. Des Weiteren wird auch die sehr korrekte Erfassung erfolgter Behandlungen bei ungarischen Zahnärzten als positives Merkmal angeführt.

- *Behandlung des Patienten als Kunde*: Als weiteres Migrationsmotiv nennen die Experten eine stark serviceorientierte Komponente des ungarischen Zahnsektors [Österle (2006), 151]. In diesem Zusammenhang wird auch die sprachliche Flexibilität ungarischer Anbieter erwähnt, da in vielen ungarischen Praxen Deutsch und/oder Englisch gesprochen wird.

- *Zusätzlicher Aufenthalt*: Erwähnung findet auch die Annahme, dass migrierende zahnmedizinische Patienten aus Österreich bei ihren behandlungsbedingten Aufenthalten in Ungarn vielfach auch Dienstleistungen im Wellness-Sektor in Anspruch nehmen, wobei einige ungarische Leistungsanbieter bereits Servicepakete anbieten, die

---

240 Für eine Liste der Teilnehmer des Expertenworkshops siehe Österle (2006, 150).

weit über die eigentliche Behandlung hinausgehen (z.B. Übernächtigungen, Kuraufenthalte usw.).

Neben den erwähnten *Migrationsmotiven* besteht für die Experten des Workshops auch eine Reihe möglicher Hindernisse, welche den Patientenstrom nach Ungarn behindern können. Dies sind insbesondere folgende Faktoren:

- *Bedenken zur Produktqualität*: Aus Sicht der Experten stellt die subjektive Angst der Patienten, eine *geringere Produktqualität als im eigenen Land* zu erhalten das wohl wichtigste Mobilitätshindernis dar. Diese Meinung wird auch von Repräsentanten der Konsumentenvertretung geteilt, da potentiell migrierende Patienten vor allem nach Informationen zu zuverlässigen, qualitativ hochwertigen Leistungserbringern suchen. Auch die Thematik der Regressmöglichkeiten im Schadensfall steht hierbei im Mittelpunkt des patientenseitigen Interesses.

- *Distanz*: Im Hinblick auf die Rolle der geographischen Distanz zwischen Herkunftsort und Behandlungsstätte liegen unterschiedliche Einschätzungen vor. Der Umstand, dass auch Patienten aus der Schweiz und den westlichen Bundesländern aus zahnmedizinischen Aspekten heraus nach Ungarn migrieren, lässt für die Experten prinzipiell auf einen geringeren Einfluss der geographischen Weglänge schließen. Problematisch sind größere Weglängen jedoch beispielsweise dann, wenn ein ungarischer Leistungserbringer (aus Zeitdruck) weniger temporäre Ressourcen für restauratorische Maßnahmen ansetzt. Hierbei kann ein negativer Effekt auf die Produktqualität der geleisteten Behandlungen spürbar werden.

5.4.3. Kommentare

Die Anmerkungen der Abschnitte 5.3 und 5.4.1-5.4.2 stellen – mangels zusätzlicher Parameter – die Rahmenstruktur für die weitere Analyse bereit. Für die in Kapitel 6 Simulation plausibler zahnmedizinischer Entscheidungsszenarien sind daher u.a. folgende Aspekte zu bedenken:

- *Multiple qualitative Ebenen*: Für den migrierenden Patienten besteht der Faktor „Qualität" aus mehreren Bestandteilen. Nebst der unmittelbar behandlungsspezifischen medizinischen Qualität, welche vom entscheidenden Individuum nur über ein Proxy erfassbar ist (insbesondere durch schönheitschirurgische Elemente und Schmerzfreiheit), werden auch technische und serviceorientierte Komponenten vom Patienten wahrgenommen.

- *Bandbreite für Preise*: Abhängig von der Dienstleistung, die in das jeweilige *diskrete Entscheidungsexperiment* aufgenommen wird, ergeben sich unterschiedliche Bandbreiten für das entscheidungsrelevante Preisniveau. Wird beispielsweise die (hypothetische) Inanspruchnahme eines festsitzenden Zahnersatzes (z.B. Krone) untersucht, sollte das entsprechende Element des entscheidungsrelevanten Vektors $\overline{C}_x$ behandlungstypische Ausprägungen vorweisen (im Sinne der Tabellen 5 und 6).

- *Bandbreite für Distanzen*: Auch bezüglich der Ausprägungen des Distanzattributes sind genauere Spezifizierungen vorzunehmen. Abbildung 29 stellt in diesem Zusammenhang die in Abschnitt 5.4.2 genannten Migrationsziele, welche sich primär in den westungarischen Grenzkomitaten Györ-Moson-Sopron, Vas und Zala befinden, dar. Abhängig vom Anfangspunkt und Endpunkt eines zu analysierenden Patientenstroms ergeben sich nun unterschiedliche Referenzpunkte für den Entscheidungsvektor.

Abbildung 29: Genannte Migrationsziele in den westungarischen Komitaten.

Quelle: Eigene Darstellung

Beispielsweise schwanken für den Behandlungsort *Sopron* abhängig vom Startpunkt die möglichen Distanzausprägungen für einen österreichischen Patientenstrom zwischen 5 km (Österreichisch-ungarische Grenze), 70 km (Wien) und 690 km (Vorarlberg)241. Betrachten wir weiters z.b. die österreichisch-ungarische Staatsgrenze als minimalen und Wien als maximalen Referenzpunkt für die in Abbildung 29 dargestellten primären Behandlungsorte242 so ergäbe sich eine Bandbreite von 5 bis 136km für die Wegstrecke zwischen Anfangs- und Endpunkt.

Bevor in *Kapitel 6* aber letztlich – unter Berücksichtigung der soeben genannten Aspekte – Durchführung, Resultat und Analyse des diskreten Entscheidungsexperimentes besprochen werden kann, beschreibt Teilabschnitt 5.5 Ergebnis und Analyse der Datenerhebung am Endpunkt des dentalen Patientenstroms.

5.5. Befragung ungarischer Leistungserbringer

Im folgenden Teilkapitel wird die direkte Befragung dentaler Dienstleistungserbringer in Ungarn präsentiert. Im Sinne der Argumente des Teilabschnittes 5.2 gilt es dabei Informationen über *manifestierte* patientenseitige Entscheidungen zu erheben. Die hierbei in Kooperation mit der *Semmelweis Universität* in Budapest ermittelten Ergebnisse wurden großteils für die Arbeit von Österle, Bálázs und Delgado (2009) verwendet.

5.5.1. Konzeptionelle Aspekte

Wie bereits in Abschnitt 5.3 (Zahnarztdichte) und 5.4 (Migrationsziele der befragten Patienten) besprochen, gibt es starke Indizien für die Existenz zahnmedizinischer Cluster in den westungarischen Komitaten Györ-Moson-Sopron, Vas und Zala sowie in der Hauptstadt Budapest. Aus diesem Grund wurden genannte Regionen als **Ziel- bzw. Referenzgebiet** zur Befragung ungarischer Zahnärzte auserkoren. Die **Referenzgruppe** bestand aus all jenen Zahnärzten, die (i) bei der ungarischen Ärztekammer registriert waren (85,4% der Zahnärzte) und (ii) zum 1.12.2007 im Referenzgebiet praktizierten. Die entsprechenden Zahlen belaufen sich somit auf *655 Zahnärzte* für die westungarische Region und *1.966 Zahnärzte* für Budapest [Österle, Bálázs und Delgado (2009), 427]. Als **Referenzzeitraum** für die Daten wurde das Kalenderjahr 2006 bestimmt.

---

[241] Die angeführten Kilometerangaben entsprechen jener minimalen Weglänge, die ein Patient per Auto bestenfalls zurücklegen müsste um vom Ausgangspunkt zum Endpunkt zu gelangen.
[242] Unter Nichtberücksichtigung der Landeshauptstadt Budapest.

Die Daten zur Erfassung patientenstromspezifischer Merkmale sind mittels *schriftlicher Befragung* erhoben worden. Der Fragebogen wurde – über die ungarische Ärztekammer – direkt an die jeweiligen zahnmedizinischen Leistungserbringer in den Referenzkomitaten geschickt[243] und umfasste 11 mehrheitlich geschlossene Fragen, die in verschiedenen Kategorien eingeteilt waren: Hierzu zählten die Rechtsform der Organisation, das ev. bestehende Vertragsverhältnis zur nationalen ungarischen Krankenversicherungskasse, der Standort der Praxis (Komitat), die Behandlung ausländischer Patienten, die Anzahl und Herkunft der behandelten ausländischen Patienten, die hierbei in Anspruch genommenen Dienstleistungen, mögliche Migrationsmotive ausländischer Patienten sowie die vergangene und zukünftige Entwicklung des Patientenstroms (stets aus der Sicht der Leistungserbringer).

5.5.2. Unmittelbare Ergebnisse

Von den 2.621 ausgesandten Fragebögen wurden 528 – nach Bereinigung des Rücklaufs – zur weiteren Analyse verwendet[244]. Tabelle 7 zeigt die Verteilung der Fragebögen nach Komitaten sowohl für den bereinigten Rücklauf als auch für die Aussendung, wobei letztere gleichsam als Grundgesamtheit fungiert.

Tabelle 7: Bereinigter Rücklauf und Aussendung im Vergleich, nach Komitate.

Komitat	(Ber. Rücklauf)		Aussendung		Δ
	Anzahl	Anteil (%)	Anzahl	Anteil (%)	(%-Punkte)
Györ-Moson-Sopron	83	15.72	365	13.93	1.79
Vas	30	5.68	155	5.91	-0.23
Zala	32	6.06	135	5.15	0.91
Budapest	383	72.54	1966	75.01	-2.47
Gesamt	528	100	2621	100	0

Quelle: Eigene Erhebung

Die Abweichungen der erhaltenen Fragebögen des Rücklaufs von jenen der Aussendung sind relativ gering, lediglich die Landeshauptstadt Budapest ist leicht unterrepräsentiert.

Gemäß Österle, Bálázs und Delgado (2009, 427) stehen in der Hauptstadt 40% der befragten Zahnärzte in einem *Vertragsverhältnis mit der nationalen ungarischen Krankenversicherungskasse*, 60% der Befragten arbeiten ausnahmslos im privaten Sektor. In den westungari-

---
[243] Für eine exemplarische Darstellung des Fragebogens siehe Anhang.
[244] Vor Bereinigung der Daten ergibt sich eine Rücklaufquote von 26,8% für Györ-Moson-Sopron, 22,6% für Vas, 24,4% für Zala und 20,7% für Budapest. Die Bereinigung war besonders im Zusammenhang mit der erfolgten Hochrechnung von zentraler Bedeutung.

schen Komitaten agieren hingegen 50% der Interviewten innerhalb des öffentlichen Systems der Krankenversicherung.

Laut erhaltenen Daten behandeln rund zwei Drittel der westungarischen Zahnärzte *Patienten aus dem Ausland*. Im Komitat Györ-Moson-Sopron geben 42% der Befragten an, dass ausländische Patienten für mehr als 60% des Umsatzes verantwortlich sind. In Budapest hingegen, verzeichnen weniger als 50% der befragten Praxen einen Patientenstrom aus dem Ausland, wobei in den seltensten Fällen mehr als 20% des behandlungsspezifischen Umsatzes auf nichtungarische Patienten zurückzuführen ist [Österle, Bálázs und Delgado (2009), 427].

Auch im Hinblick auf die Herkunft der ausländischen Patienten und deren Verteilung auf die Referenzgebiete sind heterogene Strukturen zu erkennen: Im Falle der westungarischen Grenzkomitate Györ-Moson-Sopron, Vas und Zala sind 83,6% der von den befragten Zahnärzten behandelten Patienten von österreichischer Herkunft (siehe Tabelle 8). Immerhin 8,7% der behandelten Individuen stammen aus der Schweiz, gefolgt von Patienten aus Deutschland (6,2% der Patienten in den Grenzkomitaten). Laut Österle, Bálázs und Delgado (2009, 427) ist dies aus zweierlei Gründen nicht überraschend: Zum einen befindet sich insbesondere Österreich in unmittelbarer Nähe zum westlichen Referenzgebiet (siehe z.B. Abbildung 7), zum anderen erleichtern die ausgeprägten Deutschkenntnisse westungarischer Leistungserbringer die grenzüberschreitenden Patientenströme aus den genannten Herkunftsregionen. Wie in Tabelle 8 weiters ersichtlich wird, sind für die westungarische Grenzregion nur schwache Patientenströme aus dem angloamerikanischen Raum festgestellt worden.

Tabelle 8: Herkunft der in den Referenzkomitaten behandelten ausländischen Patienten

Herkunftsland	% der ausländischen Patienten (gesamt)		Gesamt	% aus dem Herkunftsland	
	Region			Region	
	Budapest	Grenzkomitate		Budapest	Grenzkomitate
Österreich	17,4%	83,6%	67,7%	6,2%	93,8%
Schweiz	11,8%	8,7%	9,4%	30,2%	69,8%
Deutschland	11,8%	6,2%	7,5%	37,9%	62,1%
UK	20,2%	0,2%	5,0%	97,5%	2,5%
Rumänien	11,3%	0,1%	2,7%	99,0%	1,0%
USA	5,3%	0,3%	1,5%	86,2%	13,8%

Quelle: Österle, Bálázs und Delgado (2009, 426)

Eine gänzlich andere Verteilung der Patientenströme zeigt sich für die Hauptstadt Budapest. Mit 20,2% der behandelten Patienten verzeichnet das Vereinigte Königreich den höchsten Faktor, gefolgt von Österreich (17,4%), der Schweiz und Deutschland (je 11,8%) sowie Rumänien (11,3%). 5,3% der ermittelten Patienten stammen aus den Vereinigten Staaten von

Amerika. Der Umstand, dass 93,8% der erfassten österreichischen Patienten im Grenzgebiet behandelt wurden, zeigt wie wichtig die westliche Referenzregion für österreichische Patientenströme im Vergleich zur Hauptstadt ist (6,2% der Fälle). Für angloamerikanische Patienten scheint hingegen Budapest der bevorzugte Behandlungsort zu sein. Für eine Analyse der Patientenströme aus Rumänien müssten weitere Untersuchungen angesetzt werden, da im Zuge der Untersuchung das ostungarische Grenzgebiet nicht abgedeckt wurde.

Die interviewten Zahnärzte wurden auch im Hinblick auf jene zahnmedizinischen Dienstleistungen befragt, die – aus ihrer Sicht – von ausländischen Patienten am Häufigsten in Anspruch genommen werden. Tabelle 9 liefert eine Übersicht der genannten Eingriffe. Dabei zeigt sich, dass auch hier Unterschiede zwischen den Referenzgebieten erkennbar sind. Zwar ist in beiden Regionen der *festsitzende Zahnersatz* (Kronen) die am häufigsten nachgefragte Dienstleistung (95,24% in den Grenzkomitaten bzw. 88,46% in Budapest), doch was die weiteren Behandlungen betrifft, weichen die angegebenen Zahlen voneinander deutlich ab. Insbesondere die Behandlung „abnehmbarer Zahnersatz" wird in der westungarischen Region gemäß den Angaben häufiger nachgefragt (58,73%) als in der Hauptstadt (18,27%).

Tabelle 9: Von ausländ. Patienten beanspruchte dentale Dienstleistungen, 2006.

Dienstleistung	Region	
	Budapest (n=104)	Grenzkomitate (n=63)
Festsitzender Zahnersatz (Krone)	88,46%	95,24%
Füllungen	71,15%	39,68%
Implantate	33,65%	44,44%
Abnehmbarer Zahnersatz	18,27%	58,73%
Wurzelbehandlung	34,62%	12,70%
Behandlung von Parodontopathien	19,23%	11,11%
Zahnextraktion	18,27%	11,11%
Totalprothese	8,65%	22,22%
Orthodontische Behandlung	3,85%	15,90%
Sonstige	2,88%	0%
Mehrfachantworten möglich		
* spez. ästhetische Behandlungen		

Quelle: Österle, Bálázs und Delgado (2009, 428)

Füllungen (39,68% in Westungarn bzw. 71,1% in Budapest), Implantate (44,44% bzw. 33,65%) und Wurzelbehandlungen (12,70% bzw. 34,62%) werden ebenfalls des Öfteren von ausländischen Patienten in Anspruch genommen. Nach möglichen Migrationsmotiven nichtungarischer Patienten befragt, gaben die interviewten Leistungserbringer an, dass aus ihrer Sicht primär die niedrigen Preise als Auslöser für die erkennbaren Patientenströme zu bezeichnen sind (siehe Tabelle 10). Dies gilt für das gesamte Referenzgebiet (95,1% der Befragten in Györ-Moson-Sopron, Vas und Zala bzw. 89,5% der Befragten in Budapest).

Tabelle 10: Primäre Migrationsauslöser aus der Sicht ungarischer Leistungserbringer.

Faktoren	Budapest (n=381)	Grenzkomitate (n=162)
Niedrige Preise	89,5%	95,1%
Besseres Service	53,5%	51,9%
Freundliche Umgebung	29,7%	45,7%
Geographische Nähe	18,9%	24,1%
Bessere Qualität	18,6%	17,3%
* Mehrfachantworten möglich		

Quelle: Österle, Bálázs und Delgado (2009, 428)

Ein besseres Service (51,9% bzw. 53,5%) und eine freundliche Umgebung245 (45,7% bzw. 29,7%) werden ebenfalls als zentrale Migrationsmotive gesehen, wobei letzteres Motiv für die Grenzregion höhere Wichtigkeit zu haben scheint. Nicht überraschend ist für knapp ein Viertel der Zahnärzte in der Grenzregion die geographische Nähe zwischen Ausgangspunkt und Endpunkt des Patientenstroms ein zentrales Motiv. Eine bessere Qualität (dies inkludiert insbesondere die medizinische Qualität) wird im Referenzgebiet von knapp 18% der Befragten als Auslöser angegeben.

5.5.3. Hochrechnung der bereinigten Daten

Bevor Richtwerte für die Patientenströme errechnet werden können, gilt es die Verzerrungen der erhaltenen Stichprobe (bereinigter Rücklauf) gegenüber der Grundgesamtheit (Aussendung) zu korrigieren. Die Abweichung Δ (in %-Punkten) wurde bereits in Tabelle 7 dargestellt. Die Verzerrung kann gemäß Rösch (1994) nun mit Gewichtungsfaktoren bereinigt werden. Der Quotient zwischen bereinigtem Rücklauf und Aussendung (des jeweiligen Komitates) wird hierbei als Gewichtungsfaktor definiert:

(5.1) $$\lambda_{Komitat} = \frac{Aussendung_{Komitat}}{Rücklauf_{Komitat}}$$

Für die Daten aus Tabelle 7 ergeben sich gemäß Formel 5.1 folgende λ-Werte für die Referenzkomitate (siehe Tabelle 11):

---

245 Beide Faktoren gelten als Indikator für die Servicequalität.

Tabelle 11: Gewichtungsfaktoren zwischen bereinigtem Rücklauf und Aussendung.

Komitat	(Ber. Rücklauf) Anzahl	Aussendung Anzahl	Faktor λ
Györ-Moson-Sopron	83	365	4.39759036
Vas	30	155	5.16666667
Zala	32	135	4.21875000
Budapest	383	1966	5.13315927
Gesamt	528	2621	4.96401515

Quelle: Eigene Berechnung

Sämtliche Gewichtungsfaktoren besitzen einen λ-Wert zwischen 4,21 und 5,13. Unter Bezugnahme auf die erhaltenen Daten aus der Erhebung ergeben sich nun folgende *Schätzwerte* für die Patientenströme aus diversen Herkunftsregionen (siehe Tabelle 12): Insgesamt ergibt sich einen Minimalanzahl von 104.038 ausländischen Patienten, die im Referenzgebiet im Jahr 2006 zahnmedizinische Dienstleistungen in Gebrauch genommen haben. Hiervon entfallen 78.983 Patienten auf die westungarische Grenzregion und 25.055 auf die Hauptstadt Budapest [Österle, Bálázs und Delgado (2009), 427]. Mit 70.459 behandelten Personen verzeichnet Österreich allein 68% der erfassten Fälle, wobei 66.094 österreichische Patienten entweder in Györ-Moson-Sopron, Vas oder Zala behandelt worden sind. Die Hauptstadt Budapest weist mit 4.365 behandelten Österreichern einen vergleichsweise kleinen Patientenstrom auf.

Tabelle 12: Schätzwerte für ausgew. Patientenströme (nach Herkunftsgebiet, 2006).

Herkunftsland	Budapest Anzahl	Grenzkomitate Anzahl	Gesamt Anzahl
Österreich	4.365	66.094	70.459
Schweiz	2.946	6.804	9.750
Deutschland	2.968	4.866	7.834
UK	5.063	129	5.193
Rumänien	2.826	27	2.854
USA	1.320	212	1.532
Italien	447	573	1.021

Quelle: Eigene Berechnung

Bedingt durch den Umstand, dass die Datenlage zum ungarischen Dentalmarkt – wenngleich durch die vorliegende Studie ein wenig verbessert – noch immer relativ gering ist, müssen die in Tabelle 12 angegebenen Informationen unbedingt als Schätzwerte betrachtet werden. Folgende Umstände sind in diesem Zusammenhang zu berücksichtigen:

- *Definition der Grundgesamtheit*: Für die angegebene Studie wurde die Datenbank der ungarischen Ärztekammer im Hinblick auf das Referenzgebiet als Grundgesamtheit definiert. Da keine Informationen über jene Zahnarztpraxen erhoben werden können, die sich außerhalb der Erfassung durch die ungarische Ärztekammer befinden, ist hier mit einer höheren Zahl an ausländischen Patienten zu rechnen.

- *Subjektive Angaben*: Trotz Verzerrungskorrektur basieren die angegebenen Werte auf den Antworten der interviewten Zahnärzte. Dabei sind Falschangaben ebenso möglich wie die Nichtbeantwortung des Fragebogens durch Leistungserbringer mit überdurchschnittlich vielen ausländischen Behandlungsfällen.

- *Referenzgebiet*: Als Referenzgebiet wurden (lediglich) das – für österreichische Patientenströme – wichtige westungarische Grenzgebiet und die Hauptstadt Budapest erfasst. Nicht berücksichtigt wurden jene Patienten, die zwecks dentaler Behandlung Zahnärzte in anderen Komitaten aufsuchten.

Zusammenfassend ist somit davon auszugehen, dass die genannten Zahlen – vor allem im Hinblick auf die Patientenströme – als erste Referenzwerte durchaus nützlich sind. Weitere Erhebungen – auch außerhalb unseres Referenzgebiets – sollten ein noch vollständigeres Bild nach Ungarn gelangender, dentaler Patientenströme zeichnen.

5.6. Zusammenfassung

In diesem Kapitel wurde eine datenbasierte Erfassung der zahnmedizinischen Patientenströme zwischen den Nachbarstaaten Österreich und Ungarn thematisiert. Ausgangsbasis war zunächst eine abstrakte Unterteilung grenzüberschreitender Migrationsbewegungen in mögliche Erfassungspunkte. In weiterer Folge wurden – mittels Systemanalyse – die wesentlichen Kennzahlen der dentalen Versorgungssektoren in den beteiligten Ländern besprochen.

Als Vorbereitung (i) zur Befragung von ungarischen Leistungserbringern (Teilabschnitt 5.5) und (ii) zum diskreten Entscheidungsexperiment in Kapitel 6, war es das Ziel des Teilabschnittes 5.4 die Erkenntnisse der im Vorfeld durchgeführten explorativen Befragungen darzustellen.

Teilabschnitt 5.5 befasste sich schließlich mit der Darstellung der Befragung ungarischer Leistungserbringer (Zahnärzte). Diese befanden sich unmittelbar am Endpunkt des zahnmedizinischen Patientenstroms, wodurch wesentliche Erkenntnisse zur Natur der nachgefragten Dienstleistungen gewonnen werden konnten. Zusätzlich erfolgte auch eine Auflistung jener eingehenden transnationalen Patientenströme, welche die Inanspruchnahme zahnmedizinischer Dienstleistung in Ungarn zum Ziel hatten.

An economist is an expert who will know tomorrow why the things he predicted yesterday didn't happen today .
Laurance J. Peter (1919-1988)

6. Hypothetische Präferenzen potentiell migrierender Patienten

6.1. Einleitung

Die in Kapitel 5 besprochenen Daten manifestierter zahnmedizinischer Patientenströme liefern eine wichtige Teildarstellung des in dieser Arbeit analysierten Phänomens. Gemäß der Argumentation des vierten Kapitels – insbesondere der Annahme 4.6, sowie der Teilabschnitte 4.3 und 4.4 – können solcherart erfasste Informationen jedoch nicht direkt die Entscheidungssituation eines potentiell migrierenden zahnmedizinischen Patienten darstellen. Die Erfassung selbiger bedingt eine unmittelbare Analyse hypothetischer Behandlungsszenarien *im Anfangspunkt* des Patientenstroms. Das nun folgende Kapitel befasst sich deshalb mit der Durchführung eines *Stated Preference* Experiments, mit dem Ziel die hypothetischen Präferenzen österreichischer Patienten im Hinblick auf dentale Versorgungsszenarien in Ungarn zu ermitteln.

6.2. Ausgangsbasis des diskreten Entscheidungsexperiments

Den Anmerkungen von Amaya-Amaya et al. (2008, 17-24) folgend, müssen – auf das vorliegende Thema adaptiert – folgende Aspekte bei der Vorbereitung des diskreten Entscheidungsexperimentes berücksichtigt werden:

- *Identifikation der (zahnmedizinischen) Zielgruppe*: Abhängig von individuellen Eigenschaften der potentiellen Patienten können sich heterogene Muster im Entscheidungsverhalten der Individuen ergeben (siehe Funktion 4.20). Gemeinsames Identifikationsmerkmal der potentiellen Mitglieder eines Patientenstroms ist gemäß der vorgebrachten Argumentationslinie beispielsweise der Ausgangspunkt einer Wanderungsbewegung. Dieser beeinflusst unter anderem auch die Ausprägung der fallspezifischen Attribute und deren Levels (z.B. die geographische Distanz vom Anfangs- zum Endpunkt des Patientenstroms).

- *Definition des zu untersuchenden Behandlungsfalls:* Im Sinne der Abbildung 19 führt das durch das *Stated preference Experiment* simulierte bzw. unterstellte zahnmedizinische Bedürfnis zu einer spezifischen Betrachtung des Alternativenraums **A**. Je nach zu untersuchender zahnmedizinischer Dienstleistung kann es deshalb zu unterschiedlichen Interaktionen zwischen potentiellen Patienten und den im Experiment inkludierten hypothetischen Entscheidungssituationen kommen.

- *Bestimmung entscheidungsrelevanter Alternativen*: Hierbei gilt es – abhängig vom Anfangspunkt des Patientenstroms – die Menge der entscheidungsrelevanten Alternativen A_i für den beliebigen Patienten i so zu wählen246, dass (i) plausible Entscheidungsszenarien generiert werden und (ii) gemäß Train (2003, 15-16) *drei Kriterien* erfüllt werden: Diese sind (i) das *gegenseitige Ausschließen von Alternativen* [siehe die Annahmen 4.4.(1-3)], (ii) die *Vollständigkeit des Choice Sets*247 und (iii) die *endliche Abzählbarkeit der entscheidungsrelevanten Alternativen*. Mittels Berücksichtigung der Alternative Opt-out können das zweite und dritte Kriterium vergleichsweise einfach erfüllt werden (siehe auch Abschnitt 4.3).

- *Bestimmung entscheidungsrelevanter Charakteristika und Ausprägungen*: Basierend auf den Vorstudien zum *Discrete Choice* - Experiment muss der – vom Forscher an den potentiellen zahnmedizinischen Patienten übermittelte – Charakteristikavektor $\overline{C}$ (der entscheidungsrelevanten Alternativen) möglichst realitätsnah gestaltet sein248. Analog zu den Annahmen 4.8.(1-2) agiert der Forscher dabei als Sender von simulierten alternativenspezifischen Informationen. Die dem interviewten Individuum im Zuge der Befragung vorgelegten Daten beeinflussen daher – gleichsam als externes Signal – den Erwartungsnutzen der entsprechenden Behandlungsoptionen. Umso sorgfältiger hat der Forscher daher die *informationsspezifische Natur* der im Experiment inkludierten Attribute zu bedenken. Hierbei wird unterstellt, dass vom Analytiker simulierte Signale zu Merkmalen, die der Informationsklasse der Vertrauenscharakteristika zuzuordnen sind, anderes befragungsunmittelbares Gewicht besitzen als beispielsweise Suchcharakteristika249.

---

246 Siehe hierzu auch Abschnitt 4.2.
247 Alle vom Patienten wählbaren Möglichkeiten müssen gegeben sein.
248 Selbiges gilt auch für die Ausprägung der Elemente des Vektors.
249 Die *Simulation behandlungsbedingter Schmerzen* lässt sich – aus der Sicht des befragten Patienten und im Zuge des hypothetischen Entscheidungsexperiments – nur schwer entscheidungsspezifisch gewichten.

In anderen Worten: das in Folge besprochene diskrete Entscheidungsexperiment zielt darauf ab, die Reaktion der interviewten Zielgruppe auf übermittelte Informationen zu simulierten Behandlungsszenarien zu erfassen und zu analysieren.

6.3. Forschungsdesign und Datenerhebung

Nach sorgfältiger Analyse der im Zuge der bisherigen Kapitel dargebrachten Argumente wurden 6 Charakteristika für das Entscheidungsexperiment ausgewählt (siehe Abbildung 30). Diese sind: (i) eine mögliche *Empfehlung* des entsprechenden Zahnarztes durch Familienmitglieder und/oder Freunde, (ii) die mit dem unterstellten Behandlungsfall für den Patienten auftretenden *Kosten*250, (iii) die mit dem Behandlungsfall verbundene *Servicequalität* (dies inkludiert insbesondere das Verhalten des behandelnden Zahnarztes), (iv) die *Entfernung* bzw. Distanz zwischen Herkunftsort des Patienten und dem Behandlungsort251, (v) die technische Ausrüstung der Zahnarztpraxis (als Proxy für die technische bzw. medizinische Qualität) und (vi) die mit der Behandlung verbundene Wartezeit des Patienten. Des Weiteren wurde auch erfasst, ob der Befragte bereits zahnmedizinisch in Ungarn behandelt worden ist.

Abbildung 30: Attribute und Ausprägungen der unterst. Charakteristika (Beispiel: Krone).

Attribut	Ausprägungen	Erwarteter Effekt
Zahnarzt empfohlen von	Familie und/oder Freunde Keine Empfehlung gegeben	+ (Empfehlung)
Behandlungskosten für Patienten	200 EURO, 400 EURO, 600 EURO, 800 EURO	- (höhere Kosten)
Service	Freundliches Service, kühles und formales Service	+ (warm und freundlich)
Entfernung vom Heimatort (Patient)	5km, 20km, 60km, 120km	- (größere Distanz)
Technische Ausrüstung (Praxis)	Neueste technische Ausrüstung, Ausrüstung ist 5 Jahre alt	+ (neuere Ausrüstung)
Wartezeit	Keine, 30 Minuten	- (längere Wartezeit)

Quelle: Eigene Darstellung

Die interviewten Individuen wurden gebeten, sich vorzustellen, dass sie eine bestimmte zahnmedizinische Behandlung bräuchten. Als diesbezügliches Fallbeispiel bzw. entsprechen-

---
250 Hierbei handelt es sich um Kosten, die vom Patienten selbst übernommen werden müssen.
251 Dies entspricht der Distanz zwischen Anfangs- und Endpunkt jenes Patientenstroms zu dem der Befragte im Falle einer manifestierten Behandlungssituation zugehörig wäre.

der **Behandlungsfall** ist das Bedürfnis nach einer dentalen Krone simuliert worden. In jeder Entscheidungssituation standen dem Befragten dabei drei Alternativen zur Auswahl: (i) „Behandlung durch einen Zahnarzt in Österreich", (ii) „Behandlung durch einen Zahnarzt in Ungarn" oder (iii) „keines von beiden" (Opt-out). Der ausgewählte **Herkunftsort** der befragten „hypothetischen Patienten" aus Österreich ist die östliche Grenzregion zu Ungarn. Die Ausprägungen der im Experiment inkludierten Charakteristika (siehe erneut Abbildung 30) wurden konsequenterweise an den *Behandlungsfall* und den vom Forscher bestimmten *Herkunftsort der befragten Zielgruppe* angepasst, wobei entweder 2 oder 4 Ausprägungen je Merkmal bestimmt sind. Dies ergibt – bei vollständiger Berücksichtigung aller Konstellationen – $4 \times 2 \times 2 \times 2 \times 2 \times 4 = 256$ abfragbare Permutationen je Behandlungsalternative. Würden alle möglichen Entscheidungsszenarien im Experiment inkludiert, so wären gemäß SAS© 65.536 verschiedene Choice Sets für ein *vollfaktorielles* Untersuchungsdesign (*Full Factorial*) notwendig (siehe Abbildung 31)252 [basierend auf Kuhfeld (2005)].

Abbildung 31: Bestimmung der optimalen Designgröße mittels SAS.

```
Saturated       = 21
Full Factorial  = 65,536
```

Some Reasonable Design Sizes	Violations	Cannot Be Divided By
32 *	0	
48 *	0	
64 *	0	
24	6	16
40	6	16
56	6	16
28	38	8 16
36	38	8 16
44	38	8 16
52	38	8 16

* - 100% Efficient Design can be made with the MktEx Macro.

Quelle: Eigene Erstellung (SAS-Ergebnisse)

Mithilfe des SAS 9.1.-Makros *%MktRuns* wurden experimentelle Designs mit 32, 48 und 64 Choice Sets als ideale Erhebungsoptionen identifiziert, wobei der Designgröße mit 32 hypothetischen Szenarien letztendlich der Vorzug gegeben wurde. Basierend auf den Empfehlungen von Kuhfeld (2005, 75) ist unter Anwendung des Prozesses *%MktEx* ein Befragungsschema mit einer Designeffizienz von 100% erstellt worden (siehe Abbildung 32). Das solcherart erstellte Untersuchungsdesign genügt den folgenden Anforderungen von Street et al. (2008, 51) bzw. Huber und Zwerina (1996) für ein *effizientes* Forschungsdesign:

---

252 Für eine Darstellung aller benutzten SAS©-Codes siehe den Anhang.

- *Ausbalancierte Ausprägungen*: Jede Ausprägung eines im Experiment inkludierten Charakteristikums muss mit identischer Frequenz im Untersuchungsdesign vertreten sein.
- *Orthogonalität*: Die Ausprägung eines Charakteristikums bzw. Attributs permutiert unabhängig von der Veränderung in den Ausprägungen anderer Charakteristika.
- *Minimale Überlappung*: Die Wahrscheinlichkeit, dass sich die Ausprägung eines Charakteristikums in einem Choice Set wiederholt soll möglichst gering sein [Street et al. (2008, 51)]. 253

Abbildung 32: Abbildung der Design-Effizienz mittels SAS.

The OPTEX Procedure

Plannummer	D-Effizienz	A-Effizienz	G-Effizienz	Durchschnitt Vorhersagestandardfehler
1	100.0000	100.0000	100.0000	0.8660

Quelle: Eigene Erstellung (SAS-Ergebnisse)

Wie Abbildung 33 bestätigt, ist beim benutzten Untersuchungsdesign keine Abweichung vom Orthogonalitäts-Kriterium erkennbar [analog zur Argumentation von Kuhfeld (2005), 76].

Abbildung 33: Kanonische Korrelationen zwischen den Attributen.

There are 0 Canonical Correlations Greater Than 0.316

	x1	x2	x3	x4	x5	x6	x7	x8	x9	x10	x11	x12	x13
x1	1	0	0	0	0	0	0	0	0	0	0	0	0
x2	0	1	0	0	0	0	0	0	0	0	0	0	0
x3	0	0	1	0	0	0	0	0	0	0	0	0	0
x4	0	0	0	1	0	0	0	0	0	0	0	0	0
x5	0	0	0	0	1	0	0	0	0	0	0	0	0
x6	0	0	0	0	0	1	0	0	0	0	0	0	0
x7	0	0	0	0	0	0	1	0	0	0	0	0	0
x8	0	0	0	0	0	0	0	1	0	0	0	0	0
x9	0	0	0	0	0	0	0	0	1	0	0	0	0
x10	0	0	0	0	0	0	0	0	0	1	0	0	0
x11	0	0	0	0	0	0	0	0	0	0	1	0	0
x12	0	0	0	0	0	0	0	0	0	0	0	1	0
x13	0	0	0	0	0	0	0	0	0	0	0	0	1

Quelle: Eigene Erstellung (SAS-Ergebnisse)

Mittels der *%MtkKey* und *%MtkRoll* – Prozesse (bzw. dem Befehl *proc format*) wurde die endgültige Form der den Patienten übermittelten Choice Sets erstellt. Um die Komplexität für

---

253 Die Berücksichtigung des Utility Balance – Kriteriums konnte ex ante nicht durchgeführt werden. Siehe hierzu erneut D.J. Street et al. (2008, 51).

das einzelne Individuum möglichst gering zu halten254, sollten die Choice Sets zusätzlich in 4 unterschiedliche *Choice Blöcke* aufgeteilt werden (im *4x8 Choice Set* - Design). Dies ermöglichte es dem Forscher, die Befragung so auszurichten, dass jeder Befragte 8 hypothetischen zahnmedizinischen Behandlungsszenarien gegenüberstand, wobei auch für die geblockte Version der Befragung eine optimale Designeffizienz erreicht werden konnte [siehe Anhang].

Abbildung 34: Screenshot der Online-Befragung. Choice Block:3, Choice Set: 7.

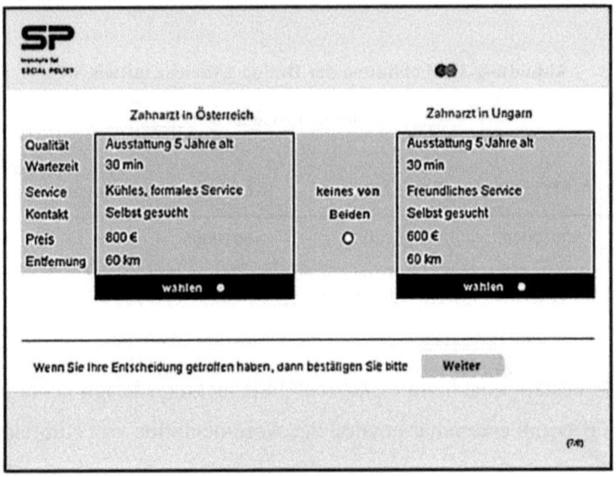

Quelle: Eigene Erstellung

Die Befragung selbst fand in Form einer Online-Erhebung statt255, wobei mittels des Einsatzes von *Unique-Keys* sichergestellt wurde, dass jede verschickte E-Mail nur dem unmittelbar Befragten den Zugriff zum Fragebogen erlaubt. Als Zielgruppe wurde eine zufällige Auswahl der arbeitstätigen Bevölkerung in der östlichen Grenzregion zu Ungarn (insbesondere Wien und Burgenland) bestimmt. Die Online-Befragung wurde im Frühjahr 2008 an insgesamt 768 Personen ausgesandt und von 163 Individuen beantwortet (dies entspricht einer Rücklaufquote von 21,2%). Insgesamt standen 3.888 erfasste Datenpunkte (Beobachtungen) zur weiteren Analyse zur Verfügung.

---

254 Pre-Tests zur Online-Befragung lieferten Hinweise auf verminderte Antwortqualität jenseits einer Befragungsgröße von 10-15 Choice Sets.
255 Nach Anregung durch Bech et al. (2008).

6.4. Modellierung

Nach Erhalt der Daten über das hypothetische patientenseitige Wahlverhalten, ist nun – stets im Rahmen der in Kapitel 4 beschriebenen Zufallsnutzentheorie – ein geeignetes Modell zur Analyse der beobachteten diskreten Entscheidungen anzuwenden. Die Verwendung eines *einfacheren Konzepts* erscheint dabei aus zweierlei Gründen ratsam: (1) Zum einen sind die vorliegenden Daten eine erstmalige Abbildung des hypothetischen Verhaltens zahnmedizinischer Patientenströme zwischen Österreich und Ungarn. Mangels vergleichbarer *Stated Preference* - Experimente zu diesem Phänomen ist die vorgestellte Arbeit daher als Näherung zu betrachten. Die Berücksichtigung des Einflusses komplexerer Parameter auf das individuelle Entscheidungsverhalten ist Aufgabe weiterer Analysen und Forschungsprojekte. (2) Zum anderen sind mehr Details zu den Elementen der manifestierten Patientenströme vonnöten. Dies betrifft insbesondere die Identifikation von primären Anfangspunkten innerhalb der Herkunftsländer (und somit von relevanten Migrationsgruppen).

Das vergleichsweise einfache, von Ben-Akiva und Lerman (1985, 104-107) mitentwickelte *multinomiale Logit-Modell* (MNL) bietet sich daher als geeignete Plattform für eine erstmalige Durchleuchtung des Phänomens an.

6.4.1. Allgemeine Eigenschaften des multinomialen Logit Modells

Das MNL Modell basiert auf einer Reihe stark vereinfachender Annahmen. Hierzu gehört zunächst die Unterstellung, dass der Störterm ε_{xi} unabhängig und identisch (IID) bzw. Gumbel-verteilt ist und einen Erwartungswert von 0 hat[256]. Die Varianz beträgt $\pi^2 / \mu^2 6$, wobei μ mit $\mu > 0$ als ein positiv skalierter Parameter definiert ist [Ben-Akiva und Lerman (1985), 104-105]. Die Wahrscheinlichkeit, dass ein Individuum i nun die (zahnmedizinische) Alternative x wählt, ist folgendermaßen gegeben[257]:

$$(6.1) \qquad P_{xi} = \frac{\exp(\mu V_{xi})}{\sum_{y \in A_i} \exp(\mu V_{yi})}$$

Für die Bestimmung der deterministischen Bestandteile in Formel 6.1 wird für unsere Analyse ein Muster im Sinne der Funktion 4.29 angenommen. Amaya-Amaya et al. (2008) verweisen weiters auf die IIA-Eigenschaft[258] des MNL-Modells, wonach für ein gegebenes Individuum

---

[256] Für eine Beschreibung der Eigenschaften der Gumbel-Verteilung siehe Ben-Akiva und Lerman (1985, 104-105).
[257] Die vorgelegte Notation entspricht jener aus Kapitel 4.
[258] IIA: *independence of irrelevant alternatives*.

i das Verhältnis zweier Entscheidungsalternativen von allen Optionen unabhängig sei. Damit gilt folgender Zusammenhang [Ben-Akiva und Lerman (1985), 108]:

$$(6.2) \qquad \frac{P_{xi}}{P_{wi}} = \frac{\exp^{V_{xi}}/\sum_y \exp^{V_{yi}}}{\exp^{V_{wi}}/\sum_y \exp^{V_{yi}}} = \frac{\exp^{V_{xi}}}{\exp^{V_{wi}}} = \exp^{V_{xi}-V_{wi}}$$

Für ein kritisches Statement zur IIA-Eigenschaft von MNL-Modellen siehe beispielsweise Amaya-Amaya et al. (2008, 26)259.

6.4.2. Interpretation der Attribute

Aus mikroökonomischer Sicht kann die Interpretation des Verhältnisses zweier (beliebiger) geschätzter attributspezifischer β-Koeffizienten wichtige Informationen liefern. Gemäß Hensher und Johnson (1981) drückt dieses Verhältnis die Grenzrate der Substitution zwischen den betreffenden Charakteristika (z.B. c_{1i} und c_{2i}) aus, sodass:

$$(6.3) \qquad GRS_{c_{2i}}^{c_{1i}} = -\frac{\beta_{1i}}{\beta_{2i}}.$$

Wird zusätzlich ein Kostenfaktor im Untersuchungsdesign miteinbezogen, so kann *ceteris paribus* auch die marginale Zahlungsbereitschaft für ein bestimmtes Attribut berechnet werden. Folgender Zusammenhang ist dann gegeben [siehe Ryan et al. (2008), 82-83]:

$$(6.4) \qquad MZB_{Attribut} = -\frac{\beta_{Attribut}}{\beta_{Kosten}}.$$

Der Umstand, dass die zahnmedizinischen Behandlungskosten als eine der 6 experimentellen Charakteristika ausgewählt wurden (siehe Abbildung 30), erlaubt uns somit die marginale Zahlungsbereitschaft für sämtliche, im Experiment inkludierte Attribute zu berechnen260.

---

259 Für die vorliegende Studie ist zu bedenken, dass die wählbare *Opt-out* Alternative nicht nur die Option „keine Behandlung" enthält, sondern auch jedes weitere Behandlungsszenario, dass sich von einer „Behandlung in Ungarn" oder einer „Behandlung in Österreich" unterscheidet.
260 Dies ist jedoch nur dann sinnvoll, wenn die entsprechenden Attribute signifikanten Einfluss aufweisen.

6.4.3. Schätzung und Fitness des Modells

Unter Annahme (i) der *Linearität-in-Parametern* (siehe Formel 4.29) und (ii) der Konstanz der Fehlervarianz (mit $\mu \equiv 1$), erfolgt die Schätzung des MNL-Modells dadurch, dass jene β-Koeffizienten gefunden werden, welche die folgende log-likelihood (LL) Funktion maximieren [Amaya-Amaya (2008), 25; Ben-Akiva und Lerman (1985), 118]:

(6.5a) $$LL = \sum_{i=1}^{I}\sum_{x \in A_i} y_{xi}(\ln(P_{xi})) = \sum_{i=1}^{I}\sum_{x \in A_i} y_{xi}\left(\beta' X_{xi} - \ln\sum_{w \in A_i}\exp(\beta' X_{wi})\right),$$

wobei der Entscheidungsvektor y_{xi} folgendermaßen definiert wird:

(6.5b) $$y_{xi} = \begin{cases} 1 & \text{wenn die Wahl der Alternative } x \text{ beobachtet wird}, \\ 0 & \text{sonst.} \end{cases}$$

Die Fitness des resultierenden MNL-Modells kann nun basierend auf den berechneten log-likelihood Werten bestimmt werden. Hierbei erfolgt gemeinhin ein Vergleich der LL-Werte des geschätzten Modells mit den LL-Daten eines Basismodells[261]. Laut Amaya-Amaya et al. ist der dafür standardmäßig verwendete LL-Ratio Test [siehe auch Ben-Akiva und Lerman (1985), 164-167]:

(6.6) $$-2(LL_{Basis\,mod\,ell} - LL_{Schätzung}) \approx \chi^2$$

Je näher sich der LL-Wert eines Modells im Vergleich zum Basismodell – der Zahl 0 annähert, desto besser ist die Fitness des Modells [Hensher et al. (2005, 326)]. Eine in diesem Zusammenhang ebenfalls beliebte Kennzahl ist McFaddens Pseudo-R^2 [McFadden (1974); Hensher et al. (2005, 337)]:

(6.7) $$Pseudo\,R^2 = 1 - \frac{LL_{Schätzung}}{LL_{Basis\,mod\,ell}}.$$

Gemäß Hensher et al. (2005, 338-339) entspricht ein Pseudo-R^2 von 0.3 einen R^2-Wert von 0.6 für lineare Regressionsmodelle[262].

---

[261] Hierbei werden nur Konstanten berücksichtigt oder die Parameter des Modells werden auf 0 gesetzt.
[262] Der empirische Konnex zwischen beiden Konzepten wurde erstmals von Domencich und McFadden (1975) gezeigt.

Ebenfalls häufig verwendete Kennzahlen zum *Vergleich von Modellen*, die auf dem Maximum Likelihood Konzept basieren, sind das *Akaike Informations-Kriterium* (Akaike Information Criterion, AIC) und das *Bayessche Informations-Kriterium* (Bayesian Information Criterion, BIC). Unter Bestimmung der Freiheitsgrade k bzw. der Anzahl der getätigten Beobachtungen N können AIC und BIC hierdurch bestimmt werden:

(6.8a) $\qquad AIC = -2 \cdot \ln(L) + 2 \cdot k$, bzw.

(6.8b) $\qquad BIC = -2 \cdot \ln(L) + 2 \cdot \ln(N)$.

Je niedriger der Wert für AIC und BIC vergleichsweise ist, desto besser ist das geschätzte Modell zu bewerten[263].

6.4.4. Verwendetes Software-Paket und Kodierung der Daten

Die Schätzung des Modells erfolgt mithilfe von STATA/IC 10.0©. Der entsprechende Kommando-Code für die Schätzung unseres MNL-Modells lautet [unter Berücksichtigung der Hinweise von Ryan et al. (2008, 82) und STATA (2009)]:

```
clogit choice Ungarn Tecqualitaet Wartezeit Service Empfehlung
Kosten Distanz Optout Behandlung, group(unique)
```

Der Import der Daten in STATA verlief in Form einer .xml-Datei. Gemäß der Empfehlung von Louviere (1988, 36) wurden – abgesehen von Distanz und Kostenangaben – positive Ausprägungen der Attribute mit +1 und negative Ausprägungen mit -1 intern kodiert[264]. Die Kodierung der Attribute „Distanz" und „Behandlungskosten", welche jeweils 4 mögliche Ausprägungen annehmen konnten (siehe Abbildung 30), geschah in aufsteigender Reihenfolge (*1; 2; 3; 4*) nach Höhe der monetären Belastung bzw. geographischen Entfernung.

6.5. Ergebnisse

Tabelle 13 präsentiert die ermittelten β-Koeffizienten (Parameter) und alternativen spezifischen Konstanten (ASC) des durchgeführten diskreten Entscheidungsexperiments:

---

[263] Das Anführen der AIC- und BIC- Werte dient u.a. auch zum Erstellen einer Vergleichsbasis für spätere Analysen, die sich der hier erfassten Datenbasis bedienen.
[264] Die qualitativen Attribute des Charakteristikavektors durchlaufen auf diese Weise eine Effektkodierung [siehe beispielsweise Kjær (2005), 35].

Tabelle 13: Ergebnisse der MNL-Modellierung mit STATA/IC 10.0

Anzahl der Beobachtungen	3888	Prob > chi2	0.0000
Log likelihood	-1121.4594	Pseudo R2	0.2184

Variable	Parameter	Wert	t-stat
AS-Konstante (Ungarn)	Koeffizient	-1.22013***	(-14.08)
Kosten (EURO)	Koeffizient	-0.00225***	(-10.16)
Service (Art des Arztes)	Koeffizient	0.21671***	(4.57)
Entfernung (km)	Koeffizient	-0.01614***	(-13.63)
Technische Ausrüstung	Koeffizient	0.18907***	(4.04)
Zahnarzt empfohlen (Familie und/oder Freunde)	Koeffizient	0.084084*	(1.78)
Wartezeit	Koeffizient	-0.17503	(-0.37)
Optout	Koeffizient	-2.95859***	(-18.37)
Bereits in Ungarn behandelt	Koeffizient	0.795536***	(3.99)

signifikant: *** [95% KI], * [90% KI]
Quelle: Eigene Berechnung

Die alternativenspezifischen Konstanten für „Behandlung in Ungarn" und „Opt-Out" sind (i) *signifikant* und haben (ii) im Vergleich zum Behandlungsszenario durch einen Zahnarzt in Österreich (*ceteris paribus*) einen negativen Einfluss auf den Nutzen der entsprechenden zahnmedizinischen Alternative. Die Mehrheit der inkludierten Charakteristika wirkt signifikant (innerhalb eines 95% bzw. 90% Konfidenzintervalls) auf den Nutzen der hypothetischen Behandlungsszenarien. Lediglich das Attribut „Wartezeit" weist keinen signifikanten Einfluss auf265.

6.5.1. Effekt der Attribute

Die in Abbildung 30 gezeigten, erwarteten Effekte (der inkludierten Charakteristika) konnten generell bestätigt werden. Folgende Resultate sind nun *ceteris paribus* hervorzuheben:

---

265 Aus konzeptioneller Sicht ist hierbei anzumerken, dass die Referenzpunkte des Attributs „Wartezeit" zu eng gesetzt wurden. Für weitere Analysen wird daher empfohlen, das entsprechende Intervall breiter zu gestalten.

1. Je höher die Kosten der Behandlung, desto geringer ist der Nutzen dieser Alternative.
2. Ein freundliches Service bewirkt ein höheres Nutzenniveau als eine kühle bzw. formale Servicequalität.
3. Je weiter die Zahnarztpraxis entfernt ist, desto geringer ist der entsprechende Nutzen,
4. Je neuwertiger die technische Ausstattung der Zahnpraxis ist, desto höher ist der damit verbundene Nutzen.
5. Wird ein Zahnarzt durch ein Familienmitglied und/oder einen Freund empfohlen, so wirkt sich dies positiv auf das Nutzenniveau der damit in Kontext gebrachten Alternative aus.
6. Wurde der Befragte bereits zuvor in Ungarn behandelt, so hat dies einen positiven Effekt auf die Option „Zahnbehandlung in Ungarn".

6.5.2. Fitness des Modells

Der *LL-Wert* des geschätzten Modells beläuft sich auf -1121,4594 (siehe Tabelle 13). Damit wurde gegenüber dem Basismodell (LL-Wert: -1434,756) eine Verbesserung erzielt. Der LL-Ratio Test zeigt bei 9 Freiheitsgraden einen Wert von 626,59. Der *Prob.<chi2* Wert von 0,0000 bestätigt, dass der LL des geschätzten Modells näher bei 0 ist, als jener des Basismodells [analog zu Hensher et al. (2005, 337)]. Das entsprechende Pseudo-R^2 liegt bei 0,2184 und unterstreicht somit die Aussagekraft des Modells. Die jeweiligen AIC- und BIC- Werte belaufen sich auf 2260,919 bzw. 2317,31 (bei N = 3.888).

6.5.3. Zahlungsbereitschaft für Attribute

Die befragte Zielgruppe war im Durchschnitt bereit, €541,67 zu zahlen um ceteris paribus *nicht* zahnmedizinisch in Ungarn behandelt zu werden[266] (siehe Tabelle 14). Wurde der entsprechende Befragte jedoch bereits in Ungarn behandelt, so ergibt sich eine positive Zahlungsbereitschaft von €353,17 für die Inanspruchnahme der unterstellten zahnmedizinischen Dienstleistung (Krone) bei ungarischen Leistungserbringern.

---

[266] Dies ist im Vergleich zu einer zahnmedizinischen Behandlung in Österreich zu sehen.

Tabelle 14: Zahlungsbereitschaft (ZB) für die im DCE-Test inkludierten Attribute.

Charakteristikum (Attribut)	ZB (EURO)	unt.-Grenze	ob.-Grenze
AS-Konstante (Ungarn)	-541.6652	-658.307	-425.0234
Kosten (EURO)	------	------	------
Freundliches Service (Zahnarzt)	96.2075	51.3590	141.0561
Entfernung (je km)	-7.1638	-8.7118	-5.6158
Technische Ausrüstung (neueste)	83.9360	40.8741	126.9980
Zahnarzt empfohlen durch Familie und/oder	37.3282	-4.2969	78.9534
Wartezeit	-7.7706	-49.1735	33.6322
Bereits in Ungarn behandelt	353.17	170.00	536.30
Optout	-1313.438	-1479.7804	-1147.0956

Quelle: Eigene Berechnung

Unter Annahme der linear-additiven Eigenschaft des Modells, waren die interviewten Personen bereit für eine *Reduktion der Distanz zum Behandlungsort* je km €7,16 zu bezahlen. Der geschätzte monetäre Wert der neuesten technischen Ausrüstung einer Zahnpraxis beläuft sich auf €83,94. Ein freundliches Service wurde von den befragten Individuen im Durchschnitt mit einer Zahlungsbereitschaft von €96,21 gleichgesetzt. Im Falle einer Empfehlung durch Familienmitglieder und/oder Freunde waren die Respondenten bereit, durchschnittlich €37,33 mehr zu bezahlen. Für das Attribut Wartezeit konnte keine aussagekräftige Information ermittelt werden (bedingt durch die fehlende Signifikanz). Das Szenario Opt-out (keines von beiden) wies ceteris paribus eine Zahlungsbereitschaft von €-1313,438 auf[267]. Die in Tabelle 14 angegebenen *unteren und oberen Grenzen* entsprechen den Referenzpunkten für ein 95-prozentiges Konfidenzintervall.

---

[267] Dies entspricht einer negativen Zahlungsbereitschaft für die Opt-out Alternative (Nicht-Behandlung oder Behandlung in einer anderen Zielregion).

6.6. Analyse

Wenngleich das geschätzte Modell einfacher Struktur ist, so lassen sich doch interessante Tendenzen ableiten. In diesem Zusammenhang soll zunächst die Wirkung der alternativenspezifischen Konstante (AS-Konstante bzw. ASC) „Behandlung in Ungarn" auf die Entscheidungen der potentiellen Patienten besprochen werden: Die Tabellen 6.1 und 6.2 deuten an, dass für die befragten Personen tendenziell eine negative monetäre Hemmschwelle für die Inanspruchnahme von zahnmedizinischen Dienstleistungen in Ungarn besteht. Ceteris paribus kann der *typische* Befragte daher – sofern das jeweilige Individuum nicht zuvor in Ungarn behandelt wurde – nur durch ein deutlich geringeres Preisniveau (und/oder bessere anderweitige Konditionen) dazu verleitet werden, eine grenzüberschreitende dentale Leistung in Ungarn zu konsumieren. Zwar verzeichnen die Tabellen 5.5 und 5.6 – gerade für den *Behandlungsfall Krone* – tatsächlich einen Unterschied im Preisniveau, jedoch vermag die empirisch erfasste Differenz – da im Vergleich zur negativen Zahlungsbereitschaft in Tabelle 6.2 geringer – *per se* wohl nicht einen grenzüberschreitenden Patientenstrom zwischen den Nachbarstaaten Österreich und Ungarn auszulösen268. Dies verstärkt die Annahme, dass für die in Abschnitt 5.5 besprochenen grenzüberschreitenden Wanderungsströme nicht nur *monetäre Auslöser* vonnöten sind.

Im Prinzip unterstreicht die vorliegende Arbeit hinsichtlich monetärer Kostenfaktoren dennoch die wesentlichen Annahmen und Ausführungen der bis dato vorhandenen Literatur zur grenzüberschreitenden Patientenmobilität269. Die Charakteristika *Preis* und *Entfernung* haben analog zu den Statements von Glinos und Baeten (2006) bzw. Starmans et al. (1997) bei zunehmendem Niveau die erwartet negative Wirkung auf mögliche, patientenseitige Mobilitätsentscheidungen. Zu beachten ist hierbei stets, dass sich die ermittelten Parameterwerte und die jeweilige Zahlungsbereitschaft auf die Perzeption der *befragten Zielgruppe* beziehen. So ist davon auszugehen, dass beispielsweise *je nach gewählten Transportmittel* die effektive Distanz zwischen Herkunftsort und Behandlungsort verschiedenartig empfunden wird270.

Im Hinblick auf die Limitierung informationsspezifischer Transaktionskosten konnte bereits in der explorativen Phase (siehe Abschnitt 5.4) auf die besondere Stellung (i) des Mediums *Internet* [analog zu Cortez (2008)] bzw. (ii) der direkten Empfehlung von dentalen Leistungserbringern durch Verwandte und/oder Bekannte hingewiesen werden. Die Erkenntnisse des

---

268 Zumindest nicht, wenn wir den potentiell Migrierenden die hypothetischen Präferenzen der – im Zuge der Studie befragten – Referenzgruppe unterstellen. Interessant ist an dieser Stelle die Frage, ob ein österreichischer Staatsbürger, der unmittelbar an der Grenze zwischen beiden Staaten beheimatet ist, und daher – so die Annahme – eher Informationen über Leistungserbringer beider Referenzstaaten besitzt, ceteris paribus eine deutlich geringere monetäre Hemmschwelle vorweist.
269 Siehe erneut Abschnitt 2.3.2.
270 Es erscheint beispielsweise nahe liegend, dass Patienten aus dem Vereinigten Königreich oder den Vereinigten Staaten (siehe die Tabellen 5.8 und 5.12) für eine zahnmedizinische Behandlung in Ungarn bevorzugt das Transportmittel „Flugzeug" wählen. Entsprechend verzerrt gestaltet sich daher auch die Gewichtung der Attribute.

diskreten Entscheidungsexperimentes (Attribut: Kontakt) bestätigen somit die Annahme der positiven Wirkung von *Mund-zu-Mund Propaganda* durch das unmittelbare soziale Umfeld des entscheidenden potentiellen Patienten.

Interessant ist in diesem Zusammenhang auch der Umstand, dass eine vorangegangene Behandlung durch ungarische Leistungserbringer die für eine Migration *ceteris paribus* benötigte monetäre Differenz deutlich senkt. Dies verweist (i) auf eine *a priori* bestehende skeptische Einstellung der befragten Individuen zur zahnmedizinischen Behandlung durch ungarische Zahnärzte (siehe auch Abschnitt 5.4.2) und (ii) auf eine deutliche Veränderung der patientenseitigen Perzeption der Alternative „Ungarn" nach einer einmal durchlaufenen Behandlung. Im Sinne der Argumentationslinie des vierten Kapitels können wir in diesem Zusammenhang davon ausgehen, dass der bereits in Ungarn behandelte Patient die *Erfahrungscharakteristika* des alternativenspezifischen Näherungsvektors $\overline{C}$ innerhalb einer neuen Entscheidungssituation genauer einzuschätzen vermag[271].

Elemente des Näherungsvektors $\overline{C}$, welche generell der Informationsklasse der *Vertrauenscharakteristika* und *unbestimmbaren Charakteristika* zuzuordnen sind konnte im Zuge des Experiments zwar nicht direkt erfasst werden[272], die ermittelten Werte der Attribute „technische Ausrüstung" und „Service" lassen sich in diesem Zusammenhang jedoch als Proxy für die patientenseitige Erwartung von Service- und Produktqualität interpretieren.

Es erscheint in dieser Hinsicht auch plausibel die jeweiligen alternativenspezifischen Konstanten als Referenzpunkt für bereits existierende Reputations- bzw. Informationsprozesse zu betrachten. Die vom Forscher gesendeten externen Signale beeinflussen zwar – in Form der übermittelten Attribute der Alternativen des *Stated Preference* Experiments – das Antwortverhalten der Befragten, jedoch kann realistischerweise unterstellt werden, dass ex ante bereits private Information (bzw. Reputation) vorhanden ist und diese auf den Interviewten wirkt.

Ganz im Sinne der in Abschnitt 2.3.2 angeführten Anmerkungen von Sobbrio und Navarra (1995) bzw. Crivelli (1998) *zum entscheidungsspezifischen Einfluss der erwarteten Qualität medizinischer Leistungen* ist daher auch im Falle der zahnmedizinisch bedingten, grenzüberschreitenden Patientenmobilität zwischen Österreich und Ungarn von einer starken nachfrageseitigen Beeinflussung durch Reputationsmechanismen auszugehen. Eine Wirkung, die ange-

---

271 Für eine entsprechende Behandlung in Ungarn.
272 Bedingt durch den Umstand, dass eine Einschätzung von Charakteristika dieser Informationsklassen selbst für den Patient nur schwer möglich ist (siehe auch Kapitel 4).

sichts der einfachen Struktur des durchgeführten diskreten Entscheidungsexperimentes nur für „Behandlungen in Ungarn" *im Allgemeinen* erfasst wurde (mittels der alternativenspezifischen Konstante). Das jeweilige Reputationsniveau *einzelner*, in Ungarn tätiger Leistungserbringer ist als Gegenstand weiterer Forschungen zu betrachten. Interessant wäre in diesem Zusammenhang jedenfalls die durch solch zukünftige Analysen zu beantwortende Frage, ob für die westungarischen Komitate starke *regionale Fluktuationen* in der *Reputationsgüte* dentaler Dienstleistungserbringer festzustellen sind. Anders formuliert: Lassen sich – für das im Zuge der Arbeit definierte Zielgebiet – Regionen bzw. Ortschaften identifizieren, die aus der Sicht österreichischer Patienten im Ruf stehen, qualitativ besonders hochwertige bzw. minderwertige zahnmedizinische Produkte bzw. Dienstleistungen anzubieten? Solcherart eruierte *positive* bzw. *negative Reputationscluster* könnten gleichermaßen als (mit)erklärender Indikator für das Vorliegen bzw. Fehlen *eingehender*[273] Patienten(teil)ströme fungieren.

6.7. Zusammenfassung

Kapitel 6 beschreibt zunächst die Konzeption, Modellierung und Durchführung eines diskreten Entscheidungsexperiments. Ziel dieses letzten empirischen Abschnitts war eine empirische Approximation an jene Faktoren, die für das grenzüberschreitende Verhalten zahnmedizinischer Patienten aus Österreich maßgeblich ist.

Basierend auf dem Konzept des multinominalen Logit-Modells wurde erstmals ein monetärer Richtwert für die Behandlungsoption „zahnmedizinische Leistung in Ungarn" ermittelt. Ebenso konnte die Zahlungsbereitschaft für hochwertige Service- und Produktqualität ermittelt werden. Bestätigt wurden auch die Anmerkungen des fünften Kapitels, wonach – neben der Berücksichtigung monetärer Aspekte – auch die qualitative Dimension der angebotenen zahnmedizinischen Dienstleistung als maßgeblich angeführt wurde.

---

273 Aus der Sicht der entsprechenden Region.

Well-reasoned doubts are good for economics. Neither theory, nor data, nor mathematics can fully resolve them. ...Economic behavior is more complex than our thoughts about it; our thoughts, however, are more comprehensive than standard theory; and standard theory is more comprehensive than mathematical economics. Each of these has its advantages. What is known from all of them is nevertheless subject to doubts. Economics would be better if we would substitute reasoned doubts for our parochial economic doctrines.

T. W. Schultz (1902-1998)

7. Conclusio

Grenzüberschreitende Patientenbewegungen sind ein komplexes multidimensionales Phänomen. Ökonomische Einflussfaktoren sind bei der Betrachtung solcher transregionaler bzw. transnationaler Wanderungen ebenso zu berücksichtigen, wie auch kulturelle, medizinische, psychologische und/oder soziale Aspekte. Mehrdimensional und interdisziplinär muss sich zugleich auch eine durch die *wissenschaftliche Community* durchgeführte Analyse gestalten. Die hier vorgebrachten Gedanken, Argumente und empirischen Daten versuchen ihren Teil zur Vervollständigung dieses Puzzles zu liefern.

Die vorliegende Arbeit bringt ihre Argumente primär auf Basis einer *mikroökonomischen Betrachtung des individuellen Entscheidungsverhaltens* hervor. Der Patient bestimmt – wenngleich massiven externen Einflüssen unterworfen – das *Ob* der grenzüberschreitenden Migration. Die Analyse patientenseitigen Verhaltens geschieht dabei aber auch unter expliziter Berücksichtigung der merkmalspezifischen Besonderheiten (zahn-)medizinischer Güter und Dienstleistungen. Diesen ist – wie in Kapitel 3 – gezeigt kein deterministischer Effekt auf die menschliche Gesundheit gegeben. Das (potentiell) migrierende Individuum trifft letztendlich seine Entscheidung(en) *zu keinem Zeitpunkt unter vollständiger Information*.

Bei einer empirischen Durchleuchtung zahnmedizinischer Patientenströme von Österreich nach Ungarn zeigen sich auch jene datenspezifischen Herausforderungen mit denen der Forscher unmittelbar konfrontiert wird. Ein wesentlicher Anteil der nach Ungarn migrierenden Ströme fließt in den privaten dentalen Sektor, sodass eine unverzerrte Darstellung nur unter Mithilfe der beteiligten Leistungserbringer (vor allem die tatsächlich behandelnden Zahnärzte) möglich wird. Eine Betrachtung, die rein auf den Daten zentralisierter öffentlicher Versicherungsträger beruht, genügt – zumindest für das Thema dieser Arbeit – nicht. Auch für weitere, noch detailreichere Analysen bleibt der empirischen Forschung der – manchmal mühevolle – Gang in den Privatsektor somit nicht erspart.

Das in dieser Arbeit erhobene Ausmaß dentaler Patientenströme nach Ungarn (mit einem Minimum von 70.000 österreichischen Patienten im Jahr) bestätigt die wirtschaftliche Relevanz des Phänomens. Das – basierend auf unseren Vorüberlegungen – durchgeführte diskrete Entscheidungsexperiment liefert erstmals einen direkten Einblick in das Entscheidungsverhalten potentiell migrierender Individuen in Österreich. Zentrales Ergebnis des diskreten Entscheidungsexperiments war dabei die Unterstreichung der zentralen Rolle *monetärer Kostenfaktoren* (Preis und Distanz), aber auch die Wichtigkeit von geleisteter Service- und Behandlungsqualität. Beide Erhebungen sollen letztendlich als Basis für weitere empirisch-analytische Untersuchungen dienen.

Als intuitive Erkenntnis des hier durchgeführten Forschungsprozesses sollen ganz im Sinne des oben angeführten Zitats von Schultz abschließend noch einige Anmerkungen hinzugefügt werden: Die beobachteten Verhaltensmuster der (vor allem in der *explorativen Phase*) interviewten Patienten lassen sich mathematisch tatsächlich nur schwer erfassen. Das Anführen von spontanen Entscheidungsakten trat hierbei ebenso zutage wie auch eine längerfristige Planung bzw. Vorbereitung der grenzüberschreitenden Behandlung. Die Existenz solcher verhaltensspezifischer Heterogenität bedeutet jedoch nicht, dass eine *wissenschaftliche Approximation* individuellen Entscheidungsverhaltens von Patienten unmöglich ist. Vielmehr gilt es sowohl der reduktionistisch-theoretischen Abbildung menschlicher Entscheidungen wie auch der Interpretation erfasster empirischer Daten keinen absoluten Rang zuzugestehen. Eine Analyse (i) der grenzüberschreitenden Patientenströme, (ii) des zugrunde liegenden Behandlungsfalls und (iii) der handelnden Akteure ist somit stets im kontextuellen Zusammenhang durchzuführen.

Anhang

SAS-Programmcode

```
title 'healthmobility';
%mktruns(2 2 2 2 4 4 2 2 2 4 4);
%mktorth(range=n=32)
proc sort data=mktdeslev out=list(drop=x:);
by descending x2;
where x2;
run;
proc print; run;

%let m = 3; /* m alts including constant */
%let mm1 = %eval(&m - 1); /* m - 1 */
%let n = 8; /* number of choice sets per person */
%let blocks = 4; /* number of blocks */
%mktex(2 2 2 2 4 4 2 2 2 4 4, n=&n * &blocks, seed=151)

%mkteval;

%mktex(2 2 2 2 4 4 2 2 2 4 4, n=&n * &blocks, init=randomized(drop=x13),
options=check, examine=i v)

%mktlab(data=randomized, vars=x1-x12 Block,
out=sasuser.healthmobility_LinDesBlckd)
proc sort data=sasuser.healthmobility_LinDesBlckd; by block; run;
%mkteval(blocks=block)

%mktkey (x1-x12)

title 'healthmobility';
data key;
input Place $ (qual zeitl service kontakt preis entf ) ($);
datalines;
Austria x1 x2 x3 x4 x5 x6
Hungary x7 x8 x9 x10 x11 x12
None . . . . . .
;
%mktroll(design=sasuser.healthmobility_LinDesBlckd, key=key, alt=place,
out=sasuser.healthmobility_ChDes)

proc print data=sasuser.healthmobility_LinDesBlckd(obs=2);
id Block;
var x1-x12;
run;
proc print data=sasuser.healthmobility_ChDes(obs=12);
id set; by set;
run;

proc format;
value qual 1 = 'Neueste Ausstattung' 2 = 'Ausstattung 5 Jahre alt' 0 = 'No-
ne';
value zeitl 1 = 'keine Wartezeit' 2 = '30min' 0 = 'None';
value service 1 = 'Freundliches Service' 2 = 'Kühles formales Service' 0 =
'None';
```

```
value kontakt 1 = 'von Freunden/Familie empfohlen' 2 = 'selbst gesucht' 0 =
'None';
value preis 1 = '200' 2 = '400'
3 = '600' 4 = '800' 0 = ' 0';
value entf 1 = '5km' 2 = '20km'
3 = '60km' 4 = '120km' 0 = 'None';

run;
data sasuser.healthmobility_ChDes;
set sasuser.healthmobility_ChDes;
if place = 'None' then do; qual = 0; zeitl = 0; service = 0; kontakt = 0;
preis = 0; entf = 0; end;
format qual qual. zeitl zeitl. service service. kontakt kontakt. preis
preis. entf entf.;
run;
proc print data=sasuser.healthmobility_ChDes(obs=96);
id set; by set;
run;
```

Erfüllung des Orthogonalitäts-Kriteriums des geblockten Untersuchungsdesigns (Block 1)

Canonical Correlations Between the Factors
There are 0 Canonical Correlations Greater Than 0.316

	Block	x1	x2	x3	x4	x5	x6	x7	x8	x9	x10	x11	x12
Block	1	0	0	0	0	0	0	0	0	0	0	0	0
x1	0	1	0	0	0	0	0	0	0	0	0	0	0
x2	0	0	1	0	0	0	0	0	0	0	0	0	0
x3	0	0	0	1	0	0	0	0	0	0	0	0	0
x4	0	0	0	0	1	0	0	0	0	0	0	0	0
x5	0	0	0	0	0	1	0	0	0	0	0	0	0
x6	0	0	0	0	0	0	1	0	0	0	0	0	0
x7	0	0	0	0	0	0	0	1	0	0	0	0	0
x8	0	0	0	0	0	0	0	0	1	0	0	0	0
x9	0	0	0	0	0	0	0	0	0	1	0	0	0
x10	0	0	0	0	0	0	0	0	0	0	1	0	0
x11	0	0	0	0	0	0	0	0	0	0	0	1	0
x12	0	0	0	0	0	0	0	0	0	0	0	0	1

Literaturverzeichnis

Adamowicz, W.; Swait, J.; Boxall, P. et al. (1997): *Perceptions versus objective measures of environmental quality in combined revealed and stated preference models of environmental valuation*. In: J Environ Econ Manage ,32, 65–84.

Agutu, WO. (1997): *Short-term tuberculosis chemotherapy in rural Somalia*. East African Medical Journal, 74(6), 348-352.

Albreht, Tit; Pribaković, Rade und Štalc, Jurij (2006): *Cross-border care in the south: Slovenia, Austria and Italy*. In: Rosenmöller, M. et al. (Hrg.): *Patient mobility in the European Union: Learning from experience*. Kopenhagen: European Observatory on Health Systems and Policies, 9-21.

Amann, Gabriele und Wipplinger, Rudolf (1998): *Die Relevanz subjektiver Krankheitstheorien in der Gesundheitsförderung*. In: Amann, Gabriele und Wipplinger, Rudolf (Hrg.): Gesundheitsförderung – Ein multidimensionales Tätigkeitsfeld. Tübingen: dgvt-verlag. 153-175.

Amaya-Amaya, Mabel; Gerard, Karen und Ryan, Mandy (2008): *Discrete Choice Experiments in a Nutshell*. In: Ryan, Mandy; Gerard, Karen und Amaya-Amaya, Mabel (Hrg): *Using Discrete Choice Experiments to Value Health and Health Care*. Dordrecht: Springer Verlag. 13-46.

Anderson, L. und Zimmerman, M. (1993): *Patients and physician perceptions of their relationship and patient satisfaction. A study of chronic disease management*. In: Patient Educ Couns, 20(1), 27-36.

Armitage, Gary C. (1999): *Development of a Classification System for Periodontal Diseases and Conditions*. In: Annals of Periodontology, 4, 1-6.

Arrow, Kenneth (1963): *Uncertainty and the Welfare Economics of Medical Care*. In: The American Economic Review. LIII Nr. 5, 941-973.

Arunanondchat, Jutamas und Fink, Carsten (2007): *Trade in health services in the ASEAN Region*. In: Health Promotion International, 21(S1), 59-66.

Azzopardi Muscat, Natasha; Grech, Kenneth; Cachia, John M. und Xuereb, Deborah (2006): *Sharing capacities – Malta and the United Kingdom*. In: Rosenmöller, M. et al. (Hrg.): *Patient mobility in the European Union: Learning from experience*. Kopenhagen: European Observatory on Health Systems and Policies, 119-136.

Bass, D. (2005): *Kidneys for cash and egg safaris – can we allow 'transplant tourism' to flourish in South Africa*. In: South African Medical Journal, 95(1), 42-44.

Bassi, D.; Denert, O.; Garel P. und Ortiz, A. (2001): *Etat des lieux de la coopération transfrontalière sanitaire*. Rennes: Mission opérationelle transfrontalière, Editions de l'école nationale de la santé publique.

Basu, J. (1996): *Border-crossing adjustment and personal health care spending by state.* In: Health Care Financ Rev. 18(1), 215-36.

Basu, J.; Lazenby, HC. und Levit KR. (1995): *Medicare spending by state: the border-crossing adjustment.* In: Health Care Financ Rev. 17(2), 219-41.

Bath, R. C. (1982): *Health and environmental problems: The role of the border in El Paso–Ciudad Juarez coordination.* Journal of Interamerican Studies and World Affairs, 24(3), 375–392.

Bech, Mickael; Kjær, Trine und Lauridsen, Jørgen (2008): *Does the Number of Choice Sets Matter? Result from a Web Survey Applying Discrete Choice Experiment.*- Work in Progress.

Ben-Akiva, Moshe und Lerman, Steven (1985): *Discrete Choice Analysis: Theory and Application to Travel Demand.* Cambridge, London: MIT Press.

Ben-Akiva, Moshe und Morikawa, Takayuki (1990): *Estimation of Travel Demand Models From Multiple Data Sources.* In: Koshi, M. (Hrg): *Transportation and Traffic Theory.* New York: Elsevier. 461-76.

Bikhchandani, Sushil; Hirshleifer, David und Welch, Ivo (1992): *A Theory of Fad, Fashion, Custom and Cultural Change as Informational Cascades.* In: Journal of Political Economy, 100, 992-1026.

Bikhchandani, Sushil; Hirshleifer, David und Welch, Ivo (1998): *Learning from the Behavior of Others: Conformity, Fads and Informational Cascades.* In: Journal of Economic Perspectives, 12, 151-170.

Birch, Steven (1988): *The identification of supplier-inducement in a fixed price system of health care provision. The case of dentistry in the United Kingdom.* In: Journal of Health Economics, 7, 129-150.

Breyer, Friedrich und Zweifel, Peter (1997): *Gesundheitsökonomie.* 1. Aufl. Berlin: Springer Verlag.

Breyer, Friedrich; Zweifel, Peter und Kifmann, Mathias (2005): *Gesundheitsökonomik.* 5. Aufl. Berlin, Heidelberg, New York: Springer Verlag.

Brouwer, Werner; van Exel, Job; Hermans, Bert; Stoop, Arjen (2003) *Should I stay or should I go? Waiting lists and cross-border care in the Netherlands.* In: Health Policy 63, 289-/298.

Burns, Lawton und Wholey, Douglas (1992): *The impact of physician characteristics in conditional choice models for hospital care.* In: Journal of Health Economics, 11(1), 43-62.

Büttner, M. (1994): *Is Dental Caries contagious?* In: Rev Belge Med Dent., 49(3), 9-13

BVA – Versicherungsanstalt öffentlicher Bediensteter (2009): Leistungen der BVA. Verfügbar unter: www.bva.at (zuletzt abgerufen: 12.4.2009)

Calcoen, Piet (2007): *Cross border patient mobility: Opportunities and obstacles*. Conference of the Int. Bar Association. IBA.

Calnan, Michael; Palm, Willy; Sohy, Françoise und Quaghebeur, Daan. (1997): *Crossborder Use of Health Care: A Survey on Frontier Workers' Knowledge, Attitudes and Use*. In: European Journal of Public Health, 7(3), 26-32.

Cantarero, David (2006): *Health care and patients' migration across Spanish regions*. In: The European Journal of Health Economics, 7(2), 114-116.

Collins-Dogrul, Julie (2006): *Managing US–Mexico "border health": An organizational field approach*. Social Science & Medicine 63, 3199–3211.

Connell, John (2006): *Medical tourism: Sea, sun, sand and ... surgery*. In: Tourism Management, 27(6), 1093-1100.

Corsten, H. (1985): *Die Produktion von Dienstleistungen: Grundzüge einer Produktionswirtschaftslehre des tertiären Sektors*. Betriebswirtschaftliche Studien Nr.51, Berlin: Schmidt.

Cortez, Nathan (2008): *Patients without Borders: The Emerging Global Market for Patients and the Evolution of Modern Health Care*. Dedman School of Law. RP 00-24. Verfügbar: http://papers.ssrn.com/sol3/papers.cfm?abstract_id=982742 (zuletzt abgerufen: 09.04.2009).

Crivelli, Luca und Zweifel, Peter (1996): *Patientenwanderungen in der EU: Modellierung und Implikationen für die Schweiz*. In: Swiss Journal for Economics and Statistics, 132 (3), 375-394.

Crivelli, Luca (1998): *Grenzüberschreitende Patientenwanderungen: Eine mikroökonomische Analyse für die Schweiz* (Dissertation), Bern: Paul Haupt Verlag.

Crivelli, Luca (1998a): *Cross-Border Care between Swiss Cantons: A testing Lab for the Single European Market*. In: Leidl, R. (Hrg.): *Health Care and its Financing in the Single European Market*. Amsterdam: IOS Press. 285-305.

Culyer, A. J. (1971): *The Nature of the Commodity 'Health Care' and its Efficient Allocation*. In: Oxford Economic Papers, New Series, 23(2), 189-211.

Darby, Michael und Karni, Edi (1973): *Free Competition and the Optimal Amount of Fraud*. In: Journal of Law and Economics, 16 (1), 67-88.

Demtröder, Wolfgang (2006): *Experimentalphysik 1: Mechanik und Wärme*. Heidelberg: Springer-Verlag.

Denert, O. (2004). *La cooperation transfrontaliere sanitaire*, Mission Operationelle transfrontaliere.

Dietrich, Vera (1999): *Liberalization of health services in Europe: Who benefits from cross-border care?* Halle Institute for Economic Research, Discussion Papers, Nr. 107.

Dietrich, Vera (1999a): Need for reform of cross-border health care in Europe. In: Economy in Change, 5, 9-16.

Dulleck, Uwe und Kerschbamer, Rudolf (2006): *On Doctors, Mechanics and Computer Specialists - The Economics of Credence Goods*. In: Journal of Economic Literature, Vol. XLIV, 5-42.

Europäische Gemeinschaften (2008): http://ec.europa.eu (zuletzt abgerufen am 9.4.2009).

Europäische Kommission (2004): Patient mobility and healthcare developments/ Communication from the commission. Verfügbar: http://ec.europa.eu/health/ph_overview/ co_operation/mobility/patient_mobility_en.htm (zuletzt abgerufen: 09.04.2009).

European Journal of Public Health (1997): Volume 7, Supplement 3. September 1997.

Feldstein, P.J. (1973): Financing Dental Care: An Economic Analysis. Lexington: D.C. Heath and Company.

Folland, S., Goodman, A.C. und Stano, M. (1993): *The Economics of Health Care*. NJ: Prentice Hall, Englewood.

France, George (1997): *Cross-border Flows of Italian Patients within the European Union: An International Trade Approach*. In: European Journal of Public Health, 7(3), 18-25.

Geigant, Friedrich; Haslinger, Franz; Sobotka, Dieter und Westphal, Horst (2000): *Lexikon der Volkswirtschaft*. 7.Auflage. Landsberg/Lech: Verlag Moderne Industrie.

George, R. (2004): *Medical tourism: Surgeon & Safari*. In: Bennett, A. und George, R. (Hrg.), *South African Travel and Tourism Cases,* Van Schaik, Pretoria, 238-249.

Glinos, Irene und Baeten, Rita (2006): A Literature Review of Cross-Border Patient Mobility in the European Union. Brüssel: Observatoire social européen.

Glinos, Irene; Baeten, Rita und Boffin, Nicole (2006): *Cross-border contracted care in Belgian hospitals*. In: Rosenmöller, M. et al. (Hrg.): *Patient mobility in the European Union: Learning from experience*. Kopenhagen: European Observatory on Health Systems and Policies, 97-118.

Gómez-Dantés, Octavio; Frenk, Julio und Cruz, Carlos (1997): *Commerce in health services in North America within the context of the North American Free Trade Agreement*. Pan Am Journal of Public Health 1(6), 460-465.

Grimson, Alejandro (2002): *El Otro lado del Río. Periodistas, Nación y Mercosur en la Frontera*. Buenos Aires: Eudeba.

Grossman, Michael (1972): *The Demand for Health: A Theoretical and Empirical Investigation*. Occasional Paper 19. National Bureau of Economic Research. Columbia University Press.

Grytte, Jostein; Holst, Dorthe und Laake, Petter (1990): *Supplier inducement: Its Effect on Dental Services in Norway*. In: Journal of Health Economics, 9, 483-491.

Guendelman, S. (1991): *Health care users residing on the Mexican border. What factors determine choice of the U.S. or Mexican health system?* Medical Care 29(5):419-29.

Guendelman, S. und Jasis, M. (1992): *Giving birth across the border: the San Diego–Tijuana connection.* Social Science & Medicine, 34(4), 419–452.

Guagliardo, MF., Jeng, JC. et al. (2008): *Admissions across state lines: harnessing the insight of the National Burn Repository for the healthcare accessibility, fiscal, and legislative concerns facing the American Burn Association.* In: Journal of Burn care and Research. 29(1), 151-7.

Harant, Philippe (2006): *Hospital cooperation across French borders.* In: Rosenmöller, M. et al. (Hrg.): *Patient mobility in the European Union: Learning from experience.* Kopenhagen: European Observatory on Health Systems and Policies, 157-178.

Hauptverband der österreichischen Sozialversicherungsträger (2009): *Honorarverordnung für die Vertragsärzte.* Für das Jahr 2006.

Henderson, J.C. (2003): *Healthcare tourism in Southeast Asia.* In: Tourism Review International, 7(3/4), 111-121.

Hensher, David A. und Johnson, L. W. (1981): *Behavioral response and form of the representative component of the indirect utility function in travel choice mode..* In: Regional Science and Urban Economics, 11, 559-572.

Hensher, David A. und Bradley, Mark (1993): *Using stated response choice data to enrich revealed preference discrete choice models.* In: Marketing Letters. 4(2).139-151.

Hensher, David A.; Rose, John M. und Greene, William H. (2006): *Applied Choice Analysis – A Primer.* Cambridge: Cambridge University Press.

Herder-Dorneich, Philipp (1994): *Ökonomische Theorie des Gesundheitswesens.* Baden-Baden: Nomos Verlagsgesellschaft.

Herger, Nikodemus (2006): *Vertrauen und Organisationskommunikation: Identität-Marke-Image-Reputation.* Springer Verlag.

Hermesse, Jean; Lewalle, Henri und Palm, Willy (1997): *Patient Mobility within the European Union.* In: European Journal of Public Health, 7 (3), 4-10.

Herrick, Devon (2007): *Medical Tourism: Global Competition in Health Care.* NCPA Policy Report No. 304. Verfügbar: www.ncpa.org/pub/st/st304 (zuletzt abgerufen: 09.04.2009).

Hervey, Tamara und McHale, Jean (2004): *Health Law in the European Union.* Cambridge: Cambridge University Press.

Hilke, Wolfgang (1984): *Dienstleistungs-Marketing aus der Sicht der Wissenschaft.* Freiburg: Diskussionsbeiträge des Betriebswirtschaftlichen Seminars der Albert-Ludwigs-Universität Freiburg in Bresgau.

Hilke, Wolfgang (1989): *Dienstleistungs-Marketing*. Wiesbaden:Gabler.

Hill, T.P. (1977): *On Goods and Services*. In: The Review of Income and Wealth, 315-338.

HLRP (2003): *High Level Process of Reflection on Patient Mobility and Health Care Developments in the European Union - Minutes of the Meeting*. Verfügbar: http://ec.europa.eu/health/ph_overview/Documents/mobility_reflexion_en.pdf (zuletzt abgerufen: 09.04.2009).

Holahan, J. und Zuckermann, S. (1993): *Border crossing for physician services: implications for controlling expenditures*. In: Health Care Financ Rev. 15(1), 101-22.

Holler, Manfred und Illing, Gerhard (2006): *Einführung in die Spieltheorie*. Berlin, Heidelberg, New York: Springer Verlag.

Holst, D. (1982) *Third party payment in dentistry*. Oslo: University of Oslo.

Hrabal, Vladimir (2003): *Erwartungen der Patienten an die Arzt-Patienten-Beziehung und Zufriedenheit mit Ärzten unter dem Gesichtspunkt ihrer Krankheitstheorien und des Krankheitsverhaltens vor Inanspruchnahme des Medizinischen Systems*. Habilitationsschrift. Lengerich, Berlin: Pabst Science Publishers.

Huber, J. und Zwerina, K. (1996): *The importance of utility balance in efficient choice designs*. In: Journal of Marketing Research, 33, 307-317.

Jamilson, J.; Legido-Quigley, H. und McKee, M. (2006): Cross-border care in Ireland. In: Rosenmöller, M. et al. (Hrg.): *Patient mobility in the European Union: Learning from experience*. Kopenhagen: European Observatory on Health Systems and Policies, 39-58.

Janjaroen, Wattana und Supakankunti. Siripen (2000): *International trade in health services in the millennium: The case of Thailand*. Bangkok: Centre for Health Economics.

Jorens, Y. (2003): *The Right to Health Care across Borders*. In: Mc Kee et al. (Hrg.): *The Impact of EU Law on Health Care Systems*. Brüssel: Peter Lang. 83-122.

Katz, S. J.; Verrilli, D. und Barer, M. L. (1998): *Canadians' use of US medical services*. Health Affairs, 17(1), 225–235.

Kay, J. (1996): *The Business of Economics*. Oxford: Oxford University Press.

Kjær, Trine (2005): *A review of the discrete choice experiment – with emphasis on its application in health care*. Health Economic Papers 2005:1. University of Southern Denmark.

KOM - Kommission der Europäischen Gemeinschaften (2005): *Gemeinschaftsstrategie für Quecksilber*. Mitteilungsblatt der Kommission an den Rat und das Europäische Parlament.{SEC(2005) 101}.

Konsument: (2005): *Zahnbehandlung in Ungarn. Pannonisches Roulette*. In: Konsument 2005, 3, 10-12.

Kravitz, Anthony und Treasure, Elizabeth (2008): *Manual of Dental Practice.* Council of European Dentists. Version 4 (2008). Verfügbar unter: http://www.eudental.eu/library/104/files/ced_manual_webfinal-20081204-1518.pdf (zuletzt abgerufen: 8.4.2009)

Kuhfeld, Warren F. (2005): *Marketing Research - Methods in SAS. Experimental Design, Choice, Conjoint and Graphical Techniques.* SAS 9.1. Edition. TS-722.

Kurier (2002): *Um zwei Drittel billiger.* Kurier-Ausgabe: 15.10.2002.

Kyriopoulos, John und Gitona, Mary (1998): *Cross-Border Health Care in Greece: A Macro- and Micro-Analysis of Pre-Authorised Care.* In: Leidl, R. (Hrg.): *Health Care and its Financing in the Single European Market.* Amsterdam: IOS Press. 312-323.

Lancaster, Kelvin (1966): *A New Approach to Consumer Theory.* In: The Journal of Political Economy, 74 (2), 132-157.

Lancaster, Kelvin (1971): *Consumer Demand: A New Approach.* New York: Columbia University Press.

Laux, Helmut (2007): *Entscheidungstheorie.* 7.Auflage. Berlin, Heidelberg, New York: Springer Verlag.

Leidl, Reiner (1998): *Health Care and its Financing in the Single European Market.* Amsterdam: IOS Press. Part IV, 285-343.

Levaggi, Rosella und Zanola, Roberto (2004): *Patients' Migration across Regions: the Case of Italy.* Verfügbar: http://papers.ssrn.com/sol3/papers.cfm?abstract_id=261053 (zuletzt abgerufen: 09.04.2009).

Loustaunau, und Bane (1999): *Life, death, and in-between on the US-Mexico border: Asi es la vida.* Westport, CT: Greenwood.

Louviere, Jordan J. (1988): *Analyzing Decision Making. Metric Conjoint Analysis.* Newbury Park, London, New Delhi: SAGE Publications.

Louviere, Jordan J.; Hensher, D.A. und Swait, J. (2000): *Stated Choice Methods: Analysis and Applications in Marketing, Transportation and Environmental Valuation.* Cambridge: Cambridge University Press.

Lupton, Sylvie (2005): *Shared quality uncertainty and the introduction of indeterminate goods.* In: Cambridge Journal of Economics, 29, 399–421.

Maier, Gunther und Weiss, Peter (1990): *Modelle diskreter Entscheidungen.* Wien: Springer Verlag.

Manning, Willard und Phelps, Charles (1979): *The demand for dental care.* In: The Bell Journal of Economics, 10(2), 503-525.

Manski, Charles Frederick (1973): *The Analysis of Qualitative Choice.* (Doctoral Thesis) Cambridge: Massachusetts Institute of Technology.

Manski, Charles Frederick (1977): *The Structure of Random Utility Models*. Theory and Decision, 8, 229-254.

McFadden, Daniel (1974): *Conditional Logit Analysis of qualitative Choice Behavior*. In: Zarembka, P. (Hrg.): *Frontiers in Econometrics*. New York: AP. 105-142.

McFadden, Daniel (1999): *Rationality for Economists?* In: Journal of Risk and Uncertainty, 19 (1-3), 73-105.

McKee, Martin; MacLehose, Laura; Albrecht, Tit (2004): *Free movement of patients*. In: McKee, Martin (Hrg.), Health Policy and European Union Enlargement. 157-175.

Mudur, Ganapati (2004): *Hospitals in India woo foreign patients*. In: British Medical Journal, 328 (7452), 1338.

Musgrave, Richard. A.(1957): *A Multiple Theory of Budget Determination*. Finanzarchiv, 17(3), 333–343.

Navarra, Pietro (1994): *Interregional migration of patients in Italy and internal market functioning: An empirical test*. (Master-Thesis) University of Buckingham.

Nebling, Thomas und Schemken, Hans-Willi (2006): Cross-contracting: the German expirience. In: Rosenmöller, M. et al. (Hrg.): *Patient mobility in the European Union: Learning from experience*. Kopenhagen: European Observatory on Health Systems and Policies, 137-156.

Nelson, Philipp (1970): *Information and Consumer Behavior*. In: Journal of Political Economy, 78 Nr. 2, 311-329.

Obermaier, Andreas (2009): *Cross-border Purchases of Health Services. A Case Study on Austria and Hungary*. Policy Research Working Paper 4825. The World Bank Development Research Group.

OÖGKK – Oberösterreichische Gebietskrankenkasse (2009): Leistungen der OÖGKK. Verfügbar unter: www.ooegkk.at (zuletzt abgerufen: 12.4.2009)

OECD (2000): *A System of Health Accounts (SHA)*. Verfügbar: http://www.oecd.org (zuletzt abgerufen: 09.04.2009).

Österle, August (2006): *Patientenmobilität in Zentraleuropa*. In: Burger, Renate; Wieland, Martin (Hrg.): Economic and Sociopolitical Perspectives for Health Services in Central Europe. Wien, 150-156.

Österle, August (2007): *Health care across borders: Austria and its new EU neighbours*. In: Journal of European Social Policy, 17 (2), 112-124.

Österle, August und Delgado, Jose (2006): *Dental Care Migration in Central Europe*. In: Burger, Renate und Wieland, Martin (Hrg.): Economic and Sociopolitical Perspectives for Health Services in Central Europe. Wien, 130-136.

Österle, August; Balázs, Peter und Delgado, Jose (2009): *Travelling for Teeth: Characteristics and Perspectives of Dental Care Tourism in Hungary.* In: British Dental Journal, 206, Nr. 8, 425-428.

Österreichische Zahnärztekammer (2009): *Daten & Zahlen.* Verfügbar unter: http://www.zahnaerztekammer.at . (zuletzt abgerufen: 20.04.2009).

Österreichische Zahnärztekammer (2009a): *Autonome Honorarrichtlinien 2008/2009.* Verfügbar unter: http://www.zahnaerztekammer.at/download.php?id=2640 (zuletzt abgerufen: 20.04.2009).

Oswald, Ingrid (2007): *Migrationssoziologie.* Konstanz: UVK Verlagsgesellschaft mbH.

Peters, H. und Schär, W. (1994): *Betriebswirtschaft und Management im Krankenhaus.* Berlin: Ullstein Mosby Verlag.

Petersen, Poul Erik (2003): *The World Health Report 2003: continous improvement of oral health in the 21st century – the approach of the WHO Global Oral Health Programme.* Genf: WHO.

Petersen, Poul Erik; Bourgeois, Denis; Ogawa, Hiroshi; Estupinan-Day, Saskis und Ndiay, Charlotte (2005): *The global burden of oral diseases and risks to oral health.* Bulletin of the World Health Organization, 83, 661-669.

Petit, Jean-Luc (2003): *On the relation between recent neurobiological data on perception (and action) and the Husserlian theory of constitution.* In: Phenomenology and the Cognitive Sciences, 2, 281–298.

Ratchford, Brian (1975): *The New Economic Theory of Consumer Behavior: An Interpretive Essay.* The Journal of Consumer Research, 2 (2), 65-75.

Ripperger, Tanja (1998): *Ökonomik des Vertrauens.* Tübingen: Mohr Siebeck Verlag

Rogerson, Christian und Visser, Gustav (2005): *Tourism in Urban Africa: The South African Experience.* In: Urban Forum, 16 (2-3), 63-87.

Romero Alvarez, Humberto (1975): *Health without boundaries.* Mexico: United States-Mexico Border Public Health Association.

Rommelfanger, H.R. und Eickemeier, S.H. (2001): *Entscheidungstheorie – Klassische Konzepte und Fuzzy-Erweiterungen.* Berlin: Springer Verlag.

Rösch, Günther (1994): *Kriterien der Gewichtung einer nationalen Bevölkerungsstichprobe.* In: Gabler, S.; Hoffmeyer-Zlotnik, J.H.P. und Krebs, D. (Hrg): *Gewichtung in der Umfragepraxis.* Opladen: Westdeutscher Verlag.

Rosenmöller, Magdalene; McKee, Martin und Baeten, Rita (2006): *Patient mobility in the European Union: Learning from experience.* Kopenhagen: European Observatory on Health Systems and Policies.

Rosenmöller, Magdalene; McKee, Martin; Baeten, Rita und Glinos, Irene (2006): Patient mobility: The context and issues. In: Rosenmöller, M. et al. (Hrg.): *Patient mobility in the European Union: Learning from experience*. Kopenhagen: European Observatory on Health Systems and Policies, 1-8.

Rück, Hans R.G. (2000): *Dienstleistungen in der ökonomischen Theorie*. Wiesbaden: Dt. Univ. Verl.

Ryan, Mandy und Watson, Verity (2008): Practical Issues in Conducting a Discrete Choice Experiment. In: Ryan, Mandy; Gerard, Karen und Amaya-Amaya, Mabel (Hrg): *Using Discrete Choice Experiments to Value Health and Health Care*. Dordrecht: Springer Verlag. 73-97.

Salaniponi, Felix; Gausi, Francis K.; Chimzizi, Rhehab B. und Harries, Anthony D. (2004): *The missing cases of tuberculosis in Malawi: the contribution from cross-border registrations*. Transactions of the Royal Society of Tropical Medicine and Hygiene, 98, 251-254.

Santerre, Rexford und Neun, Stephen (1996): *Health Economics: Theories, Insights and Industries Studies*. South-Western College Pub.

Sen, Amartya (2002): *Health: perception versus observation*. In: British Medical Journal, 324, 860-861.

Shukairy, H. Al; Alamoudi, N.; Farsi, N.; Mushayt, A. Al und Masoud I. (2006): *A comparative study of Streptococcus mutans and lactobacilli in mothers and children with severe early childhood caries (SECC) versus a caries free group of children and their corresponding mothers*. In: J Clin Pediatr Dent, 31(2), 80-85.

Sieveking, K. (2007): *ECJ Rulings on Health Care Services and Their Effects on the Freedom of Cross-Border Patient Mobility in the EU*. In: European Journal of Migration and Law, 9, 25-51.

Simon, Herbert A. (1957): *Models of Man*. New York: Wiley.

Simon, Herbert A. (1959): *Theories of Decision-Making in Economics and Behavioral Science*. The American Economic Review^, Vol. XLIX Nr. 3, 253-283.

Sintonen, Harri und Linnosmaa, Ismo (2000): *Economics of dental services*. In: Culyer, A. J. und Newhouse, J. P. (Hrg): *Handbook of health economics*, 1Aufl., Elsevier Science. 1251-1296

Sobbrio, Giuseppe und Navarra, Pietro (1995): *Il flusso interregionale dei pazienti in Italia: un modelo economico*. In: Economia Pubblica, XXV (3), 103-134.

Standard (2009): „*Nass, kalt, klamm, stürmisch: Ungarn.*" derstandard (online). Verfügbar: http://derstandard.at/fs/1234508170822/Nass-kalt-klamm-stuermisch-Ungarn (zuletzt abgerufen: 1.5.2009).

Starmans, Bert; Leidl, Reiner und Rhodes, Grant (1997): *A Comparative Study on Cross-border Hospital Care in the Euregio Meuse Rhine.* In: European Journal of Public Health, 7 (3), 33-41.

STATA (2009): STATA Statistical Software. Release: IC 10.0. Befehl: **help clogit**.

Statistik Austria (2007): *Österreichische Gesundheitsbefragung 2006/2007. Hauptergebnisse und methodische Dokumentation.* Wien.

Statistik Austria (2009): Laufende Gesundheitsausgaben nach Leistungserbringer und Finanzierungsquelle in Österreich für das Jahr 2006. Unter: www.statistik.at . Verfügbar: http://www.statistik.at/web_de/statistiken/gesundheit/ gesundheitsausgaben/index.html (zuletzt abgerufen: 1.5.2009).

Street, Deborah J.; Burgess, Leonie; Viney, Rosalie und Louviere, Jordan (2008): *Designing Discrete Choice Experiments for Health Care.* In: Ryan, Mandy; Gerard, Karen und Amaya-Amaya, Mabel (Hrg): *Using Discrete Choice Experiments to Value Health and Health Care.* Dordrecht: Springer Verlag. 47-72.

Sylvest J. und Beale A. (2007): Briefing note: *The impact of the European Court of Justice. Case Law on National Systems for Cross-Border Health Service.* DG Internal Policies of the Union. Policy Department Economic and Scientific Policy. Verfügbar: http://www.europarl.europa.eu/comparl/imco/studies/0701_healthserv_briefingnote_e n.pdf (zuletzt abgerufen: 10.4.2009).

Train, Kenneth (2003): *Discrete Choice Methods with Simulation.* Cambridge University Press.

Treibel, Annette (1999): *Migration in modernen Gesellschaften. Soziale Folgen von Einwanderung, Gastarbeit und Flucht.* Weinheim/München: Juventa Verlag.

Walker, Joan und Ben-Akiva, Moshe (2002): *Generalized Random Utility Model.* In: Mathematical Social Sciences, 43 (3), 303-343.

Weiber, Rolf und Billen, Peter (2005): *Informationsökonomische Fundierung des Dienstleistungsmarketing.* In: Corsten, Hans und Gössinger, Ralf (Hrg.): *Dienstleistungsökonomie – Beiträge zu einer theoretischen Fundierung.* Band 130. Berlin: Duncker & Humblot.

Werden, Gregory (1989): *The Limited Relevance of Patient Migration Data in Market Delineation for Hospital Merger Cases.* In: Journal of Health Economics, 8, 363-376.

Werners, Brigitte (*2006*): *Grundlagen des Operations Research.* Berlin, Heidelberg, New York: Springer Verlag.

WGKK – Wiener Gebietskrankenkasse (2009): Leistungen der WGKK. Verfügbar unter: www.wgkk.at (zuletzt abgerufen: 12.4.2009)

WHO-HEN (2004): *What are the equity, efficiency, cost containment and choice implications of private health-care funding in Western Europe?* Health Evidence Network (HEN) Synthesis Report. Verfügbar: http://www.euro.who.int/document/e83334.pdf (zuletzt abgerufen: 09.04.2009).

WHO (2007): . Verfügbar unter: www.who.org

Wilson, R. (1985): *Reputations in Games and Markets*. In: Roth, A. (Hrg.): Game Theoretic Models of Bargaining, Cambridge: Cambridge University Press.

Yip, W. und Luft, H.S. (1993), *Border crossing for hospital care and its implications for the use of statewide data*. In: Social Science and Medicine, 36(11), 1455-1465.

Yule, B. und Parkin, D. (1985): *The Demand for Dental Care: An assessment*. In: Social Science and Medicine, 21, 753-760.

Zdrowomyslaw, Norbert und Dürig, Wolfgang (1997): *Gesundheitsökonomie*. München, Wien: Oldenburg Verlag.

Zenz, H. und Keller, K. (1978): *Krankheitstheorien und Behandlungserwartungen von Patienten einer Allgemeinpraxis*. In: Der praktische Arzt, 27, 3079-3088.

Zickert, I.; Emilson, C.G. und Krasse, B. (1982): *Streptococcus mutans, Lactobacilli and Dental Health in 13-14-year-old Swedish Children*. In: Community Dent Oral Epidemiol, 10, 77-81.

Forschungsergebnisse der WU Wirtschaftsuniversität Wien

Herausgeber: WU Wirtschaftsuniversität Wien –
vertreten durch Univ. Prof. Dr. Barbara Sporn

INFORMATION UND KONTAKT:

WU Wirtschaftsuniversität Wien
Department of Finance, Accounting and Statistics
Institute for Finance, Banking and Insurance
Welthandelsplatz 1, D 4, 1. OG, 1020 Wien
Tel.: 0043-1-313 36/4556
Fax: 0043-1-313 36/904556
valentine.wendling@wu.ac.at
www.wu.ac.at/finance

Band 1 Stefan Felder: Frequenzallokation in der Telekommunikation. Ökonomische Analyse der Vergabe von Frequenzen unter besonderer Berücksichtigung der UMTS-Auktionen. 2004.

Band 2 Thomas Haller: Marketing im liberalisierten Strommarkt. Kommunikation und Produktplanung im Privatkundenmarkt. 2005.

Band 3 Alexander Stremitzer: Agency Theory: Methodology, Analysis. A Structured Approach to Writing Contracts. 2005.

Band 4 Günther Sedlacek: Analyse der Studiendauer und des Studienabbruch-Risikos. Unter Verwendung der statistischen Methoden der Ereignisanalyse. 2004.

Band 5 Monika Knassmüller: Unternehmensleitbilder im Vergleich. Sinn- und Bedeutungsrahmen deutschsprachiger Unternehmensleitbilder – Versuch einer empirischen (Re-)Konstruktion. 2005.

Band 6 Matthias Fink: Erfolgsfaktor Selbstverpflichtung bei vertrauensbasierten Kooperationen. Mit einem empirischen Befund. 2005.

Band 7 Michael Gerhard Kraft: Ökonomie zwischen Wissenschaft und Ethik. Eine dogmenhistorische Untersuchung von Léon M.E. Walras bis Milton Friedman. 2005.

Band 8 Ingrid Zechmeister: Mental Health Care Financing in the Process of Change. Challenges and Approaches for Austria. 2005.

Band 9 Sarah Meisenberger: Strukturierte Organisationen und Wissen. 2005.

Band 10 Anne-Katrin Neyer: Multinational teams in the European Commission and the European Parliament. 2005.

Band 11 Birgit Trukeschitz: Im Dienst Sozialer Dienste. Ökonomische Analyse der Beschäftigung in sozialen Dienstleistungseinrichtungen des Nonprofit Sektors. 2006

Band 12 Marcus Kölling: Interkulturelles Wissensmanagement. Deutschland Ost und West. 2006.

Band 13 Ulrich Berger: The Economics of Two-way Interconnection. 2006.

Band 14 Susanne Guth: Interoperability of DRM Systems. Exchanging and Processing XML-based Rights Expressions. 2006.

Band 15 Bernhard Klement: Ökonomische Kriterien und Anreizmechanismen für eine effiziente Förderung von industrieller Forschung und Innovation. Mit einer empirischen Quantifizierung der Hebeleffekte von F&E-Förderinstrumenten in Österreich. 2006.

Band 16　Markus Imgrund: Wege aus der Insolvenz. Eine Analyse der Fortführung und Sanierung insolventer Klein- und Mittelbetriebe unter besonderer Berücksichtigung des Konfigurationsansatzes. 2007.

Band 17　Nicolas Knotzer: Product Recommendations in E-Commerce Retailing Applications. 2008.

Band 18　Astrid Dickinger: Perceived Quality of Mobile Services. A Segment-Specific Analysis. 2007.

Band 19　Nadine Wiedermann-Ondrej: Hybride Finanzierungsinstrumente in der nationalen und internationalen Besteuerung der USA. 2008.

Band 20　Helmut Sorger: Entscheidungsorientiertes Risikomanagement in der Industrieunternehmung. 2008.

Band 21　Martin Rietsch: Messung und Analyse des ökonomischen Wechselkursrisikos aus Unternehmenssicht: Ein stochastischer Simulationsansatz. 2008.

Band 22　Hans Christian Mantler: Makroökonomische Effizienz des Finanzsektors. Herleitung eines theoretischen Modells und Schätzung der Wachstumsimplikationen für die Marktwirtschaften und Transformationsökonomien Europas. 2008.

Band 23　Youri Tacoun: La théorie de la valeur de Christian von Ehrenfels. 2008.

Band 24　Monika Koller: Longitudinale Betrachtung der Kognitiven Dissonanz. Eine Tagebuchstudie zur Reiseentscheidung. 2008.

Band 25　Marcus Scheiblecker: The Austrian Business Cycle in the European Context. 2008.

Band 26　Aida Numic: Multinational Teams in European and American Companies. 2008.

Band 27　Ulrike Bauernfeind: User Satisfaction with Personalised Internet Applications. 2008.

Band 28　Reinhold Schodl: Systematische Analyse und Bewertung komplexer Supply Chain Prozesse bei dynamischer Festlegung des Auftragsentkopplungspunkts. 2008.

Band 29　Bianca Gusenbauer: Öffentlich-private Finanzierung von Infrastruktur in Entwicklungsländern und deren Beitrag zur Armutsreduktion. Fallstudien in Vietnam und auf den Philippinen. 2009.

Band 30　Elisabeth Salomon: Hybrides Management in sino-österreichischen Joint Ventures in China aus österreichischer Perspektive. 2009.

Band 31　Katharina Mader: Gender Budgeting: Ein emanzipatorisches, finanzpolitisches und demokratiepolitisches Instrument. 2009.

Band 32　Michael Weber: Die Generierung von Empfehlungen für zwischenbetriebliche Transaktionen als gesamtwirtschaftliche Infrastrukturleistung. 2010.

Band 33　Lisa Gimpl-Heersink: Joint Pricing and Inventory Control under Reference Price Effects. 2009.

Band 34　Erscheint nicht.

Band 35　Dagmar Kiefer: Multicultural Work in Five United Nations Organisations. An Austrian Perspective. 2009.

Band 36　Gottfried Gruber: Multichannel Management. A Normative Model Towards Optimality. 2009.

Band 37　Rainer Quante: Management of Stochastic Demand in Make-to-Stock Manufacturing. 2009.

Band 38　Franz F. Eiffe: Auf den Spuren von Amartya Sen. Zur theoriegeschichtlichen Genese des Capability-Ansatzes und seinem Beitrag zur Armutsanalyse in der EU. 2010.

Band 39　Astrid Haider: Die Lohnhöhe und Lohnstreuung im Nonprofit-Sektor. Eine quantitative Analyse anhand österreichischer Arbeitnehmer-Arbeitgeber-Daten. 2010.

Band 40　Maureen Lenhart: Pflegekräftemigration nach Österreich. Eine empirische Analyse. 2010.

Band 41　Oliver Schwank: Linkages in South African Economic Development. Industrialisation without Diversification? 2010.

Band 42　Judith Kast-Aigner: A Corpus-Based Analysis of the Terminology of the European Union's Development Cooperation Policy, with the African, Caribbean and Pacific Group of States. 2010.

Band 43　Emel Arikan: Single Period Inventory Control and Pricing. An Empirical and Analytical Study of a Generalized Model. 2011.

Band 44　Gerhard Wohlgenannt: Learning Ontology Relations by Combining Corpus-Based Techniques and Reasoning on Data from Semantic Web Sources. 2011.

Band 45　Thomas Peschta: Der Einfluss von Kundenzufriedenheit auf die Kundenloyalität und die Wirkung der Wettbewerbsintensität am Beispiel der Gemeinschaftsverpflegungsgastronomie. 2011.

Band 46　Friederike Hehle: Die Anwendung des Convenience-Konzepts auf den Betriebstyp Vending. 2011.

Band 47　Thomas Herzog: Strategisches Management von Koopetition. Eine empirisch begründete Theorie im industriellen Kontext der zivilen Luftfahrt. 2011.

Band 48　Christian Weismayer: Statische und longitudinale Zufriedenheitsmessung. 2011.

Band 49　Johannes Fichtinger: The Single-Period Inventory Model with Spectral Risk Measures. 2011.

Band 50　Isabella R. Hatak: Kompetenz, Vertrauen und Kooperation. Eine experimentelle Studie. 2011.

Band 51　Birgit Gusenbauer: Der Beitrag der Prospect Theory zur Beschreibung und Erklärung von Servicequalitätsurteilen und Kundenzufriedenheit im Kontext von Versicherungsentscheidungen. 2012.

Band 52　Markus A. Höllerer: Between Creed, Rhetoric Façade, and Disregard. Dissemination and Theorization of Corporate Social Responsibility in Austria. 2012.

Band 53　Jakob Müllner: Die Wirkung von Private Equity auf das Wachstum und die Internationalisierung. Eine empirische Impact-Studie des österreichischen Private Equity Marktes. 2012.

Band 54　Heidrun Rosič: The Economic and Environmental Sustainability of Dual Sourcing. 2012.

Band 55　Christian Geier: Wechselkurssicherungsstrategien exportorientierter Unternehmen. Effizienzmessung von regelgebundenen Selektionsentscheidungen. 2012.

Band 56　Ernst Gittenberger: Betriebsformenwahl älterer KonsumentInnen. 2012.

Band 57　Michael Pichlmair: Miete, Lage, Preisdiktat. Strukturelle Effekte der Lageregulierung im mietrechtlich geschützten Wiener Wohnmarkt. 2012.

Band 58　Anna Katherina Guserl: Internationalisierungsprozesse und Finanzstrategien. Ansätze und empirische Analysen. 2013.

Band 59　Christian Idinger: Konsumentenpreiswissen. Eine empirische Studie im österreichischen Lebensmitteleinzelhandel. 2013.

Band 60　Dennis Jancsary: Die rhetorische Konstruktion von Führung und Steuerung. Eine argumentationsanalytische Untersuchung deutschsprachiger Führungsgrundsätze. 2013.

Band 61   Nicolas Hoffmann: Loyalty Schemes in Retailing. A Comparison of Stand-alone and Multi-partner Programs. 2013.

Band 62   Jose Gabriel Delgado Jimenez: Grenzüberschreitende Patientenmigration im zahnmedizinischen Bereich. Eine ökonomische Analyse am Beispiel Österreich und Ungarn. 2013.

www.peterlang.com